The CURSE of CASH

現金的詛咒

為什麼行動支付時代，
央行鈔票還是越印越多？

肯尼斯・羅格夫
Kenneth S. Rogoff
陳重亨——————譯

獻給我的爸媽

瓊恩及史丹利・羅格夫

目錄

ACCLAIM

各界好評

一本重要的好書。羅格夫提出多方論證，主張我們的經濟可以戒除紙幣，十分令人信服。

——班・柏南克（Ben S. Bernanke），美國聯準會前主席

羅格夫率先提出淘汰大額紙鈔有益於公共政策，現在這個觀念已獲得廣泛認識。他的新書更大膽地提出有力論證——淘汰紙鈔。這個提案可說是來得正是時候，值得官方和民間一起慎重考慮。

——麥可・伍福德（Michael Woodford），哥倫比亞大學經濟學教授

在這本迷人而重要的書中，羅格夫強力論證經濟發達國家應該淘汰現金，因為現金助長

犯罪卻妨礙政策發揮效果。藉由大量資訊和清晰解釋，本書揭露央行業務與負利率的奧妙，從而提高討論層次。

——艾娜特．阿迪瑪特（Anat R. Admati），
《失控的銀行》（*The Bankers' New Clothes*）共同作者

大家都喜歡現金吧，但羅格夫可不這麼想。原因很多，從現金助長組織犯罪到它妨礙貨幣政策對抗經濟衰退都有。現在，他特地寫了一本書來解釋為什麼要淘汰紙鈔，各位讀了就能心領神會，也能更深入思考這個問題。

——艾倫．布蘭德（Alan S. Blinder），
普林斯敦大學教授、美國聯準會前副主席

非常吸引人，既發人省思又極具說服力，《現金的詛咒》說的是紙鈔時代早該過去了。類似的討論，羅格夫之前即已提出，但本書的出版確立了相關問題的討論標準，這些問題會變得越來越重要，而且也必定會影響關於央行促進經濟成長、穩定金融能力的探討。這本書一定要讀！

——穆罕默德．伊爾艾朗（Mohamed El-Erian），
安聯集團首席經濟顧問、《大衝撞》（*When Markets Collide*）作者

富於原創而精彩，《現金的詛咒》提出完全令人信服的論證，指出經濟發達國家有很多好理由淘汰紙幣，而且是越快越好。羅格夫的說明比先前的任何人都來得清晰明辨，也提出更多論據，讓大家明白現金助長犯罪的事實：如今流通現金大部分都用在非法勾當上。本書提出許多深具挑戰性的問題，必定引起廣泛關注。

——約翰・凱（John Kay），
英國經濟大師、《玩別人的錢》（*Other People's Money*）作者

《現金的詛咒》極富巧思與見地，書中除了對現金相關犯罪有非常生動的描述外，更是關切負利率議題一定要看的好書。

——麥爾斯・金伯爾（Miles Kimball），密西根大學經濟學教授

我們是否應該成為一個大致上沒有現金的社會呢？在這本指涉廣泛，觸及歷史、犯罪、科技及貨幣政策等議題的書中，羅格夫強力推展淘汰現金的理念。論理清晰而且很有說服力，這本書不能錯過！

——琳達・岳（Linda Yueh），牛津經濟學者、倫敦商學院教授、
BBC亞洲首席商務記者、《中國的增長》（*China's Growth*）作者

哈佛大學經濟學家羅格夫的精彩新書《現金的詛咒》說理清晰，針對淘汰現金提出引人入勝的論證。

——約翰・蘭卡斯特（John Lanchester），《紐約時報雜誌》（*New York Times Magazine*）

本書的偉大成就是他的論證十分令人信服……清晰而連貫。就算你不同意他最後的結論，那些你以前從沒關注過的問題，還是能因此獲得很多不一樣的思考。

——貝瑟尼・麥克林恩（Bethany McLean），《華盛頓郵報》（*Washington Post*）

經濟學家肯尼斯・羅格夫的新書《現金的詛咒》指出，我們在沒有紙幣的情況下反而會過得更好。他對此的確很有見解！

——希瓦他・布雷（Hiawatha Bray），《波士頓環球報》（*The Boston Globe*）

一本討論現金歷史與起源的精彩書籍，對於現金妨礙貨幣政策發揮功效，也有深入討論和分析。

——強恩・哈特利（Jon Hartley），《富比世》網站（Forbes.com）

羅格夫的意見一向值得傾聽……他說我們要進一步擺脫紙幣，必須從淘汰大額鈔票開始，這個說法很有道理。

——大衛・史密斯（David Smith），《週日泰晤士報》（*Sunday Times*）

一本富於啟發、刺激思考，且涵蓋多方事實的力作。會讓大家懷疑，我們為什麼放任那麼多現金在社會上流竄，同時也揭露了好些宛如都市傳奇的現狀。

——派崔克・霍斯金（Patrick Hosking），《泰晤士報》（*The Times*）

精心創作的《現金的詛咒》涵蓋貨幣改革所需討論的各方面，但書中並未過度爭辯，而是針對種種反對理由，費心地予以糾正並提出解決辦法。

——彼得・加伯（Peter Garber），
《金融與發展季刊》（*IMF Finance and Development Magazine*）

你的錢包裡頭可能沒有百元美鈔，但是它在所有美國流通貨幣中可是佔了驚人的八〇%。羅格夫在新書《現金的詛咒》提出計畫，鼓吹美國等先進國家率先淘汰大多數紙幣，只保留小額鈔票流通，達成他所謂的「現金較少」的社會。

——《MIT技術評論》（*MIT Technology Review*）

真是令人著迷的經濟宣言……《現金的詛咒》深入探索貨幣的使用與濫用，以及它在現代經濟中衍生的棘手問題。

——《出版家周刊》（*Publishers Weekly*）

國際貨幣基金前首席經濟學家羅格夫針對淘汰紙幣提出完整論證……為了淘汰紙幣及便於採用負利率以對抗通貨緊縮的衰退，羅格夫煞費苦心地檢討紙幣的優點和缺點……十分令人矚目！

——《圖書館雜誌》（*Library Journal*）

本書描述生動活潑，論理清晰明辨。

——傑佛瑞．伍德（Geoffrey Wood），《中央銀行雜誌》（*Central Banking Journal*）

羅格夫很清楚……淘汰現金這個主張並不容易被接受。所以他列舉各種理由與論證，詳細說明紙幣造成的種種問題……其論述是如此中肯有理，讓人很難相信我們竟然沒有早日擺脫紙幣和硬幣，或者至少是先淘汰大額鈔票。

——馬克．吉美（Mark Gimein），「策略＋商業」網站（Strategy+Business.com）

那個點子並不像聽起來的那麼瘋狂。羅格夫新書《現金的詛咒》指出，那些爛紙鈔（以我們來說則是塑膠貨幣）正是貨幣政策——利率調整——的主要障礙，使它無法完全發揮功效。這本書……對於富裕國家如何擺脫經濟困境的討論，十分有貢獻。

——克蘭西．葉慈（Clancy Yeates），《雪梨晨鋒報》（*Sydney Morning Herald*）

哈佛大學經濟學家肯尼斯．羅格夫的新書說我們應該開始淘汰現金，我認為完全正確！

——班．朱（Ben Chu），《獨立報》（*Independent*）

這本書的確是非常罕見——容易理解，十分有趣，還常常板著臉說笑話。

——布萊恩．貝森（Brian Bethune），《麥克林》雜誌（*Maclean's*）

就像西洋棋高手一個人同時對戰好幾人一樣，羅格夫從好幾個面向剖析「現金的詛咒」，提列「現金較少」經濟的種種好處，令人信服。

——維基．維巴（Venky Vembu），《印度教徒報》（*The Hindu*）

ENDORSE

推薦序

中央研究院經濟所研究員暨交通大學經營管理研究所教授　周雨田

從二〇一八年底，歐洲央行將停止發行面額五百歐元的大鈔，主要的原因是因為這種綽號叫「賓拉登」的大鈔，已經成為助長犯罪、恐怖活動、人口走私、毒品交易、地下經濟等不法活動的工具與媒介。哈佛大學教授羅格夫在《現金的詛咒》一書中，更進而提出一個大膽而高明的意見——所有的紙鈔都應該走入歷史。因為這樣不只可以「加重」犯罪成本、從而達到減少犯罪的目的，而且可以創造一個有利於政府施展貨幣政策的空間（負利率），解決全球低通膨、低利率與低成長的經濟困境。

在這本書精采而嚴肅的論述中，作者以生花的妙筆，從法定貨幣的濫觴——中國元朝皇帝新創的紙鈔，到近日比特幣、金融普惠與區塊鍊技術的狂熱進展……娓娓道來，用深入淺出的筆調、清晰的論證進而說服讀者，紙鈔從經濟舞台退位的時代已經來到。

取而代之的應該是由中央銀行完全控制的電子貨幣。因為使用電子貨幣交易，凡走過的必留下痕跡，髒錢無所遁形，非法交易大幅降低，而且央行可以如同調整信用卡刷卡的手續費一般，視需要以調整貨幣的價值來反映利率的升降，不會因為零利率的界線而被綁手綁腳，對著無力成長的經濟束手無策。

我極力推薦這本好書給所有關注洗錢問題與負利率政策的讀者。

PREFACE

序言

我這本書要談的主題，大家說不定覺得只是小事，有點討厭，但不算什麼詛咒，不過我想讓大家明白的是，紙幣（也就是現金）正是現在財政及貨幣問題中最棘手的核心。現在要是能夠淘汰大部分現金紙鈔，所能帶來的好處會多到各位想像不到。

各位讀者也許以為貨幣經濟學家一定都很關注紙幣的問題，而且一定有許多學術著作在研究和討論這件事，但情況絕非如此。事實上不管是學術界還是官方的經濟學家，大都認為現今銀行業和金融界以高科技為主，現金紙幣這種東西根本無關緊要。在現代的凱因斯總體經濟模型中，現金角色往往遭到邊緣化，甚至完全被忽略——因為實在是太難處理了。大多數的貨幣政策專家也不會對紙幣浪費太多精神，因為這些阿堵物一點也不有趣，而且根本不重要。

就算是中央銀行的官員對紙鈔也是漠不關心，雖然這些東西幾百億、幾千億地流入市面，都是央行提供的。聯邦儲備委員會的理事們樂於無休無止地討論利率政策的細節，仔細探究利率變化對於通貨膨脹和失業狀況造成什麼影響，但是紙幣發行的事情就不必煩擾他們了，除非是要討論損益盈虧的問題。但就算是在討論損益盈虧的時候，他們的興致也不會多高昂，因為大多數央行官員和專家打心底認為，他們的主要目標是幫助經濟穩定成長、指導物價平穩，央行會不會賺錢並不重要。

最近幾年來大家是對現金紙鈔多了一些關注，比方說各國央行都在擔心利率已經降到零之後還能怎麼辦，負債累累的各國財政部都想多收點稅來補充國庫，國安機關很關注現金流動希望可以預先防備恐怖攻擊，還有各國司法部門試圖透過現金流向來防止國內及國際犯罪組織與活動的滋長；然而大多數政策制定者還是把紙鈔看做是日常生活中不可改變也不能改變的事實，也不想改善現金造成的任何問題。就算是思考應該更靈活、更應該跳脫既定框架的學術界專家，在面對利率已經降到零，貨幣政策顯然無能為力的時候，他們所關心的也只是一些更複雜、更危險的方法，而不去質疑探究這個問題其實可以徹底解決。

我這本書要提出的建議就是這個——為什麼不淘汰現金紙鈔呢？或者更準確地說，為什麼不淘汰大部分的紙鈔，只保留一些小額鈔票和施以補貼的簽帳卡，來滿足所有金融普惠（financial inclusion）的問題，甚至到最後實施一種只有硬幣的貨幣制度。

這個解決辦法聽起來也許很簡單，簡單到大家可能都想問為何需要寫一本書來討論，不過要認真研究討論這個想法，就需要探觸到現金紙鈔深入到我們日常生活中的方方面面，其中有些非常具體實在，有些則是十分抽象。雖然這個主題有時可能被說是嘩眾取寵、聳人聽聞或者太過政治化，但我會盡可能地維持平衡，同時揭露這些建議的優點和風險。要做平心靜氣地冷靜討論可不容易，因為這裡頭有許多議題帶有極大的情緒成分，比方說我們認為的「非法移民」，對他們來說可是遠離迫害和赤貧的脫逃機制。或者在我們問說，政府執行課稅權力和維護公眾隱私之間的那條線，到底要畫在哪裡才適當呢？而不管各位讀者對這問題原本帶有什麼偏見，我想很多人都會發現這本書提出的事實審慎而確實，至於那些主張維持紙幣現狀的論據則有許多顯得膚淺又沒什麼說服力。

我希望各位讀者都能覺得本書淺顯易讀，書裡雖然一定會討論到一些比較深奧的問題，但我行文力求清晰淺白，那些絕對必要的技術性討論都放在注解或最後的附錄裡頭。現金紙鈔未來可能發生的作用，在我們的社會裡頭實在是太重要了，絕對不能被遺忘在貨幣經濟學的黑暗角落而不加以探索和討論，我相信在本書結束的時候，各位讀者都會知道現金紙幣這個主題絕非平凡，更不是小事。

CHAPTER 1

導言與概論

先進國家的政府是否到了應該開始淘汰紙幣（即現金），只保留小額鈔票或硬幣的時候了？這個簡單的提問包含著許多經濟、金融、哲學甚至道德議題，在這本書中，我將從利弊雙方做出平衡探討，且給出答案：「是時候了」。首先，如果沒有紙鈔的話，那些經常發生的大額匿名交易必定更難進行，這會讓逃稅和犯罪活動受到嚴重打擊，就算影響層面有限，也會讓淘汰紙幣的理由極為正當。第二，我也早就說過，如果央行想採用負利率作為政策工具，淘汰紙幣可說是既簡單又方便地排除障礙，不會碰到「零利率下限」（zero lower bound）就一籌莫展。國庫券利率之所以壓不下去，就是因為大家都可以逃向現金，畢竟持有紙幣頂多就是沒有利息嘛。[1]

雖然從原則上來說，淘汰現金和採用負利率是兩個可以分開討論、單獨研究的主題，但實際上兩者極有關係。明白地說，在考慮大幅淘汰紙幣之前，就不能不先想到這是為央行開了一扇無限制負利率的大門，而它有一天也可能被誘惑走進去。畢竟像今天只是開了一條窄縫，好幾個主要國家的央行（包括日本央行和歐洲央行）就迫不及待地想要把腳塞進去，所以在此必須慎重考慮的是，淘汰現金和制定負利率政策必然會有的相互關聯和影響。

我第一次提出大幅淘汰紙鈔的建議是在二十年前，對於全世界流通紙鈔堆積如山的當時似乎完全可說是個幻想；這個想法可以回溯到詹姆斯·亨利（James Henry）一九七六年的論文。[2] 那篇主題晦澀的論文是在一本相當專業的期刊上發表，但內容中提議廢除百元美鈔的瘋狂想法卻獲得《紐約時報》（*New York Times*）作家西爾維雅·娜薩（Sylvia Nasar，傳記小說《美麗境界》（*A Beautiful Mind*）的作者）的關注。[3] 後來她寫文章談到這個想法，又跟著引發當時美國財政部長羅伯特·魯賓（Robert Rubin）的注意。據說他曾經跟手下工作人員談過這個問題。不過讓我懊惱的是，後來有人告訴我，魯賓關心的不是我提議淘汰大鈔（比方說五十美元及更大額鈔票）的論據，而是針對我論文中的一項推測，認為當時歐洲計畫發行五百歐元大鈔（時值約五百七十美元），很可能挑戰百元美鈔在全球地下經濟的支配地位，在政策上會造成許多影響。

我到現在還是認為，我那些證據才是重點啊！[4] 各國政府盲目配合現金需求所獲得的「好處」，和紙鈔（尤其是大鈔）助長犯罪的成本相比，根本是微不足道。光是縮減紙鈔對於逃漏稅的打擊，即使只是減少一〇%到一五%，也都足以彌補淘汰紙幣所造成的收益損失，而這樣的打擊也許對於更多犯罪活動都更為有效。

現金無疑在許多犯罪活動中都扮演著重要角色，包括販毒、詐騙、勒索、貪污納賄、人口販賣，還有洗錢。大額紙鈔用於非法活動甚於合法交易的事實，也早在電視、電影和許多流行文化中多有呈現[5]，然而對於這樣的現實，國家政策制定者卻是遲遲不予承認。像非法移民的問題一直困擾著美國等國家，而現金在這類問題中更是至關重要。令人難以相信的，是有些政客認真討論在國境邊界建造圍牆，卻似乎沒人理解，淘汰紙鈔才是更好也更有效的辦法。因為如此一來，美國的雇主就算想私下付錢僱用非法外國工人，也會變得比較困難，更遑論這種情形付的錢常常低於最低工資。在非法移民

---

1 參見 Rogoff（2014）論文。其論點是以 Rogoff（1998a）論文為基礎，這裡談到的想法之前也都早已觸及。另外我也曾在許多報章雜誌的專欄中提過這些論點。

2 Rogoff（1998a）。

3 Sylvia Nasar, "Crime's Newest Cash of Choice," *New York Times*, April 28, 1998，可見於 http://www.nytimes.com/1998/04/26/weekinreview/ideas -trends-crime-s-newest-cash-of-choice.html。

4 我在國際貨幣基金擔任首席經濟學家時也持續研究這個主題（參見 Rogoff 2002），但還是沒能獲得太多人的關注。

5 例如二〇〇二年的電影《財路兩人行》〔*All About the Benjamins*，冰塊．酷巴（Ice Cube）主演〕。原片名的「班傑明」就是指班傑明．富蘭克林（Benjamin Franklin），百元美鈔的人頭肖像。

的問題裡頭，「工作」正是驅動整個過程的大磁力；說得更明白一點，正是因為有現金紙鈔可以運用，雇主才能逃避就業法規，無須負擔非法工人社會保險的費用。

當然，如果準備大幅淘汰現金，就要提供國家補貼的簽帳卡給低收入戶，或者是某種可以提供基本額度的信用卡，甚至到最後也要人人都有基本款智慧手機才行。現在有幾個國家，包括瑞典和丹麥，都已經這樣做，還有更多國家正在考慮採取類似作法。最簡單的做法是先為每個國民開設提款帳戶，而所有的政府資金轉移都透過這些帳戶來進行。不管是不是要淘汰現金紙鈔，推廣金融普惠都是很好的公共政策；而不管未來會如何發展，我在這本書中提出的計畫是長期保留小額紙鈔繼續流通（也很可能是無限期流通），這樣應該就足以化解大家擔心日常購物可能的不便。保留小鈔（如果最後都能替換成有點重量的硬幣更為理想）也可以滿足一些特殊需求，化解大家對於安全、隱私和緊急狀況處理上的疑慮。

要是有人以為現在現金卡、手機支付和虛擬貨幣大行其道，現金紙鈔已經被取代了，那可是大錯特錯。大多數先進國家的紙幣需求，二十多年來仍是繼續穩步上升。說起來各位也許不信，二〇一五年年底時，在銀行之外流通的美國貨幣高達一兆三千四百億美元，等於每一個美國人不管男女老少，身邊都有四千二百美元在流動，而大多數先進國家的現金流通大致也是如此。更讓人難以置信的是，額數如此龐大的現金發行有許多都是我們平常人不會多帶的大額鈔票，包括百元美鈔、歐元的五百元大鈔（現值約六百二十美元），還有瑞士法郎的千元大鈔（時值比一千美元略高）。美國的流通貨幣中大約有八成都是百元美鈔。如果不算那些小額的零錢，一般的美國四人家庭平均擁有一萬三千六百美元的現金，平均一個人不管男女老少可以分配到三千四百美元。那麼請問有多少人的錢包、餅乾罐或車子裡頭會藏著三十四張百元美鈔呢？美國財政部和央行常常印製幾十億的大額鈔票發行在外，卻沒人知道這些鈔票到底去向何方、用在何處。我們只知道其中有一小部分會在商店的收銀機或銀行金庫，但就算是對整個美國和歐洲的消費者進行普查，恐怕都找不到其他大額鈔票的下落。而貨幣供給以大鈔為主的情況也非美國獨有，全球經濟發達國家幾乎都有同樣的問題。

有些國家央行甚至也開始覺得自己是在「反洗錢」，這種說法一點也沒錯！相對於傳統的「洗錢」把犯罪活動的收益經過貌似合法的企業漂白成乾淨的錢，央行發行乾淨大鈔送到各銀行，經過幾次中間交易以後，那些現金，尤其是大鈔，最後常常就變成地下經濟流通的髒錢。

各國央行重新思考現金角色的主要動機大概也不會是什麼道德覺醒，認為現金已經成為全球金融體系順利運作的主要障礙。以當前全球經濟體系而言，紙幣總值占全球金融資產總值的比例其實很小，像這種陳舊的交易媒介怎麼會很重要呢？原因說來平常無奇，但沒有仔細想過的話當然覺得蠻驚訝的。

我們可以把紙幣當做是零利息債券，或者更確切地說，是一種不記名的零利息債券——上頭沒寫名字，也不記載來歷，不管是誰持有都有效。[6]只要大家都還有紙鈔可以選擇，任何利率太低的債券都不會被接受，除非是考慮到現金的保存成本比較高也比較不安全，這一點對低利率債券而言倒算是個適度的補償優勢。這裡問題看起來似乎不大，可是從二〇〇八年金融危機之後的八年來，零利率下限讓先進國家的貨幣政策幾乎是寸步難行，如果可以採行無限制的負利率政策——而且所有必要的金融制度及法規條件都已齊備——央行就永遠不會「彈盡援絕」（也就是說，利率總是有下降空間）。如果是在金融危機正嚴重而緊急的時候，無限制的負利率政策必定非常有用，可以讓大家見識它的真正威力。

在這場金融危機爆發之前，很少有政策制定者真正擔心過這個問題，除了經濟泡沫破裂的日本之外。打從大蕭條之後，就沒什麼人關心過零利率下限的問題了，但是在二〇〇八年以後，全球金融情勢有了巨大變化。事實上過去八年來，幾乎每個主要國家的央行都曾在某個時刻希望大幅降低利率，設定極為顯著的負利率，包括丹麥、瑞士、瑞典、歐元區和日本在內的幾個國家，實際上也已經逼近負利率界限。但是這樣的政策並沒有用，甚至適得其反，因為利率一旦逼近零，資金就會從銀行帳戶和政府公債逃向現金紙幣；就算政策利率的下限其實只比零還要再低一點，它對貨幣政策的效力仍然是個很大的限制。

負利率有時可能是個好政策，但紙幣的存在會妨礙其進行。這個想法其實也不新，過去在大蕭條正嚴重的時候，幾個不同流派的經濟大師，包括耶魯大學的歐文．費雪（Irving Fisher）和劍橋大學的凱因斯（John Maynard Keynes）就都同意，政府如果有辦法對現金施予負利率，貨幣擴張就能拯救經濟脫離蕭條。當時的問題跟現在很多國家一樣，因為短期的政策利率都已降到零，貨幣政策陷在「流動性陷阱」（liquidity trap）裡，就完全束手無策了。費雪受到特立獨行的德國思想家西爾維奧．格塞爾（Silvio Gesell）的啟發，在一九三三年寫了一本很薄的書叫《印花憑證》（*Stamp Scrip*），提出鈔票持有者必須定期貼上印花以維持幣值的點子，也就是讓現金支付負利率的簡單方法。凱因斯在他一九三六年的經典大作《一般理論》（*General Theory*）中稱讚過這個點子，但也正確指出這個做法完全不切實際。[7] 凱因斯否決格塞爾對「流動性陷阱」的解決辦法，才引導出自己的著名結論，也就是擴大政府支出，才是推動經濟脫離大蕭條的關鍵。

6 美國過去也有付息的不記名債券，而且它們在費茲傑羅（F. Scott Fitzgerald）一九二五年的小說《大亨小傳》（*The Great Gatsby*）中扮演重要角色。到了一九八〇年代時，電影中的壞蛋還是需要這種東西，例如《終極警探》（*Die Hard*）和《比佛利山超級警探》（*Beverly Hills Cop*）。不過美國現在已不再發行不記名債券，其他先進國家也逐漸跟進。美國一九八二年的「稅賦公平與會計責任法案」（Tax Equity and Fiscal Responsibility Act）規定債券發行者支付利息不再享有所得稅扣除額，不記名債券也因此廢棄。隨著債券交易記錄完全電子化，以及各國政府對於逃漏稅和恐怖活動的關注，不管未來紙幣的存廢，付息的不記名債券在先進國家都不可能存活。

7 Keynes（1936）。

但凱因斯要是在今天這樣的世界，很可能就會得出截然不同的結論。如今越來越多的交易已經轉移到電子媒介，包括信用卡、現金卡還有手機等，要對電子貨幣施予負利率（或正利率），如銀行持有的電子貨幣，已經不是不切實際。事實上我已經說過，有幾個中央銀行正在這麼做！如今要更大規模地採行負利率，最大障礙就是現在流通的現金紙幣，尤其是那些大額鈔票一定會成為資金從國庫券全面脫逃的避難所。[8] 當然其他制度上的障礙也會妨礙全面採行負利率政策，例如債券的負利率該怎麼支付、溢繳稅款應該明文禁止、還有支票兌現也不能故意拖太久……這些我都會在第十章和十一章詳細討論。只要準備的時間足夠，所有這些問題都是可以妥善安排處理的。

淘汰紙幣或對現金課以負利率，是個足以挑動大眾情緒的議題。現代的幾位西爾維奧·格塞爾就在某些地方遭遇肆無忌憚的敵意。里奇蒙聯邦準備銀行官員馬文·古佛蘭（Marvin Goodfriend）在二〇〇〇年發表了一篇完全是學術性的論文，提出一種施加負利率的可能辦法是在鈔票加上磁條。然而他的先知和創見並非受到讚賞，而是很快就招來一大堆電子郵件的謾罵和威脅，甚至在一個保守派的廣播政論節目上遭受無情的嘲笑。哈佛經濟學家格雷戈里·曼基（N. Gregory Mankiw）二〇〇九年在《紐約時報》專欄寫了一篇奇文討論零利率下限的問題，說他的研究助理曾提議說，可以定期利用鈔票上的序號來舉行樂透抽獎，抽中就變成廢紙一張。這種異想天開的方法當然完全不切實際，長期下來誰有辦法去追蹤這些失效的鈔票序號？這只是用來說明負利率運作而舉的一個怪異例子罷了，不過讓曼基非常驚訝的是，他也馬上收到怒氣沖沖的電子郵件和批評，甚至還有人投書給哈佛大學，叫校長馬上開除曼基。

紙幣擁護者也不是個個都像末日邪教，或者會把沒有現金的社會看做是聖經啟示錄的「獸名印記」（Mark of the Beast），（不過我長期宣揚大幅淘汰紙鈔，的確是碰上不少混合型的狂熱分子。）擁護紙幣的人大概也都有好理由，希望保持現狀。我二〇一四年在慕尼黑大學演講後，歐洲央行前董事兼首席經濟學家奧特馬．伊辛（Otmar Issing）就強烈質疑我的觀點，他說紙幣是「鑄造的自由」〔典故來自杜斯妥也夫斯基的小說《死屋手記》（*House of the Dead*）〕[9]，絕對不能妥協或放棄。我寫這本書的目的，就是認真面對這些不同看法，找出各種可能的辦法以減輕大家的疑慮。有些人喜歡現金是因為它方便，但是這個優勢其實只存在於範圍一直比較小的合法交易。有些人重視的是現金的匿名特質，這個問題說起來就複雜了。個人有維護隱私的權利，社會也有執行法律和規定

8 我們概略算一下，持有十億美元的十元美鈔，其持有及儲存成本大概是百元美鈔的十倍，如果全部換成五元美鈔的話，成本是二十倍，如果是要儲存和管理幾十億美元的硬幣（第七章會討論這個長期計畫），那問題就更大了。由於顯著負利率的時間可能都相當短而且無法事先預測，那麼小鈔的儲存和保險的固定成本很可能就會太高而使之不可行。要是這樣還不夠的話，政府也可以對銀行體系中的轉存資金施加其他的固定成本。

9 參見 Dostoyevsky（1862）；二〇一四年十一月十九日德國《法蘭克福匯報》（FAZ）曾引述。

的需要，兩者之間要如何維持平衡而不偏廢呢？

決定那條線要畫在哪裡，要如何巧妙區隔兩者且維護雙方權益不偏廢，可能是未來終結現金紙鈔最需要考慮的關鍵問題。關乎個人隱私的也不只是現金政策而已，還包括諸如手機記錄、網頁瀏覽歷史等，更不用說現在遍設全球各大都市，幾乎無所不在的街頭治安監視器。但在其中種種，紙鈔仍是重要項目，我們如果想要淘汰現金，就必須仔細檢視目標和替代方案（例如嚴格限制的現金預付卡）。使用紙幣在小額交易中擁有便利和隱私維護的優勢，因此淘汰紙幣一定要從大額鈔票開始，而且可能要保留小額紙鈔無限期流通，或者必須找到讓人完全滿意的替代品才行。

要為觸及這麼多不同面向的主題寫一本書，的確是個巨大挑戰，尤其是我想認真探討淘汰紙幣時可能引發的實務及學理關注，所以我為這本書設定的結構，是讓讀者可以直接瀏覽自身感興趣的特定主題，或者也能直接通讀本書。有許多學術上的材料，特別是引用資料都放在注解裡頭，各位在閱讀第一遍的時候不一定需要詳細深入。另外還有一些主題的討論比較偏向學術性質，我把它們放在簡短的附錄裡頭。

本書正文分為三個部分，第二章一開始我會先講一些貨幣歷史的材料，來突顯稍後要談到的幾個關鍵重點；其中一個絕對的關鍵是，紙幣可概略分成兩種，有實物擔保和沒有實物擔保的。比方說，有黃金擔保的紙幣就是由中央銀行以黃金來定價，並得以根據官定價格兌換黃金。之後我們會談到，如果沒有足夠黃金來擔保所有發行貨幣，可能就會碰上麻煩。至於無擔保貨幣或法定貨幣，紙幣價值只能來自社會常規和政府法令，現在所有主要國家的貨幣都是法定貨幣，這種貨幣的歷史可以追溯到中國的蒙古皇帝。

現在各國政府不靠實物擔保，也已經發行了大量紙幣，第三章將闡述龐大紙幣供給在外流通的基本事實，我的重點會擺在先進國家的貨幣，順帶也會談到一些新興經濟體的狀況。接著在第四章和第五章裡頭，我要探討幾種不同來源的需求——誰會持有這麼多現金？這些現金需求的來源，包括合法納稅的國內經濟、不太合法的國內地下經濟（包括逃漏稅和犯罪），還有來自全球經濟，包括合法與非法的需求。

第六章要探討紙幣的一個基本優勢，即政府壟斷貨幣發行而獲得的大量收益。這一章會討論紙幣收益的幾個不同面向，並評估紙鈔需求如果大量轉為電子支付時會有多少損失。有個重要問題是，成本不僅只是未來可能的收益損失，還會有現行流通貨幣的撤回成本，要收回這些紙鈔也許要先發行政府債券來吸收回籠。撤回成本實際上會有多少，可能是取決於洗錢防制的執法程度，而且淘汰期間的現金存款通報要求也需要先暫停執行，因為這會影響到髒錢回籠的額數。我的結論是，淘汰紙幣所帶來的社會整體效益應該還是會比撤回成本高出一大截。

當然，效益多大主要是看逃漏稅和犯罪活動在「現金稀少」的世界中會降低多少，而這的確是我們難以預知的。不過我推測這個效果應該是非常巨大，只要政府保持警惕，認真「打地鼠」，嚴厲扼止任何新的交易媒介取代紙鈔的角色。政府的主要手段是它有權力命令金融機構不得接受任何替代貨幣，也有權力讓那些替代貨幣不得在一般零售商店流通。是的，總是會有一些替代貨幣——金幣啦、未切割打磨的鑽石啦，還有虛擬貨幣。但如果仔細檢視這些替代貨幣的實用性質和現存的限制（比方說現在的鑽石和黃金交易商都受執照約束），我們很容易就明白，跟現金相比，替代貨幣更昂貴、更危險而且效率更低。關於虛擬貨幣，本書倒數第二章也會深入探討。

第一部分的最後，第七章要提出一套淘汰紙幣的具體計畫，只保留小額鈔票和硬幣流通。計畫執行的過程拖得比較長，這是為了讓民眾和各種機構有時間進行調整，也讓決策者有餘裕排除之前未曾預見的問題。有個重要的基本原則，是一個理想的貨幣制度應該為大額且重複發生的匿名交易製造障礙，但不會妨礙小額交易，而且還要確保金融普惠措施的推廣。無限期地保留小額鈔票或硬幣流通，即可化解許多現金紙鈔廢除後可能引發的問題和疑慮，例如自然災害造成大停電時該怎麼辦。要快速廢止紙幣，有賴於經驗和科技的進步，在第七章的最後，我會談到北歐國家的例子（尤其是瑞典）。這幾個國家因為各自不同的原因正大步邁向現金稀少的社會，目前進度和其他各國相比可謂遙遙領先。雖說要從這些早期的經驗中得出任何確切結論為時尚早，但似乎也可以讓我們看到許多激烈反對減少紙鈔的膚淺理由其實是可以排除的。

本書第二部分是討論負利率。我之前就已經說過，如果不考慮到它對中央銀行貨幣政策的基本衝擊，我們也很難認真地研究討論淘汰紙幣。[10]在導言和概論之後，第八章會介紹目前所知關於零利率下限在貨幣實務上的嚴重問題。對此議題的研究和探索，學術界相關文獻正不斷增加和發展，但這些學術研究所根據的資料和實務經驗都相當有限；此外，模型本身也都有它們的內在限制，比方說理論模型對於金融市場的模擬還是相當粗糙。但儘管如此，大多數央行官員直覺上也都認為零利率下限可能是重要而且會一再發生的問題；至於學術界的研究現在仍在早期階段，到目前為止結論仍是分歧。

第八章還會詳細介紹一些央行的實際做法，在不採行負利率的情況下如何減輕零利率下限的影響；第九章繼續討論關於零利率下限的一些做法，例如央行將通膨目標從二%提高到四%；第十章探討還有什麼方法不必淘汰紙幣也可以採行（無期限）負利率政策。在政府方面，有一個有趣而重要的辦法是分別發行電子貨幣和紙幣，然後小心地調控兩者之間的兌換率。第十一章探討其他可能妨礙負率政策發揮效果的摩擦和障礙，以及如何解決。然後我在第十二章要討論負利率政策可能影響貨幣穩定的問題，以及央行可能受到誘惑，致使貨幣政策偏離現在的規則模式（rule-based）。

10 Rogoff（2014）指出淘汰紙鈔可以發揮一石二鳥的功效。

本書的第三部分將繼續討論第一部分和第二部分的主題，包括國際層面與數位貨幣。在國際方面是否需要協調（第十三章）？負利率政策是否會有溢出效應？數位貨幣帶來的曙光是否可以讓這些疑慮迎刃而解（第十四章）？[11]我還會談到發展中國家和新興市場的狀況。對這些國家來說，要談淘汰紙幣是太早了一點，不過先淘汰大額紙幣或許也是好主意。最後一章「最後的想法」則為本書做個總結。

最後是關於本書使用的專業術語。在整本書裡頭，跟鈔票的形式及功能類似的交易媒介，我都稱之為「紙幣」或「紙鈔」，雖然這些交易媒介未必就是「紙」做的。中國古早的貨幣可能是皮革或樹皮製成，而現代有些貨幣則是塑膠聚合物，包括加拿大和英國都已經採用這種貨幣。塑膠貨幣肯定比紙幣更耐用，而且應該也更難偽造，不過對於本書關注的重點，這些差異並非重要問題。除了一些我會特別強調的小細節（比方說塑膠貨幣上的發行序號比較容易掃描），各位讀者可以認為不管是紙質或塑膠貨幣，在這本書裡頭都可以當做是同一種東西，我將以「紙幣」或「鈔票」來指涉兩者。

同時我也會交叉運用「紙幣」、「紙鈔」、「鈔票」或「現金」等用詞，這是為了行文活潑，不致顯得過分呆滯。這幾個名詞在本書裡頭都是相同的意思，我們口頭上說的「現金」，有時是包括各種形式的流動資產，但在這本書裡頭根據上下文脈絡，各位應該可以知道我所說的「現金」就是「紙幣」的意思。要是七十五年後要是亞馬遜或德州東部（East Texas）的孤立部族還在使用紙幣的話，大概也會有自己的用詞吧。

11 有幾位記者寫了幾本好書討論電子貨幣，參見 *The End of Money*（David Wolman, 2012）；*The Age of Cryptocurrency*（Paul Vigna and Michael Casey, 2015）。但這些討論比較注重目前全球支付機制的替代方式，而不是徹底的重新思考全球貨幣體系。

PART 1

紙幣的黑暗面——逃漏稅、鑽法律漏洞、犯罪和治安問題

CHAPTER

2

硬幣和紙幣的發展歷史

在一本預言紙幣死亡的書中，要是不來一段真情洋溢的長篇悼文，我會感到相當遺憾。而且回顧現代貨幣的演變歷史，也會幫助我們掌握並釐清政府和科技在這方面各自作用的細微差異，這對分析未來替代貨幣體系的許多層面都會大有助益。

在我們的心靈和文化之中，紙幣帶有悠久傳統和諸多傳說的歷史，本身就是一種十分強大的靈巧造物，各位千萬不要輕視。對西方人而言，這段歷史開始於馬可波羅對中國紙幣的描述帶來的許多啟發，像是某種鍊金術一樣讓歐洲人目瞪口呆，極是驚詫，在德國作家歌德（Johann Wolfgang von Goethe）的著作《浮士德》（*Faust*）中，就表示出這種懷疑。當時魔鬼梅菲斯特誘惑財政窘迫的皇帝印鈔票，以支應浮濫花費和償還國債，這個辦法當然馬上見效，但最後不免引發通貨膨脹和破產。這部寫於十九世紀的著作如果不是洞燭先機，巧妙預言日後的歷史發展，恐怕早就被世人遺忘了。要是沒有紙幣，後來的德國大概不會有什麼惡性通貨膨脹，說不定連第二次世界大戰也不會發生。[1]

失敗的紙幣可能變成詛咒，但成功的紙幣長期以來一直是世界上最成功經濟體的奠基石。在美國聯準會於一九一三年成立的一個半世紀之前，班傑明．富蘭克林即曾前往倫敦，想說服英國允許美洲殖民地發行流通紙幣，幫助他們償還七年戰爭（Seven Years' War）的戰費支出，但這個想法最終並未實現。[2]諷刺的是，二百五十年前富蘭克林設想的美國貨幣如今不但存在，而且在全球貿易上遠遠超越英國對手，成為美國強權的最大象徵——當然，富蘭克林的肖像現在就印在百元美鈔上頭。中國的領導人也沒有忽視這些「班傑明」的意義，他們現在已經開始想像人民幣大鈔取代百元美鈔在全球流通的那一天，不過這大概還要再一段時間吧。

紙幣發展的歷史非常有趣，而且是跟科技與社會發展密切相關。在馬可波羅之後的歷史長流中，針對紙幣出現許多奇妙的理論和論文[3]，但我這個簡短的歷史回顧只能擇要介紹，其中有三點是非常重要的。

首先，貨幣的歷史絕非靜態，而且交易媒介從紙張演變為電子化，比方說從班傑明大鈔變為政府發行的虛擬比特幣，應該也沒什麼好驚訝的。第二，雖然有很多東西可以當做「錢」來用，但擁有最佳條件者終究會勝出。金屬做的硬幣勝過其他種類的貨幣，紙幣最後又勝過硬幣，這些都不是偶然發生的事，有朝一日紙張時代逐漸消退也沒什麼好意外的。在現代貨幣經濟理論中，電子貨幣已經是無可阻擋莫可匹敵。[4]

第三，在過去許多例子中，貨幣創新常常是從民間部門開始，最後才由政府總綰控制，但不管情況是否如此，中央政府在資產安全的保證方面總是具備強大優勢，任何私人造幣面對政府的干預終究無力抗衡。在評估數位貨幣（或者更縮小範圍地說，所謂的「加密貨幣」（cryptocurrencies）」的未來，和其他嘗試使用新的、可能更優越的科技公開發行超越私人鑄造的貨幣時，這些教訓都值得謹記在心。像本章所說的這種循環過程，過去早有一些例子。

除了南美洲印加人頗堪爭議的例外，每個先進文明都需要一個辦法來解決十九世紀偉大貨幣學家傑文斯（William Stanley Jevons）所言「雙方一致的需要」（double coincidence of wants），也就是說至少要設計出一套制度，來解決所有以物易物的交易需求。在小型游牧或部落社會中，金錢並不是那麼重要，一方面是沒那麼多商品可供交易，再者這些地方都有較強的社會秩序來管理資源分配的問題。然而隨著社會規模日漸

1 對於《浮士德》第二部中紙幣角色的精詳解析，參見 James（2012）。
2 Grubb（2006）。
3 參見 Davies（2002）或 Ferguson（2008）。
4 研究認為貨幣是社會記憶體的原始形式，而電子貨幣顯然比實體貨幣提供更多保存記錄的可能。參見 Kocherlakota（1998）、Kiyotaki and Wright（1989）。

發展，財貨品項趨於多樣化，人口也同時增加，這時候要在沒有某種形式的「金錢」下完成分配，長期以來幾乎都是不可能的任務——就算古代印加人真的在沒有貨幣制度下達到相當高的發展水準，我們還是難以想像科技更進步的現代社會也做得到。前蘇聯集團的中央計畫經濟利用「投入—產出矩陣」（input-output matrixes），來描述經濟生產的每一個細節，但即便如此他們也仍然承認貨幣制度不可或缺。

接著我們將進入貨幣史最有趣的部分，金屬硬幣的發展，但在這之前各位讀者應該要先知道，過去曾有許多財貨被當做「貨幣」使用，例如斐濟的鯨魚牙齒、菲律賓的稻米、聖克魯斯的鳥羽錢、印度的穀物、非洲及中國許多地區的貝幣、哥倫比亞的牛，還有美國的貝殼串鍊。保羅．艾辛格（Paul Einzig）在他介紹古代貨幣的經典著作中有一章專門討論「愛爾蘭的女奴貨幣」，這種貨幣當然很可怕，但也不是只有古老的愛爾蘭才有。[5] 即使是在現代貨幣出現後，商品貨幣在某些緊張時期仍然存在，而且以後也可能再次出現。歐洲在第二次世界大戰以後百廢待舉，飽經摧殘的各國苟活延命，拚命掙扎，只求早日恢復國家基本功能，在那個時代中香菸和汽油就常常被當做貨幣來使用。

遠古鑄幣

現代金屬鑄幣的發明，一般認為是在公元前七世紀從利底亞（Lydia；現在的土耳其西部）開始的。手工製造的利底亞古錢通常是天然的金銀合金，硬幣反面有用力戳壓的痕跡，正面則有圖像（例如獅子頭），像這樣由政府擔保品質，創造出形式一致的交易媒介，可說是文明史上的巨大突破。硬幣的標準化現在看來似乎是理所當然的事情，但在一開始的遠古可真是天才的靈光一閃，很多經濟史學家認為，這種壓鑄技術最早是出自民間，後來大都被當地的國王接管，但實情是否如此殊難確定。[6] 現存的三百多枚利底亞古錢雖然有許多是私人擁有，但還是很難確定最早是誰鑄造的。[7]

雖然我們認為標準化鑄幣是一項技術變革的大事，但還是過了快八十年才傳到鄰近幾個希臘國家。金幣的真正爆炸性發展來自於另一項技術突破，也就是利底亞人後來發現怎麼把金銀合金分離出純金和純銀。因為有了這個技術突破，利底亞王克羅伊斯（Croesus）才能鑄造出純金幣和純銀幣。克羅伊斯王最後雖然被波斯人打敗，但他和他的古錢仍在「像克羅伊斯王那麼富有」（rich as Croesus）的現代片語之中流傳。

利底亞錢幣隨著貿易而散布，其他地方也開始模仿，其中最重要的是雅典。因為雅典南方的阿提卡（Attica）正好有豐富銀礦，雅典的「貓頭鷹」鑄幣很快就交易得又遠又廣。

5　Einzig（1966）。

6　在鑄幣出現之前，商人曾長期使用金錠和銀錠作為交易媒介，也很早就知道必須留存金銀錠。Hicks（1969）著作因此認為貨幣可能是來自民間市場活動；Bordo（2008）著作對此推斷則比較審慎。

7　Melitz（2015）。

有些經濟史學家認為，雅典之所以能夠建造艦隊，在公元前四八〇年的薩拉米（Salamis）海戰打敗波斯王薛西斯一世及其海軍的入侵，鑄幣技術的發達扮演了重要角色。[8]如果沒有這項建造艦隊必須要有的金融工具，整個西方文明的發展很可能在一開始就夭折了——至少勝利者的歷史版本是這麼說的。

現在我們對亞歷山大大帝的印象多半是他在軍事戰術上的勇猛，而不是他對於經濟金融的敏銳，然而他能在公元前四世紀開創前所未有的大帝國，貨幣上的創意助益極大。亞歷山大極度仰賴鑄幣創新，才有辦法在後勤供應鏈長到震古爍今的情況下，支付軍費和維持物資供給，但他還是不免碰上一個棘手問題——該如何處理帝國不同地區的金銀幣值波動。亞歷山大解決這個問題的辦法可謂明快，他在帝國境內遍設金庫，貯藏數量不等的金幣和銀幣，然後直接宣布金銀幣兌換比率為一比十。[9]他的辦法法讓馬其頓鑄幣相對簡單也很有用，同時為現代鑄幣方式開創先例，不過正如薩瑾（Sargent）和維德（Velde）在其標題一語雙關的著作《小零錢的大問題》（*The Big Problem of Small Change*）中解釋的那樣，這個因為多種硬幣流通而產生的兌換率問題，一直要到十九世紀純法定貨幣變得更加普遍以後才真正獲得解決。[10]

科學技術在鑄幣上一向扮演核心角色，因為鑄幣必須讓人一眼看到就能接受它的真實價值，而且還要讓別人難以偽造。這裡我們又要再次提到傑文斯在一八七五年出版的貨幣巨著，他在書中極為關心偽幣問題，警告政府必須採用複雜的鑄幣技術以嚇阻偽造者。他的憂慮在今天跟許多國家財政部討論的問題驚人地類似，不過現在關心的是紙鈔偽造。各國不斷尋找更高深的紙幣技術，做出花花綠綠、外觀複雜的紙幣（或是現在許多國家採用的塑膠聚合材質），各位要是懷疑科技在鑄幣中的重要性，只要看看牛頓的故事就曉得了。他在一六九六年擔任英國皇家鑄造局的監督，後來晉升為鑄造局的局長。英國錢幣在九年戰爭（Nine Years' War）期間錢幣成色劣化且偽幣泛濫，戰後的改鑄工作即由牛頓主持完成。期間他發明了在錢幣邊緣設置細紋花邊，以防止偽造和錢幣遭到削切，這個鑄造辦法一直延用至今。[11]我們在第六章會談到紙幣防偽的討論，不過偽幣似乎仍是前撲後繼，打死不退。英國皇家鑄造局現在也宣布，將在二〇一七年鑄造新的十二邊形帶有細紋花邊的英鎊硬幣，以解決偽幣泛濫的問題。

雖然偽造一直是各國關注焦點，但對貨幣價值的最大威脅通常就是政府本身。羅馬帝國在西元一五一年至三〇一年期間，由於叛亂頻發、瘟疫肆行，硬幣成色嚴重貶損，等於累計通貨膨脹率高達一九九〇〇%之巨[12]，雖然歐洲鑄幣水準不斷提升，但這個問題還

8 年輕讀者可以找電影《300 壯士》的續集，二〇一四年的《300 壯士：帝國崛起》（*300: Rise of an Empire*）來看，其主題就是演述史詩般的薩拉米海戰。

9 Davies（2002）。

10 Sargent and Velde（2003）。

11 詳見 Levenson（2011），第六十二頁關於削切；第六十四頁關於牛頓的細紋花邊。

12 Fischer, Sahay, and Végh（2002）。

表2-1：歐洲古錢幣成色嚴重貶損事例，1300-1812

國家或地區	年分	白銀成色貶損（%）
奧地利	1812	-55
比利時	1498	-35
英格蘭	1464	-20
英格蘭	1551	-50
法國	1303	-57
法國	1718	-36
德國巴伐利亞	1424	-22
德國巴伐利亞	1685	-26
德國法蘭克福	1500	-16
義大利	1320	-21
荷蘭	1496	-35
葡萄牙	1800	-18
俄羅斯	1810	-41
西班牙新卡斯提亞	1642	-25
瑞典	1572	-41
土耳其	1586	-44

資料來源：Reinhart and Rogoff（2009）。

是一再出現。表2-1列出各國錢幣成色貶損最嚴重的年分及錢幣中白銀含量減少的比例，各位看了這張表以後，當知貴金屬貨幣其實也沒有多安全。英國國王亨利八世在一五五一年減少錢幣的白銀含量五〇%排名第三，幅度之大僅次於一三〇三年法國的五七%和奧地利在拿破崙戰爭期間的五五%……其他還有許多國家偷斤減兩，不遑多讓。[13]對於中世紀的錢幣成色貶損，各位去參觀貨幣博物館，例如東京的日本銀行或在德勒斯登的德國聯邦銀行，就能看到許多貴金屬錢幣變得越來越小的實例而了然於心。

儘管錢幣成色時遭大幅貶

損，還是通過歷史長流的考驗，其悠久的流通顯示它擁有一些基本特質。錢幣的成功一方面是因為有政府支持，才能獲得人民的信任；另一方面則要歸功於政府的強制維護，至少可以要求人民用以繳稅，還有政府履行償債和契約支付。至於貨幣制度中，胡蘿蔔和棍子應該如何維持平衡，到今日仍是個基本問題。

中國紙幣的誕生

儘管有諸多缺陷，包括歌德在《浮士德》中強調的，紙幣仍然擁有許多優點足以讓它通過時間考驗，擊敗全世界的競爭者。紙幣容易攜帶、同質性高、既安全又耐用、非常方便，它很適合作為計帳單位，也是完美的交易媒介，在通膨壓力不大的時候，也能發揮價值儲藏的功能。

中國貨幣發展史包含了一些有趣的經驗教訓，稍後我們會在第七章討論，到時我會說明為何紙幣應該淘汰，甚至到最後流通的小鈔也應該替換成難以大量攜帶的硬幣。

中國和西方文明的鑄幣似乎都是獨立發展出來的，不過到底誰先誰後自然還有一番爭論。因為這裡頭對於「錢幣」的定義還是眾說紛紜，而且牽涉到民間造幣是否也算在內。

13 錢幣成色貶損的時候，鑄幣收益通常大幅增加，詳見 Rolnick, Velde, and Weber（1996）。

經濟史學家尼爾·佛格森（Niall Ferguson）認為西方顯然比較早，因為中國一直要到公元前二二一年的秦始皇，才發行第一種標準化的青銅鑄幣在整個帝國流通。14更早遠的中國錢幣則像是瑪瑙貝，這種在中國使用的商品貨幣應該是從外地進來的，因為當地找不到這種貝殼。

中國跟歐洲很不一樣，採用銅、錫、鉛等賤金屬作為鑄幣的主要材料，有時也用鐵來鑄錢，而這種硬幣質重而價低，要進行大額支付時重量驚人。中國人固然也使用銀錠作為儲值和交易媒介，如利底亞鑄幣之前的中東和歐洲人，但中國古早的銀錠並未標準化，也沒有做成銀幣的例子。

歐洲採用貴金屬鑄幣，使得歐洲錢幣流通更廣，但有趣的是，錢幣材質較差，卻反而使中國更早採用紙幣這項延用至今的主要造幣技術。15中國在七世紀的唐代即有雕版印刷，到了十一世紀的宋代更有陶字的活字印刷，比一四五五年第一部古騰堡（Johannes Gutenberg）活字版《聖經》早了很多年。

中國早期紙幣的歷史綿延七個朝代，但每個朝代都有自己的貨幣規則和制度，另外如四川等重地也曾經擁有自己的貨幣。16不過紙幣也不是一夜之間就蹦出來，而是歷經時間催化，技術演進，公眾對於紙幣的接受度才慢慢提高。古早中國商人和財主最初是想發行可以兌換錢幣的代用票據，以化解商旅途中攜帶大量錢財的困難和危險，很久以後歐洲紙幣的盛行也是基於相同緣由；這些代用票據又帶來另一個重大進展——使用地方發行的本票，讓偏遠區域也能更方便且更有效率地向中央政府納稅。到了九世紀初期，中央政府已經禁止民間自行發鈔而收歸中央控管，有些中國的歷史學家認為，「飛錢」（意思是風大會被吹走）即是最早的鈔票。[17]

古代中國紙幣的全盛期是從十一世紀到十五世紀，蒙元政權統治時，紙幣發展到了最接近現代的形式。但當時還沒有出現任何調控通貨膨脹的機構，例如一個獨立的中央銀行，而我們知道這是一定要有的。當成吉思汗的孫子忽必烈一二六〇年在中國登基稱帝時，前朝及地方紙幣幾乎都成了廢紙。這些貨幣被回收替換成新的國家銀票，但是這種銀票如果是跟朝廷國庫交易，卻只值面額一半的白銀。[18]〔我們在第十章會談到，忽必烈在紙幣面值和官價之間創造價差，呼應了推行負利率的巧妙措施，「艾斯勒—鮑伊特—金伯爾」（Eisler-Buiter-Kimball）計畫。〕忽必烈發行的鈔票跟前朝的不同，在於上頭並沒有到期日的限制。

在一二六二年之前，忽必烈政府已經禁止直接使用黃金和白銀作為交易媒介，膽敢

14 Ferguson（2008）。
15 參見 Davies（2002）也強調此觀點。
16 Tullock（1957）。
17 參見 Morse（1906）。
18 參見 Tullock（1957）。

違反禁令者顯然都有生命危險。到了一二七〇年代後期，實體金銀的兌換都變得越來越困難，使得蒙元貨幣更有效地轉化成純粹的法定貨幣。19我們在第一章說過，純粹的法定貨幣是一種貨幣不能帶去中央銀行或國庫兌換實體金銀或任何其他商品的制度。

當威尼斯商人兼冒險家馬可波羅在一二七〇年代中期抵達大汗宮廷時，中國的紙幣制度令他大感驚訝，能與之相提並論的東方奇蹟可沒多少。後來馬可波羅在遊記中以一整章來記述中國貨幣：「大汗如何利用樹皮製造出一種像紙的東西，可以通行全國。」以下摘錄幾段就能看出主要內容：

汗八里（即大都）城中有個大汗的造幣廠，因為他擁有製造金錢的技術，可說是真正掌握了鍊金術士的祕密。

他剝下桑樹（葉子可養蠶）的樹皮，取出外皮和樹幹之間的薄層。將那層薄皮浸泡在水中，然後放進石臼中搗成木漿，再做成紙。紙張做好後再裁成大小不一的方塊，近似正方形但略長……做好的紙幣要經過官府認證，就像是真金白銀一樣，十分慎重……這些紙幣被賦予通用貨幣的威信，偽造的行為……都將處以重刑。

如此紙幣大量產製，在大汗帝國到處流通，也沒有人膽敢不接受，否則就有生命危險……基於這些理由可以肯定地說，大汗所掌握的財富比世上任何君王都要來得多。[20]

雖然馬可波羅對於經濟的觀察相當精到，但他和大汗的官員似乎完全不明白，謹慎節制印鈔才能讓政府財政永續經營。[21]

到了一二九四年忽必烈逝世時，通貨膨脹已經把蒙元紙幣侵蝕殆盡。[22] 歷史學家馬士（H. B. Morse）在一九〇六年著作《中國貨幣》（*Currency in China*）中指出，蒙古銀票的發行量據估從一二六五年的一千二百萬增加到一三三〇年約一千二百億，貨幣供給增額和領土內各地收益遠遠不成比例。到了一三五六年，也許是更早之前，幾乎所有的蒙元紙幣都被認為毫無價值。圖2-1是一二六〇年到一三二九年的紙幣發行總量（實線所示）及稻米價格（灰色方塊）的變化，從中可以看到印鈔票支應赤字支出造成通貨膨脹狂飆的典型特徵。

---

19 Peng（1994）。Von Glahn（1996）。

20 Marco Polo. 2004. *Travels of Marco Polo*, with an introduction by Milton Rugoff. New York: Signet Classics, bk. II, ch. 24.

21 有許多作者根據馬可波羅的敘述加以申論、補充，包括 Jevons（1875）討論貨幣基礎的經典著作。最為詳盡深入的分析參見 Tullock（1957）。

22 Davies（2002）。

圖2-1：元代紙鈔供給量與米價

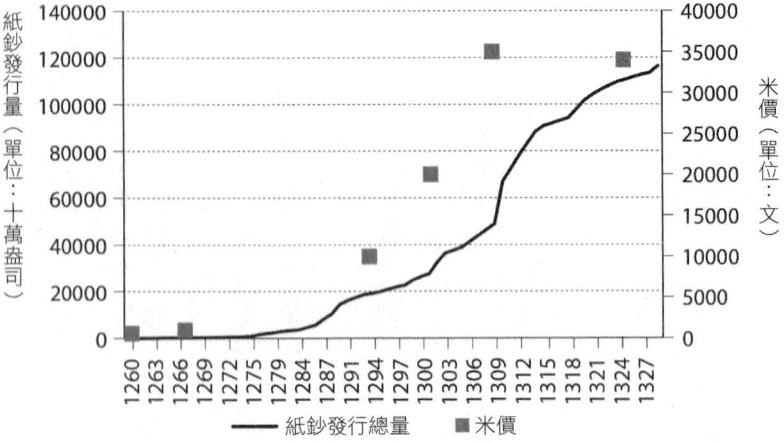

資料來源：Tullock（1957）及Huang（2008）

在蒙古人被推翻，明代繼之建立後，狀況並未好轉。朝廷在一三七五年繼續印發鈔票，一四〇〇年又再次印發，這時候的紙鈔價值只剩面額的三%。[23]

中國古代紙幣的故事相當聳人聽聞，大家要是能更深入理解，後來許多地方的悲慘故事或許也就不會發生了。之後相繼建立的朝代雖然也各自設定貨幣制度，但在某個時候總會有領導者難以抵抗誘惑，濫印鈔票來支付財政所需，最終導致幣值重貶、通膨獗虐，一如歌德作品的諷刺。中國人充分理解政府壟斷發行，強制禁止其他替代性交易媒介的重要性，如果必要的話甚至施以死刑，因為一定要確保官方「產品」的需求盡可能地大。例如一二九四年蒙元朝廷頒布命令禁止使用竹幣，這個新興競爭者大概已經威脅到當時日益貶值的蒙古紙鈔，因此不得不頒布禁令強迫大家繼續使用官方紙鈔。蒙古人有時也會採取嚴厲手段管制物價，但是不管皇權威勢多麼強大，系統終將自我毀滅，因為反抗朝廷的獲利會變得越來越大，到最後連皇帝的特使也會受到同樣的蠱惑，像其他人那樣欺騙主上。（各位可以想想今日的中國雖然有嚴格的匯兌管制，但許多中國企業家、官員和一般民眾仍然甘冒奇險規避管制。）到了一五〇〇年，在通貨膨脹連連來襲的狀況下，中國朝廷不再發行官方紙幣，一直到十九世紀中國再度對外開放後，才恢復發行。

富蘭克林與北美殖民地的紙幣

紙幣在歐洲發展落後，很可能是因為黑暗時代之後的無知，而不是出於理解的慎重其事。跟中國政府很快壟斷紙幣不一樣的是，紙幣在歐洲長期以來都只是私人銀行的工具。這些銀行發行的是可兌換實物（通常就是真金白銀）的鈔票，一段時間之後，這些鈔票發行者意識到，不受限於金銀儲備的超額發行雖然要冒風險，卻可以從中博取巨大利益，歐洲第一次發行鈔票就是發生這樣的事。荷蘭商人龐斯楚（Johan Palmstruch）在一六五六

---

23 Tullock（1957）。

年創設斯德哥爾摩銀行（Stockholms Banco），這家準國有銀行每年一半收益都必須上繳國庫，五年後的一六六一年，龐斯楚說服政府讓他發行鈔票，持有者可在他的銀行兌換存放在那裡的真金白銀……再來我們長話短說，總之斯德哥爾摩銀行就是濫發鈔票，額數超過銀行庫存的金銀，最後倒閉收場。龐斯楚後來被判殛刑，但減刑免死。其經驗是私人銀行歷史的一場鬧劇，大家也可以看明白政府常常使用怎樣的手段來搶奪民間財富。政府當然也可能會發生債務危機，但它們面對擠兌時力量可比私人銀行強得多。**24**

幾十年後的一六九四年，英格蘭銀行也發行了可兌換金銀的鈔票，雖然那時候它還沒變成中央銀行，直到有一八四四年的銀行法，英格蘭銀行發行的鈔票才具備法定償付的權利，可用於支付任何債務。**25**

西方世界第一個值得誇耀的完善現代法定貨幣，是從積極進取的北美殖民地開始，當時那些移民北美的窮人本來就沒帶多少英鎊，而且早期的移民也沒發現什麼貴金屬可以鑄造自己的錢幣，常常是依靠貝殼串、皮毛、煙草和其他商品做交易。他們也會使用外國硬幣，尤其是價值八里爾的西班牙銀圓（peso de ocho），事實上它是當時真正的國際貨幣，後來才讓位給英鎊。隨著商業活動日漸活絡，貨幣交易需求壓力越來越大，北美殖民地才突然想到可以發行紙幣，於是麻薩諸塞州在一六九〇年首先跨出這一步，（身為麻州居民，不知道為什麼我倒是不太驚訝。）那可是一段驚險的過程。最後，北美殖民地各州都開始發行紙鈔，羅德島和南卡羅來納州因為發行太多鈔票，使得購買力迅速蒸發，其他各州，尤其是維吉尼亞州則是比較小心慎重。[26]

在一七二九年，二十三歲的富蘭克林自行出版著作《試論紙幣的本質和必要》（*A Modest Enquiry into the Nature and Necessity of a Paper Currency*），在紙幣發展史上留下不可磨滅的印記。富蘭克林雖然不懂現代的貨幣理論（有時候也把財富和金錢搞混了），但整體而言這本書仍然具備敏銳的直觀洞察。例如富蘭克林對於日後才會出現的「貨幣數量理論」有一種超越時代的理解：「一個國家的商業交易要保持自由順暢，必定需要適量的貨幣。」富蘭克林雄辯滔滔地說明殖民地因為缺乏英國錢幣而面臨交易困難，他也理解貿易及非貿易財貨會有不同價格行為的微妙差異。現代的國際貿易經濟學家可能會對他的說法產生共鳴，即使是在那些經濟邏輯可疑之處，他的文章仍然透露著幽默機智：「律師和關心法庭業務的人可能會反對貨幣數量充足，因為貨幣數量如果充足，大家也許就不太會欠債，那麼因為欠債而上法院和訴訟的機會也會減少。」[27]

---

24 關於歐洲第一位中央銀行家的深入討論，參見 Irwin（2013）。

25 參見 Clapham（1966），第一八五頁。當時英格蘭及威爾斯已發行的私人紙幣不受新法所限，後來仍繼續流通了幾十年。蘇格蘭和北愛爾蘭的銀行也繼續保有發行鈔票的權利，也能在整個聯合王國使用，但並非官方指定的法償貨幣（因此以之償債可能不被接受）。重要的是，根據此法，英格蘭銀行可以管控其他銀行的發行。一八四四年通過的銀行法也稱為「皮爾法案」（Peel's Act），皮爾即當時推動立法的首相。

26 Rothbard（2002）。

因為富蘭克林對貨幣的熱情，好幾個州委託他設計及印製紙鈔，包括賓州、紐澤西和德拉威。這個人在科學方面贏得讚譽，卻又是偶而不務正業的怪人（比方說他還寫過一篇著名的短文叫〈西洋棋的道德〉）28，從許多方面來看富蘭克林實在是典型的現代中央銀行家，之後在殖民時代和革命之後，他都極力倡導發行國幣。

紙幣也在一七七五年至一七八三年的美國獨立戰爭中發揮重要作用，獨立軍這邊的開支絕大多數靠紙幣供應。民眾對信任並熟悉紙幣，願意接受紙幣作為供應財貨與勞務的酬勞，為革命成功提供寶貴援助，但在那段期間民眾的信心確實受到了一些考驗，因為當時通膨相當嚴重，光是一七七九年的通膨率就高達一九二％。29到最後，大家都知道這個「大陸幣」（continental currency）根本就毫無價值了（所以留下了一句「not worth a continental」形容「沒價值」的東西）。美國雖然靠這些紙幣撐過戰爭，但民眾對它們的信心卻是嚴重受創，而美國貨幣的第一個時期也在一七八七年結束，因為開國諸賢在制憲會議上剝奪各州發行貨幣的權力，在未來的七十五年只允許國家政府造幣。

雖然年輕美國的通貨膨脹經驗就讓人覺得受夠了30，但一些更老牌的國家在陷入大戰泥沼時，往往也是靠拉高通貨膨脹來解套，美國自己當然也是如此。美國內戰期間，一八六四年的通貨膨脹率即高達二四％，這是因為北方的聯邦政府在一八六二年，再次發行沒有真金白銀做擔保的紙幣以支應戰費。當然如果跟打敗仗的南方邦聯政府紙幣通膨超過一〇〇〇％比起來，這一點點物價壓力也不算什麼。在第一次世界大戰期間，美國的通貨膨脹率在一九一八年再次飆升為一九%。[31]接著引人關注的，是一九七〇年代，明明是承平時期，但通貨膨脹率卻高達兩位數。事實上從一九一三年聯邦準備銀行成立以來，美國的物價已經上漲三十倍。[32] 雖然穩定物價正是美國聯邦準備銀行的任務之一，但物價還是上升了這麼多，不過要是跟其他經濟發達國家相比的話，同期間美國的累計通貨膨脹率還是比較低的，我們會在第十二章繼續討論高通膨風險。

從黃金擔保到純法定紙幣

走過古代中國和美國殖民時代，紙幣的演變後來又發生幾次重大轉折，最後終於擴

27 Franklin（1729），可見於 http://founders.archives.gov/documents /Franklin/01-01-02-0041。

28 在富蘭克林似乎無止境的多項才華中，他甚至還是美國第一位廣為人知的下棋高手。他的下棋短文〈西洋棋的道德〉（Morals of Chess）曾在一七八六年於《哥倫比亞雜誌》（*Columbian Magazine*）重刊，但原始創作日期則未知。

29 Reinhart and Rogoff（2009）。

30 法國大革命期間，在一七九五至九六年的指券（assignat）通膨比美國革命戰爭時更為驚人，每月通膨率超過五〇%（卡根定義的惡性通膨門檻）而且連續五個月。參見 Capie（1991）及 Sargent and Velde（2003）。

31 Reinhart and Rogoff（2009）。

32 Reinhart and Rogoff（2013）。

散到世界各地，本章最後就簡短地介紹幾個跟我們的討論相關的主要事件。

在一八七〇年到一九一四年這段期間，通常被認為是金本位的美好時代，因為各國政府——至少是在經濟發達國家——基本上都以實體黃金來擔保貨幣，因此不但各國物價穩定，各國貨幣之間的國際匯率也很穩定。但是在一九一四年大戰爆發之後，各國政府均苦於戰費浩繁，財政考量壓倒一切，於是一個接一個地放棄紙幣與實體黃金的兌換，以肆無忌憚地大印鈔票支應龐大戰費。鈔票越印越多，通貨膨脹也就越來越嚴重。

第一次世界大戰之後，世界各國政府也想再次恢復金本位，一方面是因為大家都很信任這個制度，而且大戰之前經濟繁榮成長也令各國有著浪漫的期待。不幸的是，要重新回到金本位非常複雜，原因有二：第一，因為各國政府在戰時及戰後普遍濫印鈔票來支應財政，全世界都籠罩在龐大通膨壓力之下，此時的國際金融體系還不知道該怎麼重新設定。雖說各國政府大都知道必須根據已經發生的通貨膨脹，重新設定貨幣與黃金的兌換價位，但是一開始要設定在什麼水準，可不是簡單的計算而已。如果幣值相對金價設定得太低，會讓政府失了面子；要是幣值設定太高，很可能會造成嚴重的通貨緊縮，導致民眾拋出紙幣轉兌黃金，直到幣值下跌，購買力與金價一致才會停止。

當英國決定恢復戰前匯率後的情況正是如此，代價是嚴重的經濟衰退。當時的英國財政大臣，正是後來在二次大戰時被奉為英雄的丘吉爾，他最後為這個決定挑起責任，承認這是他從政生涯中犯下的最大錯誤。這一段故事在利卡特．艾哈邁德（Liaquat

Ahamed）的著作《金融之王》（*Lords of Finance*）中有精彩的描述，不過書裡頭說的是「搞垮世界的中央銀行家」，更準確地說，應該是財政部長才對，因為那個時代的幣值都是緊盯黃金，中央銀行其實也沒有多大勢力興風作浪。33

恢復戰前金本位的第二個問題是，因為戰時嚴厲禁止貨幣兌換實金，民眾的信任一旦被破壞，就不容易恢復了。34 加上一九三〇年代的大蕭條帶來嚴重的通貨緊縮，導致各國政府一個接一個放棄黃金定價或大幅改價，以美國來說，大蕭條之前一盎司黃金定價為二〇．六七美元，但一九三四年時已上漲為一盎司三十五美元，而且政府還下令禁止民眾私藏金幣、條塊或黃金憑證。美元的貶值，當然造成一般物價大幅上揚，這個狀況到最後其實是一種非常有效的政策，有助於減少難以負擔的債務，同時壓低實質工資，並且提升就業。很多經濟史學家就認為，放棄金本位是大蕭條期間最有力的政策工具，甚至超過了著名的推行公共工程擴大公共支出，雖然這些辦法也很有幫助。

第二次世界大戰以後各國不再執迷於重建金本位，而是以美元為中心成立了固定匯率的布雷頓森林（Bretton Woods）體系。原則上在這個體系中，美元幣值是盯緊黃金，但是官定價格只適用於官方買賣，其他國家貨幣則是各自盯緊美元匯率。但到最後這個體

33　Ahamed（2009）。
34　現代對於金本位的經典解析，參見 Eichengreen（1996）。

系也難以消弭自身的矛盾，尤其是美元開始貶值，黃金的吸引力相對大增，整個體系也就難以繼續下去。布雷頓森林體系最後在一九七三年崩潰，而紙幣與實體商品聯繫的最後殘跡也就此消滅，整個世界繞了一大圈，又回到蒙元帝國的純法定貨幣，今天的世界正是站在這裡。

CHAPTER 3

全球貨幣供給的規模組合以及國外持有

馬可波羅要是再回到今天的中國，可能不會有多少他還認得的熟悉之物，但紙幣必定是其中之一，雖然它已經是進步科技下的變種產物。他會發現很多、很多、很多的紙幣，以目前美元兌人民幣匯率計算，總值超過一兆美元（更準確地說約人民幣六．三兆），平均每人可分得八百美元以上，而中國還算是中低收入國家呢。

海量的流通貨幣

的確，紙幣最引人注意的特徵就是全世界有那麼多的紙鈔流通，多到讓人難以理解。更讓人驚訝的是，全球的貨幣供給絕大多數都是一般人較少看到也較少使用的大額鈔票，包括美國百元鈔、日本萬圓鈔（目前約值九十三美元）、歐元區的五百歐鈔（約值五百七十美元）、瑞士法郎的千元大鈔（約值一千零三十五美元），其他國家還有一大堆大鈔。（國際匯價瞬息萬變，換算成美元只是給大家一個概略印象。）[1] 以美國而言，如導論中強調過的，平均每人可分得四千二百美元的現金，其中八〇%都是百元美鈔，要是連五十元鈔票也計算在內，大鈔占比更是高達八四%。其中有些是在國外，有些是放在收銀機或者藏在金庫裡頭；有一小部分可能已經遺失、毀損，甚至是埋進墳裡當陪葬（根據文獻記載，有些亞洲國家會這麼做）。[2] 儘管如此，我們還是會看到，所有證據都表明，這些紙鈔的一大部分，很可能至少有一半，是保留在國內經濟裡頭（包括合法及地下經濟）。

單一貨幣的歐元區情況也大致如此，在外流通貨幣總額平均每人約為三千二百歐元（約三千六百美元），其中九〇%是五十歐元或更大額的鈔票，其中五百歐元的大鈔約占三〇%。雖然德國人比較喜歡使用現金（法國比較少），但一個四人德國家庭很少聽說持有一萬二千八百歐元的，所以啦，那麼多的紙鈔到底都流向何處實在讓人不明白。一般而言，政府當然知道自己釋出多少貨幣，在大多數國家（雖然不是全部）都可以從中央銀行的報告中找到詳細數字，但貨幣釋出之後，到底主要由哪個階層握有這些貨幣，就很不容易搞清楚了。之後我們會討論到，這些部分可不能等閒視之，因為連財政部和中央銀行都不知道。

龐大現金需求所以惹人注目，是因為儘管有越來越多的支付替代方式，現金需求仍然不斷成長。從一九五〇年代的信用卡之後，六〇年代出現簽帳卡、九〇年代以來又有電子支付、最近還有手機支付等，當然還有已存在兩個多世紀的銀行支票……。我們雖然可以說，這是因為現金對日常購物還是最方便的小額交易媒介，但這個原因也無法解釋平均每人四千二百美元的鈔票到底都躲在哪裡。

圖3-1顯示一九四八年至二〇一五年期間，流通貨幣占國內生產總值（GDP）的比例。[3]實線表示貨幣供給總額占的比例，虛線表示百元美鈔發行總額占的比例，美元需求在二戰期間達到最高，占國內生產總值的一一％，後來逐漸下降，在一九七〇及八〇年代剩不到五％。需求之所以減少的原因之一，肯定就是因為信用卡的普遍。此外一九七〇年代到一九八〇年代初期，利率和通膨率都非常高，那時候持有現金的成本也相當昂貴。從一九九〇年代開始，對現金的需求又持續穩步上升，目前已達到國內生產總值的七％以上。

值得注意的是，百元美鈔的占比也穩定上升，當然現在一百美元的價值不像幾十年

1 歐元匯率在二〇〇八年七月強升至一．六美元，一張五百歐元的鈔票可值八百美元。

2 關於冥界美元化，參見 Julia Wallace, "In Cambodia, the Ghosts Prefer Dollars," *New York Times*, April 8, 2016。

3 國內生產總值是指一個國家生產的最終產品和服務，以市場價格估算的總價值。

圖 3-1：美國貨幣占國內生產總額的比例，1948-2015

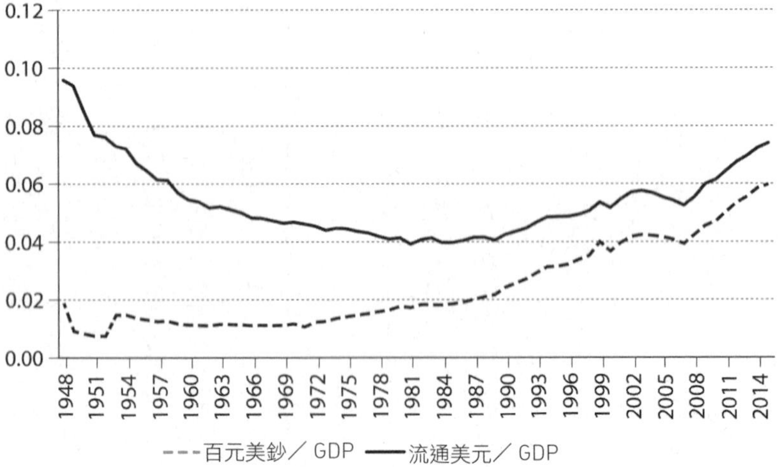

資料來源：聖路易聯邦準備銀行，聯準會經濟數據資料庫；美國財政部；國際貨幣基金《國際金融統計》

前那麼大也是一部分的原因。據說大蕭條時期的黑道大哥約翰・迪林傑（John Dillinger）喜歡帶著一捲捲的五元、十元和二十元鈔票，身上總是有幾千美元的現金。當時一張百元美鈔約值現在的一千八百美元，比現今活躍流通的各國大鈔都來得有價值，只不及新加坡的萬元鈔（約值七千美元）。[4]

還有許多因素促成一九九〇年代以來百元美鈔需求上升，包括美元利率普遍降低、新興市場需求持續上揚等。此外，過去二十五年來整體物價上漲幅度頗大也是不爭的事實，從消費者物價指數來看，一九九〇年的百元美鈔購買力大約等於二〇一六年的一百八十美元至一百九十美元。不過這裡頭也要考慮到新舊商品的不同，因此單純地說一九九〇年的一百美元比現在超值，很可能也是高估了。但不管怎樣，這些解釋也都必須考慮到替代交易技術在過去六十年有非常重大的發展，而且不要忘了一個小細節，大部分的流通現金還是不知道流向何處。

歐元區（歐洲單一貨幣區）[5]的狀況大抵相似，但也有一些有趣且能讓我們一探究竟的不同。在二〇〇二年一月歐元紙幣開始流通之前，歐洲各地也是普遍愛用紙幣，只是各國狀況略有差異。例如德國和奧地利平均每人持有額度幾乎是法國的兩倍，這個情況一直到現在也還是如此。圖3-2顯示，在一九九五年時，歐元區的鈔票占國內生產總值比例約僅略高於五%，而二〇〇二年之前的貨幣需求一度大幅下降，部分原因是民眾認為未來要兌換大量鈔票很麻煩，後來有一小部分的舊鈔就從未兌換為新歐元。但是在二〇〇二年新歐元上路後，現金持有量即呈穩定成長，如今已達歐元區生產總值的一〇%以上，足足比美國超出三分之一。

---

4 星幣萬元鈔仍在流通，但新加坡金融管理局已在二〇一四年停發新鈔，旨在打擊洗錢犯罪。參見 Rachel Armstrong, "Singapore to Stop Issuing $10,000 Note to Prevent Money Laundering," *Reuters*, July 2, 2014；網路版 http://www.reuters.com /article/singapore-regulations-idUSL4N0PD2M120140702。

5 截至二〇一五年底，歐元區成員國包括：奧地利、比利時、塞浦路斯、愛沙尼亞、芬蘭、法國、德國、希臘、愛爾蘭、義大利、拉脫維亞、立陶宛、盧森堡、馬爾他、荷蘭、葡萄牙、斯洛伐克、斯洛維尼亞和西班牙。

圖 3-2：歐洲貨幣占國內生產總值的比例 *2002之前以原國家貨幣計算

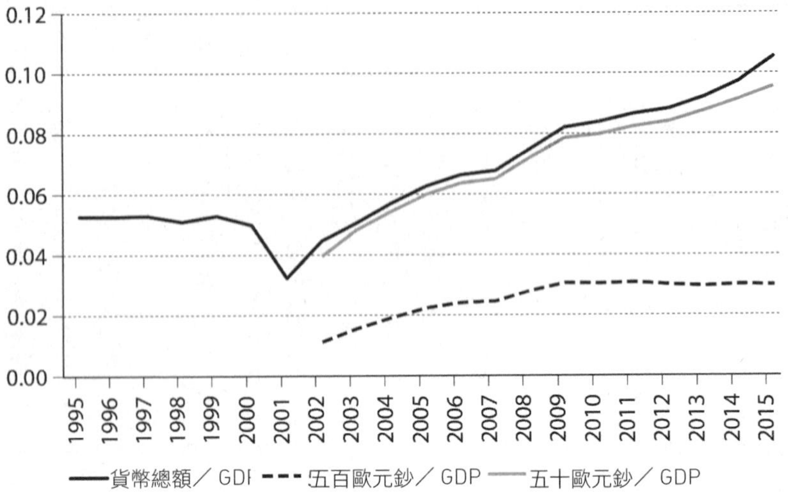

資料來源：歐洲中央銀行

為了避免狀況不佳的發展中國家需求太大，妨礙流通，先進國家的貨幣發行額都很大，但是除了瑞士和香港（或許還有新加坡），沒有哪一國紙幣（或是塑膠聚合物貨幣）的國外需求會有多大，除非歐元區和美國的國內需求跟其他金融制度與發展水準相近的國家完全不同，我們可以說美元和歐元大部分的需求其實就是在其本國或當地（例如藏在逃稅者的屋頂閣樓啦，毒販藏在衣櫃啦，或者是被營建包商藏在地下室的保險箱等等）。

日圓鈔票在日本之外的地區並不常見，不過日本遊客熱愛的旅遊地點就會有一些在當地流通，例如澳門的賭場或夏威夷的高爾夫球場。日本貨幣占國內生產總值的比例（約達一九%），比美國和歐元區都高出許多，平均每人持有貨幣額超過六千六百美元，即四口之家擁有二萬七千美元。當然對於日本的流通貨幣量這麼大，我們可以找到許多原因，包括犯罪率極低、二十年來通膨率超低，以及人口老化帶來的保守行為[6]，此外日本當然也有黑道（極道）和逃漏稅，所以有相當多的現金肯定可以由地下持有來解釋。事實上，有許多對地下經濟的估算指出，日本情況比美國還嚴重，這個我們會在第五章討論，其中一個原因是日本在稅法執行應該嚴格到什麼程度，存在著一些矛盾。有些日本學者指出，這個問題可能來自稅務立法機關與執行機關，即國會與稅務當局之間的緊張關係。[7]這種緊張關係不但有學術論文討論，也在大眾電影中頗多描述，例如《女稅務員》（*A Taxing Woman*）。[8]圖 3-3 顯示，日本貨幣自一九五〇年代初以來的變化。跟美國

---

6 事實上，有研究（Otani & Suzuki（2008））認為日本的現金持有量高，大部分是因為老年人擔心存在銀行不夠安全。他們指出，在一九九〇年之後日本貨幣持有量急劇上升的同時，也能看到老年人的活期存款額大幅上升。如果假設貨幣對活期存款的比例呈現穩定，那麼貨幣需求一定也已經上升了。的確，日本是犯罪率較低的國家，因此持有大量現金大概是比在大多數西方國家都來得安全，不過要說這兩個原因就能解釋日本的貨幣持有量那麼多，恐怕還是有點勉強，尤其是也有其他研究指出日本地下經濟規模大於美國。

7 例如 Okamura（1993）。

8 《女稅務員》是導演伊丹十三（Juzo Itami）一九八七年的作品，後來又有續集《女稅務員2》（*A Taxing Woman's Return*）。

圖 3-3：日本貨幣占國內生產總值的比例

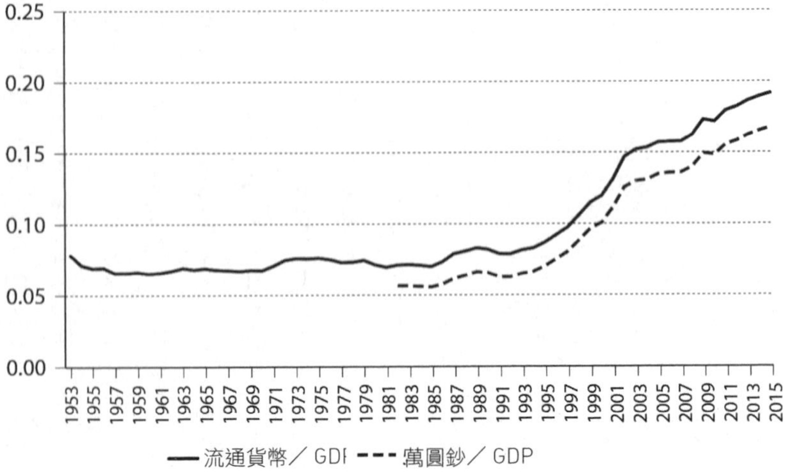

資料來源：國際貨幣基金《國際金融統計》；日本銀行

一樣，日本的貨幣需求從一九九〇年代開始急劇上升，而萬圓鈔票的比例超過九成。

也不只是日本，圖 3-4 顯示許多國家貨幣發行量占國內生產總值的比例，在名列前茅的國家中，找到瑞士法郎和港幣一點也不奇怪，因為除了美元和歐元以外，這兩種貨幣在國際市場中算是最重要的紙幣。那些占比非常低的國家，有些是因為已經逐步在淘汰紙鈔（如挪威、瑞典和丹麥）；有些則是因為通貨膨脹太嚴重，貶值太快，持有現金的成本很高。加拿大和英國的貨幣占比大概只有美國的一半，這一點我們稍後會再談到。[9]

流通貨幣幾乎都是大鈔的情況

在全球相當常見，雖然也要考慮到各國紙鈔發行面額的差異甚大（圖3-5）。我之前提過，大鈔有五百歐元和瑞士法郎的千元鈔，還有新加坡的萬元鈔，現在加拿大最大面額的鈔票是加幣一百元，但在二〇〇〇年之前，加拿大也發行過千元大鈔，其額數到現在還占貨幣總額的一％以上。

大家可能以為，英國最大面額的五十英鎊鈔票（約值七十五美元）在全部英鎊需求中應該有很大的占比，但其實還不到二〇％。

圖3-5顯示各國流通貨幣中最大面額鈔票所占比例（新加坡和加拿大除外，圖下有另注說明）；表3-1則是把五十元及以上的鈔票都計算在內。照這樣算的話，大鈔占比馬上三級跳，在大多數經濟發達國家中高占貨幣總額的八〇％以上，有許多國家甚至超過九〇％。

最後，為了讓大家對於全球貨幣持有量有個完整的認識，圖3-6顯示經濟發達國家及中等收入國家的人均持有量。這個比較圖可能多少有點誤導，因為匯率波動可能帶來誤差（但我們必須將外幣換算成美元），而且各國人均收入差異頗大，不過以相同基準來比較，還是可以看出各國貨幣的規模。

9 圖3-4的貨幣占國內生產總值比率，是採用年底數據來計算，如果是採用年中數據計算則會略高，這是因為統計數據的季節性調整很難調到剛剛好，不過這不是什麼嚴重問題。

圖 3-4：貨幣總額占國內生產總值的比例，2015

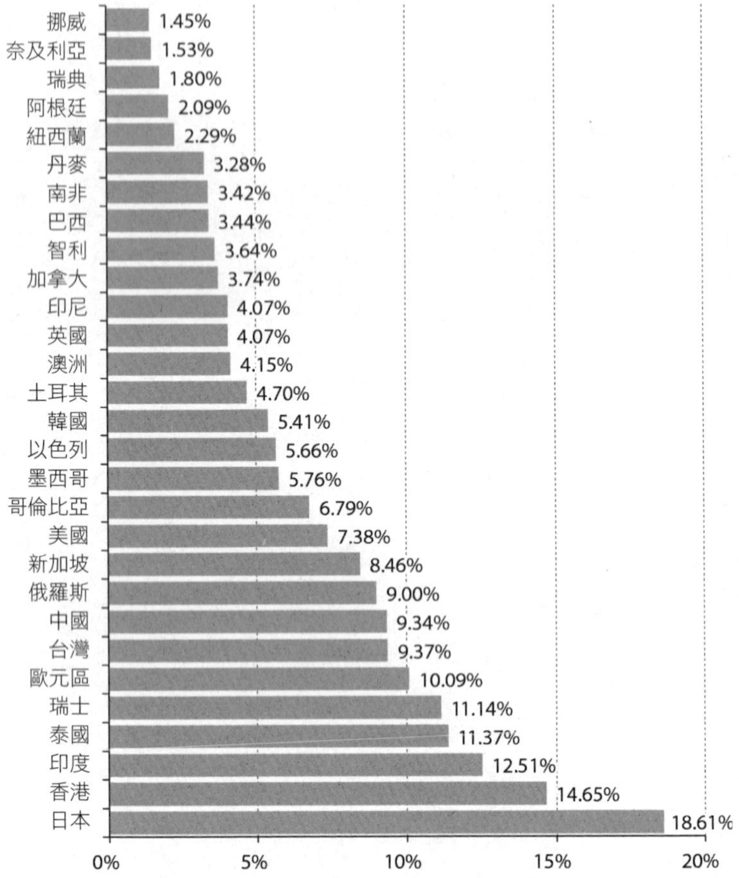

資料來源：各國央行統計公告

圖 3-5：最大面額鈔票占貨幣總額的比例

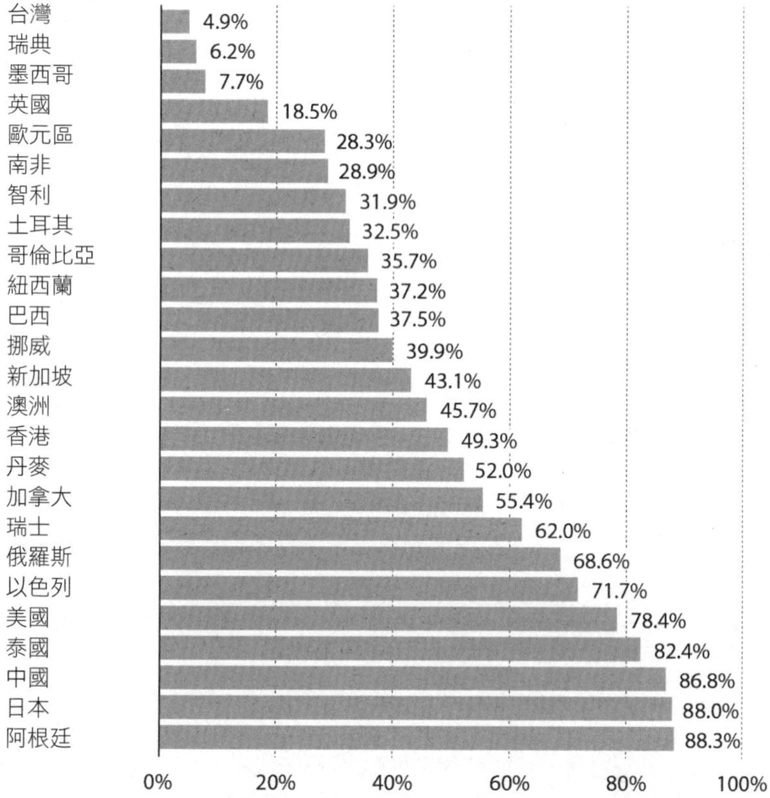

資料來源：各國央行統計公告；新加坡的資料由新加坡金融管理局提供

*除智利、中國、哥倫比亞、香港、俄羅斯、新加坡、南非和台灣（二千元鈔）為 2014 年資料外，其餘各國為 2015 年資料。新加坡數據包括過去發行的萬元大鈔（該鈔自 2014 年起停止發行，但仍在外流通，占貨幣總額的 5.3%）。加拿大數據包括過去發行的千元大鈔（2000 年起停止發行，現行流通者占貨幣總額的 1.2%）。瑞典數據是千元克朗大鈔。

表 3-1：各國流通大鈔所占的比例

國家	資料年分[a]	大鈔占流通總額比例[b]（%）	當地對大鈔的認定標準[c]
瑞士	2015	96.6	50
以色列	2015	94.8	100
挪威	2015	94.1	200
俄羅斯	2014	93.5	1,000
澳洲	2015	92.2	50
日本	2015	91.1	5,000
歐元區	2015	90.7	50
新加坡	2014	90.6	50
台灣	2014	89.6	1,000
阿根廷	2015	88.3	100
中國	2014	86.8	100
巴西	2015	85.5	50
南非	2014	85.1	100
墨西哥	2015	84.7	500
美國	2015	84.2	50
香港	2014	83.4	500
泰國	2015	82.4	1,000
瑞典	2015	79.2	500
丹麥	2015	75.4	500
加拿大	2015	71.3	50
紐西蘭	2015	70.7	50
英國	2015	68.6	20
土耳其	2015	58.4	50
哥倫比亞	2014	35.7	50,000
智利	2014	31.9	20,000

[a] 資料來自各國央行最新一年的公告。哥倫比亞、丹麥、香港、挪威、瑞士、台灣、英國、瑞典、新加坡、墨西哥、以色列和中國等數據為流通貨幣，包括銀行金庫。新加坡資料來自新加坡金融管理局。

[b] 大鈔定義為至少價值 50 美元以上；英國的 20 鎊鈔票（約值 30 美元）雖然低於門檻也一併計入，比較能看出該國狀況；中國方面以百元鈔計算，這是中國最大面額的紙鈔。

[c] 澳大利亞、巴西、加拿大、俄羅斯、南非和土耳其以發行總額計算，而非銀行外流通總額。

圖 3-6：各國人均貨幣持有額（以美元計價）

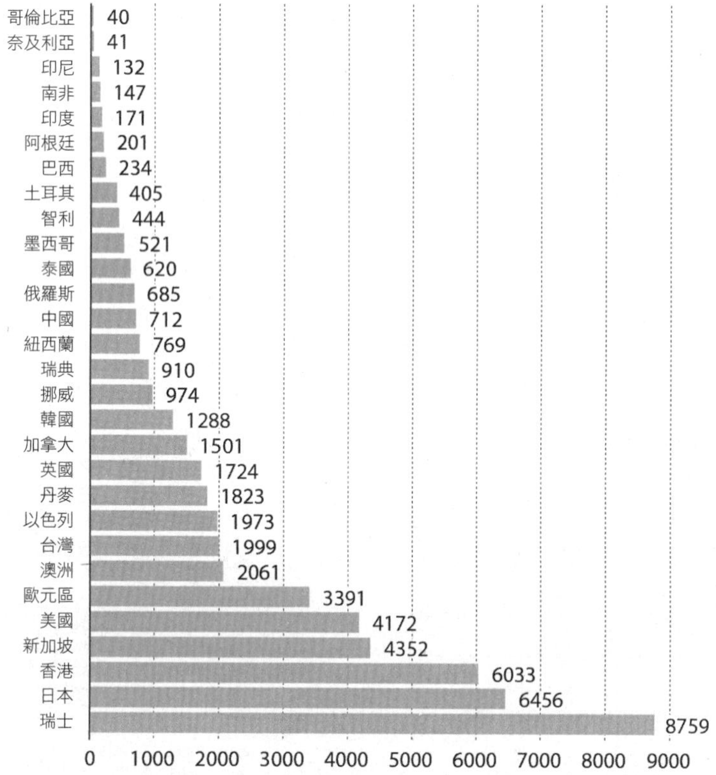

＊除挪威資料為 2014 年外，各國貨幣資料均為 2015 年底，換算基準以 2015 年底之匯率；人口資料來自全球經濟展望（World Economic Outlook）資料庫；貨幣資料來源同圖 3-4。

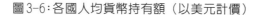

其中瑞士是目前人均持有量最高的國家，人均貨幣額為美國的兩倍以上；香港和日本也很高，比美國高出約五〇%；而歐元區的人均貨幣持有僅略少於美國。

蒙古大汗要是看到本章這些數字，最讓他覺得吃驚的恐怕不是有那麼多國家印了那麼多鈔票，而是大家印了這麼多鈔票怎麼不會引發嚴重的通貨膨脹。這麼多的貨幣需求到底來自何處呢？有個很明顯的問題是：到底有多少貨幣是流落海外？我們先說後一個問題。簡單地說，只有少數幾種貨幣的海外持有額很高，而且這個理由對美元的持有狀況大概也只能解釋五〇%而已；但即使如此，美國國內的貨幣持有額還是非常龐大。10

國外持有

像美元那樣的貨幣在海外廣泛流通，幾乎全球都能接受，其原因並不難想像。11在總體經濟不穩定的國家，美元就極具吸引力，往往能成為當地不穩定貨幣的替代品，雖然在這些地方持有美元可能會有遭到查驗或扣留的風險；當然有大量的非法交易也是用美元紙鈔來進行，不過合法交易也可能以美元現金為媒介。比方說有些發展中國家的銀行體系非常脆弱，很難提供國際貿易必要的短期信貸，所以往往是採用現金交易12，在那些地下經濟猖獗的國家（逃漏稅或其他犯罪頻發），美元既是交易媒介也是價值儲存的工具，但是這些狀況到底會涉及多少美元，則非常難以確查。要精確得知有多少紙幣從地下管道流出美國，或者要確認聯邦準備銀行運到國外的美元又有多少偷偷地流回國內都非常困難。

誠然大多數國家都會要求出入境旅客申報隨身攜帶的大額貨幣：以美國來說，申報門檻是一萬美元；歐盟則是一萬歐元。對販毒集團而言，要帶現金離開美國的風險，其實跟帶毒品進入美國一樣高。儘管如此，還是有很多、很多美元現鈔流出邊界，但這個數字到底有多大，政府的資料中都沒有記錄，且離境時攜帶不及一萬美元現金也不需要申報。

幸運的是，如前所述，國外大量持有的貨幣（即占發行總額的比例較高者）僅限於少數幾種，包括美元、歐元、港幣[13]和瑞士法郎。關於瑞士，值得注意的是，除了國外持有不少瑞士法郎以外，外國居民在瑞士的銀行金庫裡頭也存著許多瑞士法郎。理論上

---

10 Sprenkle（1993）研究指出，根據調查顯示，就算是在一九九〇年代初期，美元貨幣供給量大約有八〇%不在國內。

11 美元在海外流通的深入討論，參見 Hellerstein & Ryan（2011）and Doyle（2001）。

12 Antràs & Foley（2015）研究調查美國某家冷凍禽肉出口商的詳細交易資料後發現，幾乎所有交易都不是由銀行做中介，這是因為大多數進口國的金融管理欠佳。

13 Peng & Shi（2003）研究估計，港幣有一五%至二五%為國外持有。在香港和中國益形融合之後，我們很容易就能想像出這個數字現在應該變得更大了。

只要可以控制多種變數的話，例如稅率和犯罪率（與紙幣需求呈正相關），信用卡和簽帳卡的滲透效果（這是負相關）等，其他國家的國內貨幣額相對國內生產總值的比率也可據以衡量美國貨幣持有狀況。[14]

例如加拿大和美國就有許多相似之處，包括金融體系大致一樣，而且鈔票面額也相當。因此如果看貨幣占國內生產總額的比例，加拿大幣大約只有美元的一半，三·七%比七·四%（參見圖3-4）。這個比較就帶有豐富的訊息，也大概和我們的第一個猜測一致，即美國貨幣大概有一半在海外。當然這裡頭有幾個重要的變數需要控制，例如加拿大稅率普遍高於美國，但美國的犯罪率比較高；整體而言，因為加拿大的流通貨幣額在跨國比較中處於比較低的位置，所以作為估算美國國內持有現金額度的基準，得出結果可能偏低。

利用專屬官方資料和其他方法來估算海外持有額

正因為海外持有美元額數想必十分龐大，聯邦儲備委員會和美國財政部都非常努力，採取許多好辦法想要更深入了解海外對美國貨幣需求的規模到底多大。[15]為了讓各位讀者有點挑戰和體會一下這種不確定的狀況，現在來介紹一些過去嘗試過的方法，大家就能領會那些大膽假設之下的粗略近似值如何得出。最簡單的方法，就是利用貨幣輸運進出國境的官方數據。美國的貨幣輸運至國外機構，聯邦準備銀行的各個分區都留有記錄（輸出最多的是紐約聯邦準備銀行，不過邁阿密和洛杉磯兩地也有不少需求），政府也可以取得海關資料，因為任何攜帶超過一萬美元的出入境旅客照規定都要填表申報。把這些資料累積起來，自然就能得到海外貨幣持有的近似值；當然也不必說，這種方法的漏洞很大，大到可以開著卡車穿過去。進出關申報似乎常常遭到無視，現金就以各種方式進進出出，有些黑幫會用走私毒品的方式來私運貨幣，例如讓帶貨的「騾子」吞下嚴密包裹的貨幣通過邊境。[16]美國對於出入境旅客的查驗，出境時要比入境寬鬆許多。

我們也可以利用加拿大和美國的紙幣與硬幣比率來推算，關鍵假設是硬幣基本上會留在國內使用，而海外持有者幾乎都是紙幣。假設加拿大和美國的紙幣／硬幣比率大致相同，而加拿大幣基本上都只是在國內使用，我們即可據以推算有多少美元鈔票應該在

14 Rogoff（1998a）即採用這種方法。跨國比較方法做得最徹底的，也許是 Doyle（2001），他挑選一些貨幣不流通海外的國家來做比較基準。

15 海外貨幣持有推算方法的深入討論，參見 Porter & Judson（1996）。

16 參見 Alexis Akwagyiram, "Suspected Smuggler Held in Nigeria for Swallowing $11,000," *Reuters*, September 18, 2015（可見於 http:// af.reuters.com/article/nigeriaNews/idAFL5N1102CE20150918），或 Cesar Garcia, "Colombia Police Arrest Mule with $38,500 in Stomach," *Associated Press*, August 5, 2015（可見於 http://news.yahoo.com/colombia-police-arrest-dollar-mule-38-500-stomach-175625395.html）。

國內使用。換句話說，要是美元的紙幣／硬幣比率高於加拿大，那麼這個差距應該就是海外需求造成的。

另一種方法也是以加拿大為基準，利用季節性貨幣需求的顯著變化來估算。我們猜想得到，某些時段的海外需求可能會變得比較小，例如聖誕節的時候。季節性方法的基本假設是說，美國的季節性需求在比例上會小於加拿大，而那個差距就是因為海外需求的影響所致。舉個簡單的例子，假設加拿大的貨幣需求在聖誕季節成長了二〇％，但在美國則只有一〇％，我們可以據此推斷，美國貨幣需求有一半必定是來自海外。這種推斷方法也可以跟其他數據交叉核對，比方說，要是加拿大和美國在聖誕季節的零售銷售狀況相同，但加拿大的季節性貨幣需求為美國的兩倍，那麼就是更好的證明，不過季節性方法實際操作起來，可比想像中來得麻煩。一方面聖誕季節的海外需求也可能會上升（那些海外大戶也會買禮物），而且美國國內囤積的鈔票可能比加拿大還多；另外其他重要時段的貨幣需求也可能飆升（例如四月前後的退稅期），此外我們也要仔細排除趨勢成長和景氣循環的波動影響。17

最巧妙的方法也許是聯邦儲備委員會經濟學家理查．波特（Richard Porter）和魯絲．賈德森（Ruth Judson）說的「生物計量方法」（biometric method）。18這個高明妙法是利用不同年代的美元紙幣版本變化，例如一九九〇年時百元美鈔增設防偽線，還有一九九二年的五十元美鈔防偽線。美國聯準會當然都知道每一代的美鈔發行數額有多少，比方說在防偽線嵌入之前和之後的發行數額，各區的聯邦準備銀行要是發現回籠的鈔票有很多是最新一代的話，那麼即可推斷出之前的鈔票有很多都不在美國了（當然這裡頭需要更多的計算，但基本概念即是如此）。生物計量方法是由丹麥生物學家卡爾·佩德森（Carl Pederson）在十九世紀晚期首創採用，他先標記少量的魚或鳥，再觀察之後捕獲的魚或鳥中已標示者的比例變化。如果標記本身不會影響魚或鳥的生存和捕獲，那麼就可以從這些標記者的比例反推出整體的數量。比方說，我們先在群體中標記一百隻鳥，而之後被捕獲的鳥中有一〇％是被標記者，即可據此推斷出總數一定是一千隻。對於貨幣估算採用這個方法實在是非常高明，因為紙鈔設計的改變就好像是做了標記一樣，不過這個方法也涉及許多假設，例如我們必須假設鈔票總量不受國內囤積影響，否則就可能跟海外持有搞混。早在一九九六年時，波特和賈德森使用這個方法估算美國貨幣流落海外的比例約在五五％到七〇％之間，不過最近賈德森估算認為比較接近五〇％。[19]

理論上，生物計量法在未來還可以有更廣泛的應用，因為現在的新式點鈔機甚至可以抓出鈔票序號，如果是更耐用也更容易掃讀的塑膠聚合鈔票，就更方便採用生物計量

17 Porter（1993）and Porter and Judson（1996）率先引用季節性方法的研究；另可參見 Judson（2012）。

18 Porter and Judson（1996）；Judson（2012）。

19 賈德森認為美國貨幣的海外持有約為五〇％，但百元美鈔的比例可能更高，參見 Judson（2012）。

圖 3-7：美元的海外持有（單位：十億美元）

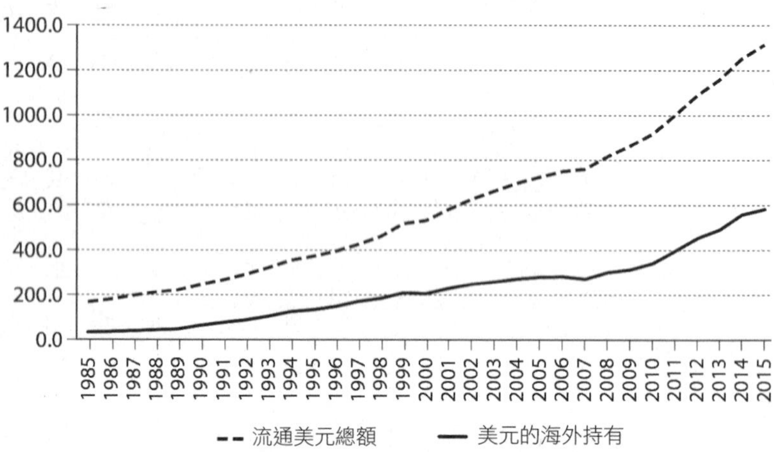

資料來源：美國聯邦準備委員會

法來做估算。有朝一日中央銀行應該可以利用鈔票序號來追蹤個別鈔票進出金融系統的歷程，而透過鈔票序號的詳細資訊，也可以讓生物計量法獲得更複雜且精微的應用。

以上這些方法要如何整合呢？在二○○○年代初期，美國財政部、聯準會和特勤處（Secret Service）組成聯合工作團隊來處理這個問題，派遣人員到四十個美元主要用戶的國家（例如俄羅斯和阿根廷等），在當地採擷資訊回報。在實地訪查方面，工作小組訪談貨幣當局和銀行官員，並且自己進行一些調查。這個官方報告的結論是，美元當時大約有六○%流落海外，不過他們也很小心地把這個估算數字的標準誤差值設定得相當大。[20]美元在外數額到底是多少，目前雖是爭議越來越多，但統合大多數估算值來看，大約是五〇%左右。21

美國聯準會也會公布美元在海外持有的官方推估，歷年變化如圖3-7所示。22與前述三個機構聯合工作團隊估算不同的是，聯準會這個數字是定期發布的連續資料，不過它所根據的數據比較有限。這分資料的重點在於累計幾個國外需求較大的地區聯邦準備銀行（主要是紐約區）的百元美鈔淨流量，在二〇一五年時，據估達五千八百二十億美元，占貨幣總額的四四%。

歐元的海外需求

歐元區也有一些相同的研究調查，只是規模不及美元那麼大。例如歐元改制前賽茲（Seitz, 1995）在德國央行的研究，他以奧地利幣作為德國馬克海外需求的對照，跟我們之前介紹的加拿大作為美國對照一樣。賽茲的結論是，德國馬克大約有四〇%在海外。有趣的是最近研究發現，歐元流落海外的比例也與此相當。23據推測，歐元需求大都來自尚未加入單一貨幣的歐盟成員國，包括中歐和英國等。

---

20 United States Treasury（2006）。

21 Judson（2012）、Rogoff（1998a）。

22 圖3-7的美元海外持有，參見Federal Reserve's Z.1（Flow of Funds）publication, table S9a, line 95。

圖3-8：經濟先進國家的貨幣占國內生產總值比例，1995年

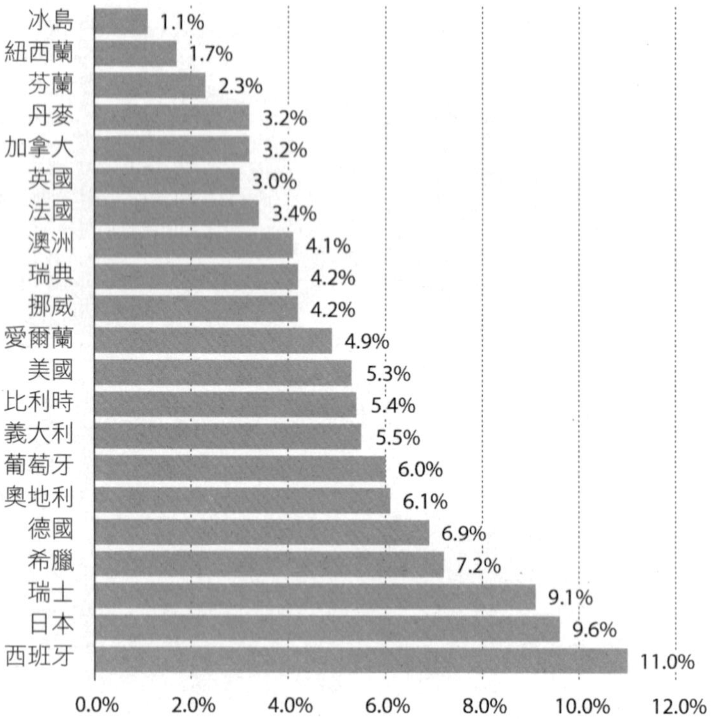

資料來源：Rogoff（1998a）；國際貨幣基金《國際金融統計》；各國央行公告

還有一項事實支持歐元為國內持有較高的觀點，即歐元區周邊國家在歐元改制前，各國的貨幣持有比例就都比較高，而這樣的習慣短期間是不會有多大變化的（例如對政府隱藏收入的習慣）。在歐元改制之前，德國馬克是東歐和中歐偏愛的外幣，如圖3-8所示，西班牙和希臘的貨幣額占國內生產總值的比例高於德國；而義大利、比利時和葡萄牙等國家也顯得較高。沒有證據顯示西班牙比塞塔（peseta）、希臘德拉克馬（drachma）或義大利里拉（lira）的紙幣在一九九〇年代曾在海外廣泛流通，這表示歐洲的周邊國家過去對本國貨幣的國內需求一向很大，即使當時還沒有更具魅力的歐元貨幣。像貨幣持有這樣的習慣改變得很慢，因此幾乎可以假設歐元有一半，甚至可能更多都留在歐元區裡頭流動。

歐元區各國現金需求比美國高，其實也沒什麼好驚訝的，因為歐元區的稅率較高，且很多國家對貨幣管制也比美國嚴格。南方國家如義大利，長期以來的傳統就是逃漏稅和政治貪腐都比較嚴重，德國人和奧地利人也喜歡使用現金，但我們稍後會看到，實際狀況並不只如此。我們在第四章和第五章還要更深入討論現金在國內的合法及非法使用狀況。

---

23 參見 Fischer, Köhler, and Seitz（2004）。最近有一項調查採用非常不同的方法，歐洲央行在金融危機之後的調查（European Central Bank 2011）獲得大致相似的估算，顯示合法國內經濟的歐元需求約占流通紙鈔總額的三分之一。另有調查指出德國央行發行的歐元紙鈔有四〇%至五五%流落在歐元區之外，參見 Bartzsch, Rösl, and Seitz（2011）。

CHAPTER

4

合法納稅的國內現金持有

雖然合法經濟中的現金支出總額正穩定地持續下降，但還是有許多小額交易是用現金。現金很方便，不像信用卡，不必擔心卡號被盜拷，而且銀貨兩訖，乾脆俐落，走遍天下，通行無阻，幾乎每個人多多少少都使用現金。在某些國家，例如美國，很多窮人和低收入戶也都依靠現金交易，所以我建議淘汰現金時，一定不能操之過急。有理由必須放慢腳步，讓小額鈔票繼續長時間流通（如果不是無限期的話），而淘汰現金帶來的稅收淨成長，也該撥出一些錢來做金融普惠回饋社會（例如提供低收入者基本款的簽帳卡甚至是智慧型手機）。

換句話說，如果仔細查看合法的現金交易，其實很難看到那些大鈔，比方說五十元美鈔和百元美鈔到底是在誰的手裡，可以肯定的是絕對不在窮人手裡。大家也許都經常使用現金，但是全世界有那麼多的現金供給，到底真正在國內合法經濟中流通的又有多少呢？

企業界及銀行持有的現金有多少？

大體而言，企業在現金管理方面非常有效率，因此流通其中的現金應該只占貨幣總額的一小部分。一九九〇年代的一些研究指出，零售業的交易準備金（例如在收銀機裡頭）占不到總流通額的二%；而任何時間轉存到銀行的現金可能也只有少少的比例而已。[1] 過去二十年來中等額度和大額零售交易的現金使用仍是處於長期下降的趨勢，因此現在的現金占比只會更低。

銀行金庫的現金，甚至包括自動提款機裡頭的現金，都無法解釋那麼多的現金到底在哪裡。[2] 首先，跟整個貨幣供給比起來，銀行金庫的現金並不多。截至二〇一六年二月中，銀行金庫和提款機裡頭的美元總共約七百五十億美元[3]，相當於流通貨幣的五%而已。而這七百五十億美元裡頭，有六百一十億美元是銀行一定要保留的準備金，因此當我們在第三章談到流通貨幣時，這些錢都不包括在內。[4]

消費者持有多少現金？

既然官方報告說合法經濟中的流通貨幣額有那麼大，但又不在收銀機或銀行金庫裡頭，我們只好檢查一下消費者的口袋和餅乾盒囉。

目前關於合法經濟中消費者現金持有的調查，大都是由一些國家央行進行，雖然它們採用的方法相當複雜，但採樣樣本卻相當少。這些調查的基本收穫，是消費者承認的現金持有大概是貨幣總供給額的五％至一〇％間。[5]我們現在就從美國開始，然後再看看歐洲和加拿大。

---

1 Porter and Judson（1996）；Sumner（1990）。

2 各國的慣例和定義當然都不一樣，請參看各附表資料來源的中央銀行名單，但這裡所說的商業界和銀行持有現金的基本級數，在經濟先進國家仍然相對較小。

3 根據美國聯邦準備委員會發布的 H3 table2，參見 http://www.federalreserve.gov/releases/h3/current/。

4 雖然各國的會計處理原則稍有差異，但流通貨幣通常不包括國庫、央行持有，以及各銀行的法定準備。研究指出，要是把提款機裡面的現金計算在內，那麼法定準備的規定對銀行幾乎就沒有約束力了，參見 Bennett & Peristiani（2002）。

5 這個範圍比較高的那一端，和「二〇一三年消費者支付選擇調查」（Schuh and Stavins 2015, fn. 25）的估算一致：如果加計非常大額的現金持有，那麼從二〇〇八年至二〇一三年消費者現金持有平均占國內持有額（即排除海外持有）的一八・二％。另參見 Feige（2012a,b）。當然該調查也承認，無法保證受訪者申報的現金支出都是符合納稅規定的合法交易。

美國

美國消費者現金持有的資料有兩個重要來源：「消費者支付選擇調查」（Survey of Consumer Payment Choice）和「消費者支付選擇日記」（Diary of Consumer Payment Choice）。[6] 前者是美國聯邦準備委員會每年做的調查，以蘭德公司（RAND Corporation）的「美國人壽追蹤調查」（American Life Panel）的受訪者為訪查樣本；後者是消費者日記計畫（請消費者記下每日開支，類似尼爾森的收視調查），可以呈現消費者現金持有更詳細的資料。雖然到目前為止只有二〇一二年十月的記錄[7]，不過這種每日明細記錄特別有價值，因為不但可以看出受訪者身上有多少錢（包括皮夾、口袋裡和錢包），其他地方還有多少現金（例如家裡、車子裡），也能知道受訪者的現金是哪些面額。當然這兩種調查都有眾所周知的問題，但已經算是最好的資料來源。

這兩種方法——年度調查和更詳細的日記——發現，消費者自己招認的現金持有只占流通現金的一小部分，既未達到每人平均流通額數（不分面額）的四千二百美元，甚至也不到只計百元鈔的三千四百美元。例如在二〇一二年的調查中，受訪者自承持有平均每人僅四十六美元（極端值略去），中位數甚至只有二十五美元。二〇一二年十月的消費者支付選擇日記，受訪者的平均持有略高（五十六美元，中位數為二十二美元）[8]，總計身上和其他地方的個人現金持有平均為二百五十美元。

這個年度調查追蹤固定而一致的樣本群，優點是讓我們可以看到趨勢。調查結果符合流通貨幣的整體情況，現金持有額數多年來呈現上升趨勢，而且從二〇〇八年金融危機之後就大幅增加。調查報告的平均現金持有額（身上和家裡）從二〇〇八年到二〇一二年增加一百美元，但在二〇一三年又減少二十美元——這是我們拿到的最近期資料。

因此消費者現金持有量的規模大概是流通總額的六％至七％，或是據估國內總持有的一二％至一四％，這些大概都是有納稅的合法交易。我們如果把調查中的極端值也算進來，這些數字還會變得更高一點，不過這個報告也沒辦法告訴我們這些大戶是怎麼用錢的。這些大戶用那麼多現金，是不是可以避稅、逃避法規、少繳社會安全稅，或者是偷偷僱用沒有工作許可的外國移民呢？不管實際上是怎樣，大戶極端值加進來的話，現金持有額就上升到流通總額的一〇％左右。[9] 但這兩種調查方式的結果顯示，美國大部分

6 這個調查和日記法都能提供許多資訊，但必須小心使用，因為兩者的樣本數都不大，會有很多潛在問題。比方說二〇一三年美國的「消費者支付選擇調查」（波士頓聯邦準備銀行，二〇一三年）共有二千零八十九位受訪者；雖然是個統計上有效的數字，但美國經濟是那麼多種多樣，這樣的樣本數還是嫌少。

7 參見 Federal Reserve Bank of Boston（2012）。波士頓聯邦準備銀行的網站後來公布二〇一五年的消費者選擇日記更新，但在本書完成之前還沒有。

8 Greene and Schuh（2014, fn. 14）。

9 感謝波士頓聯邦準備銀行的史考特・夏恩（Scott Schuh）和大衛・黃（David Huang），根據消費者調查資料庫算出二〇〇八年至二〇一四年，消費者現金持有（包括所有受訪者）占流通總額平均為九・二％。不過二〇一四年僅為六・七％。

的流通貨幣並不在消費者手上。

要是消費者持有只占所有現金的一小部分，那麼他們持有的百元美鈔顯然也不可能只有一點點，因為整個流通貨幣裡頭將近八〇％都是百元美鈔。不過有趣的是，消費者使用百元美鈔的頻率到什麼程度，答案似乎只有「一點點」，所以零售商也無法百分之百肯定客人拿的百元美鈔是否透過非法活動取得或因為逃漏稅。

根據二〇一二年十月的日記調查，五・二％的美國消費者說他們至少擁有一張百元美鈔。在持有現金四百美元至六百九十九美元級距的消費者中，有三分之二至少擁有一張百元美鈔。美國聯邦準備委員會的經濟學家認為這個狀況顯示，美國人還是偏好百元美鈔[10]，而不喜歡隨身帶著一大堆二十元鈔票。這說得也許沒錯，但二十分之一的成年人身上有一張百元美鈔的情況，並無法解釋為什麼每個人沒有三十四張百元美鈔，還要外加一些小鈔。[11]

歐洲和加拿大

其他國家又怎樣呢？企業界和銀行的基本情況都一樣，它們持有的現金占流通總額的比例並不特別大，要是說大多數貨幣都是合法交易在使用，那麼只能說錢應該在消費者手上吧。歐洲央行曾做過幾次調查，我們稍後就會談到，現在我們先看看另一項有趣的資料。有項研究是把七個國家的消費者調查加以整合，進行廣泛的跨國比對[12]，其主要訊息，跟我們剛剛說的美國類似——消費者的現金需求並無法解釋現有貨幣供給為何這麼大。表4-1是歐洲七國消費者「隨身攜帶現金」的估算值，根據購買力平價匯率換算成美元。[13]

這張表可以確認奧地利和德國都是現金持有較高的國家，而法國比較像美國。表中數字只表示隨身攜帶的現金，不包括存放在其他地方的錢，要是德奧兩國的比率跟美國

---

10 Greene and Schuh（2014）。

11 二〇一二年的日記調查並未詢問受訪者除了身上之外，是否還有哪兒存有百元美鈔，所以整體百元美鈔的持有比例可能還會更高一些。但就算這些受訪者在別的地方還存有百元美鈔，也很難說明整體百元美鈔到底散布何處，因為根據受訪者的報告，不管大家持有的是什麼面額的鈔票，消費者持有的現金畢竟只占貨幣供給的一小部分而已。

12 Bagnall et al（2011）研究綜合七國最新的日記，包括：加拿大（二〇〇九年）、澳洲（二〇一一年）、奧地利（二〇一一年）、德國（二〇一一年）、荷蘭（二〇一一年）、法國（二〇一一年），還有美國（二〇一二年）。作者們非常努力地調整資料收集與分析的方法，盡可能讓調查結果可以相互比較（但我們要記住這幾個國家進行調查並不都在同一年）。雖然各國所設計的日記調查方式都差不多，調整過程也極為審慎，各位讀者還是要注意，要據此做出精確比較仍然十分困難，而且日記調查要從參與者擷取很多細節，這在一開始就有許多限制。

13 購買力平價匯率係以購買力來換算外幣幣值，等於將不同經濟體的物價結構也考慮在內。比方說這個調查採用購買力平價匯率，是為了比較不同國家消費者錢包裡頭的現金到底擁有多少購買力。

表 4-1：錢包裡頭平均有多少錢？

	澳洲	奧地利	加拿大	法國	德國	荷蘭	美國
平均數	59	148	64	70	123	51	74
中位數	32	114	38	30	94	28	37

資料來源：Bagnall et al.（2014）綜合調整各國消費者日記調查

＊根據購買力平價匯率換算為美元

一樣的話，德國大概會有價值五百至六百美元的歐元，法國大概是二百八十五至三百四十美元的歐元，但這也不能解釋人均貨幣持有為何那麼高（而且這個調查只針對成年人而已）。

接下我們要看一些比較傳統的調查，狀況也跟美國一樣，結果似乎也跟日記調查差不多。例如二〇〇八年的現金使用及持有額調查，歐洲央行發現消費者持有的現金數額相當少，五七%受訪者表示身上現金只足夠支付短期交易；持有一千至五千歐元的受訪者不到三%；持有現金超過一萬歐元者僅〇・五%……這樣的調查結果，可不能說明流通貨幣中歐元大鈔的去向。宣稱一年中至少會持有一張二百歐元或五百歐元鈔票的受訪者，只有四分之一；如果是在法國及荷蘭的話，更是不到一〇%。[14]

除了家戶調查之外，歐洲央行也進行過一次企業調查。綜合兩次調查，歐洲央行的結論是，二〇〇八年底歐洲個人與企業總共持有現金一千億歐元，而當時的流通貨幣總額是七千五百億歐元[15]，所以狀況也跟美國一樣，歐元紙幣的需求大多數並非來自國內合法持有，重要發現是，大額鈔票在合法納稅的經濟活動中幾乎都不見了，隨著交易替代技術的進步，大鈔想必也只會更加罕見，情況甚至可能更糟。

合法國內經濟中的現金使用

使用和持有是非常不同的概念。假設消費者每天花費五十美元的現金，然後從提款機補充相同金額，那麼他每個月進行現金交易花費一千五百美元，但平時只持有五十美元。在合法經濟體系中持有小量現金，並不表示現金在其中扮演的只是小角色。

要找到現金到底是誰持有的資料相當有限，相較之下，關於現金如何使用倒是資料豐富。事實上在消費者使用哪些交易技術，尤其是在零售業方面，我們可以獲得許多詳細的資訊，對此已經有過許多研究的美國還是個好起點，儘管現代交易技術日新月異，美國在這方面已遠遠稱不上先進。

美國的消費者日記和調查研究對於多種不同的交易工具都有相當詳細的資訊，包括現金、支票、簽帳卡、信用卡、電子支付和手機支付等。如圖 4-1 所示，現金交易占總交易次數的四〇%，但只占交易總值的一四%。相對而言，支票和電子帳戶支付的使用

---

14 這個二〇〇八年的調查報告，參見 ECB（2011）。

15 銀行金庫裡頭據報有六百億歐元。

圖 4-1：交易工具種類

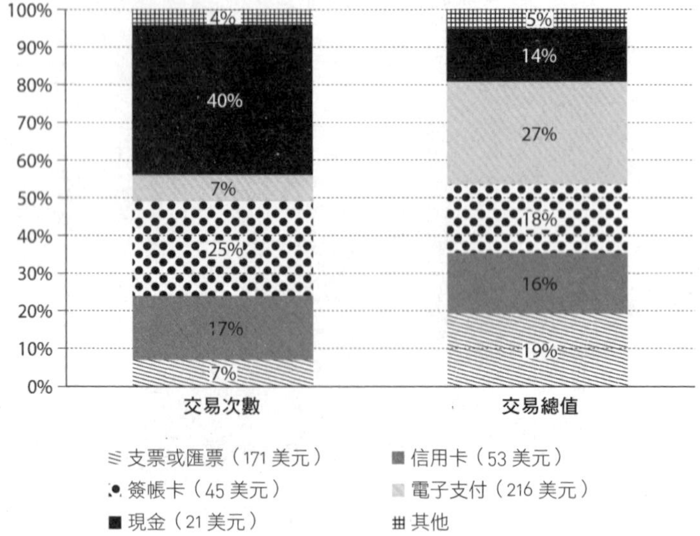

資料來源：Bennett et al.（2014）；
波士頓聯邦準備銀行，2012 年消費者支付選擇日記

圖 4-2：不同交易額的支付方式比較類

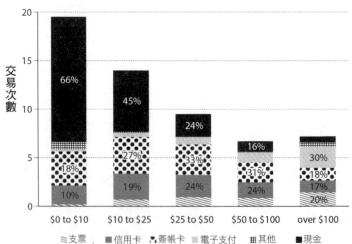

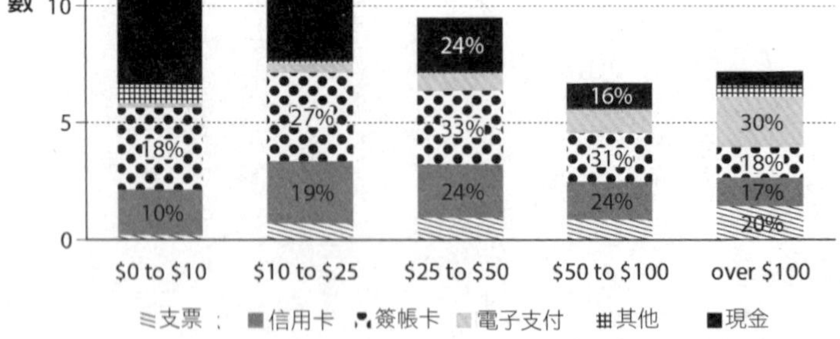

資料來源：Bennett et al.（2014）；
波士頓聯邦準備銀行，2012 年消費者支付選擇日記

雖不頻繁，但分別占交易總值的一九％和二七％，這些工具的平均支付額都很高（下方圖例括號內的數字）。支付卡（簽帳卡和信用卡）占交易次數的四二％，交易總值占三四％。

而圖4-2顯示，十美元以下交易使用現金的次數高達三分之二，若是一百美元以上的交易則不到一五％。

本章之前談過的七國消費者日記綜合研究發現16，歐洲和加拿大的情況也大致相似。在二十五美元以下的交易中，到目前為止現金都還是最常用的支付工具，但交易額越大，它就顯得越不重要。

這些結果也符合二〇〇八年歐洲央行針對歐元區國家的現金使用調查，如表4-2所示。對於小額交易（低於二十歐元），現金是每個國家的首選工具，占比分布從德國和義大利的九一％到荷蘭的六五％。非常大額的交易（一萬歐元以上），各國平均只有四％使用現金，僅奧地利的一〇％異常地高。若是購買金額在二百至一千歐元，受訪者表示使用現金的時候占二〇％，但奧地利、義大利和西班牙則近乎三〇％（請注意，義大利和西班牙兩國並不以守法納稅聞名）。不管怎樣，從二〇〇八年的調查以來，大額交易的現金占比幾乎可以肯定是減少了，因為簽帳卡的使用愈趨普及，而且有些國家也開始對現金

16 Bagnall et al.（2014）。

表4-2：歐洲各國交易使用現金支付的比例（%）

平均交易額	比利時	德國	西班牙	法國	義大利	盧森堡	荷蘭	奧地利	平均
低於20歐元（如報紙、麵包）	84	91	90	80	91	77	65	82	87
30至100百歐元（如加油、雜貨）	48	69	64	15	77	27	20	60	55
200至1,000歐元（如衣物、家具）	18	21	30	3	31	10	8	29	20
10,000歐元以上（如新車）	5	4	6	0	4	3	4	10	4

資料來源：歐洲央行現金使用家戶調查（2008年）

支付施加更多限制（稍後會在表5-1中看到）。

歐洲央行指出，雖然付款方式已經有許多選擇，歐元區部分民眾仍習慣以現金支付極大額交易，例如買汽車。歐洲央行認為，這也許是因為支付卡有額度限制的關係。但金額這麼大的一次性交易，消費者也可以採用電子支付或開支票，何必一定要用現金呢？歐洲央行的說法還是令人不解，比較可能的情況是，民眾自己宣告的金額和實際支付恐怕有著很大的差距，比方說歐洲的消費加值稅非常高，用現金來付款可以少繳點稅。

零售交易的條碼掃描資料

對於消費者現金偏好的探索還有個新方法，是利用零售商店的條碼掃描資料。條碼掃描資料有其自身的限制，因為它只捕捉到現金使用的一個面向，不過研究人員可以藉此獲得大量的交易數據，不必擔心調查訪問的回答是否可靠。里奇蒙聯邦準備銀行的經濟學家王祖

（Zhu Wang音譯）和亞歷山大・沃曼（Alexander Wolman）分析過某大型零售商店的條碼掃描數據，該零售商的經營範圍橫跨數州，且大多數位於低收入地區。[17]分析結果發現平均交易額非常少（僅七美元），而且現金占絕大部分，約達八〇%。雖然這個資料未能顯示消費者使用的鈔票面額，但根據推測，諸如五十或一百美元等大鈔應該是很少。不過這些低收入地區的商店雖以現金交易為主，其占比也一樣持續降低，美國聯邦準備委員會的研究人員估算，在可預見的未來大約是每年減少二・五%。

條碼掃描數據凸顯出貨幣需求的分裂本質，低收入戶到現在還是極為仰賴小鈔做小額交易。這些商店的客人有很多沒有銀行帳戶，或者是沒有信用卡也沒有簽帳卡（美國消費者中有八・七%沒有銀行帳戶）。[18]這種分裂狀況正是我們在設計淘汰現金時必須考慮的，而這個資料也再次顯示，大額鈔票和小額鈔票的需求，在質與量上都很不一樣。

最後，大家常常認為，平均而言現金交易比較迅速，但這個優勢其實完全不明顯。這方面美國聯邦準備委員會有另一位經濟學家伊麗莎白・克利（Elizabeth Klee）也利用雜貨店的條碼掃描數據來做分析，她發現使用簽帳卡做交易所花費的時間幾乎跟現金交易差不多；而信用卡花費的時間會比較長，支票則需要很久。[19]但是隨著時間推移，現在

---

17 Wang and Wolman（2014）。
18 Greene and Schuh（2014, p. 291）。
19 Klee（2008）。

我們認為紙幣便利、迅速等優勢也一定會消失，甚至轉為劣勢。克利的研究報告是在二〇〇八年出版，所以她的研究還沒包括手機支付的技術，現在這些新技術做交易的速度可能比現金還快。20此外雖然很多人覺得現金顯然比較方便，但他們並未考慮到每天準備個人錢包也要花費不少時間，更別提商店要點數鈔票和處理現金也很費事。21

總結來說，研究結果表明：第一、合法經濟中的現金持有所占的部分其實不大；第二、零售交易的小鈔需求還是很高，雖然這個需求可能會隨著時間慢慢減少，尤其是因為簽帳卡使用越來越普遍。22

20 Federal Reserve Board（2014）。

21 同樣採取此觀點的研究，參見 Warwick（2015）。

22 研究人員分析一九八三年至二〇〇三年十三個發達經濟體的資料，發現小鈔需求隨著簽帳卡和零售整合的擴大而減少。但他們也發現，簽帳卡使用增加並未顯著影響大額紙鈔的需求，參見 Amromin and Chakravorti（2009）。

CHAPTER

5

地下經濟的貨幣需求

所以我們的結論是，世界上的現金有一大部分都是在地下經濟中流通，不過這到底是什麼意思呢？地下經濟指的是那些各式各樣的的非法活動，例如毒品交易、敲詐勒索、賄賂、人口販賣和洗錢，當然其他還有很多。不過這裡頭其實也包括一般人使用現金的一些狀況，像是找保姆看小孩或請油漆工粉刷家裡，可能是為了省錢或避免掉一些煩雜的文件規定而選擇使用現金。其中當然也包括一些以現金交易為主的小商店，它們喜歡使用現金是因為可以短報收入、少繳點稅。在某些國家裡頭，比方說美國，地下經濟也包括一些以超低工資僱用非法移民的企業，它們因此減少合法工人的聘用，省下大筆成本，這在地下經濟裡頭可說是占比甚大。

大家可能以為，要是沒有現金的話，罪犯和逃漏稅也會找到另一種媒介來幹壞事吧。不過這說起來容易，實際上要做可不太容易，尤其是對那些大規模犯罪的企業或是常常低報收入的商家而言。現在當然也有許多方式可以替代現金，但是它們就是不像現金這麼廣泛流通，也不像現金這麼安全，畢竟能讓你兌換未切割原鑽或金幣的地方並不多，且這些交易商都需要執照許可，負有法律上的通報義務。可是不管有沒有現金，世界上總是有犯罪啊！這麼說是沒錯，但地下經濟偏愛現金做交易有很好的理由，因此在現金需求中地下經濟就是占了好大一部分。

使用現金來逃漏稅

國內地下經濟中最大的現金持有和使用可能就是來自各類居民（例如公民、綠卡持有者及非法移民的雇主），做的大都是合法活動，但為了躲避納稅、法規或就業限制而鑽漏洞。這些人平常也大致守法，只是偶而逃稅，他們知道要是使用現金，就比較不會被當局逮到。這個看法是有調查證據支持的，這些人雖然也知道違法不繳稅在道德上有錯，但要是法律不容易徹底執行的話，他們就會去鑽漏洞。[1]道德問題確實很複雜，沒有人想在一個謹小慎微、每條細微法規制度都嚴格執行的社會中過活，而且大多數人所認知的真正民主社會也不該是這個樣子。

但是有些違法行為可不是那麼輕微或可視之為無害。我們很快就會談到，逃漏稅其實是個嚴重的問題，它會帶來財政學家所說的「水平公平」（horizontal equity）問題。社會上要是有些人不依據實際收入繳納應付稅款，其他人——例如稅前收入一樣的守法公民——就要繳納更多的稅；同樣地，要是有些企業使用現金支付來逃避環保法規，那麼它們相對於守法守規矩的企業就更有競爭優勢，如此一來大家的環境也會變得更糟糕。當建築包商以現金聘用低薪非法移民工人時，本國工人和合法聘僱、依法支薪的建築包商就會陷於不利，這除了在所得分配上帶來惡劣影響之外，也會阻礙稅收制度的效率。[2] 這是什麼意思呢？要是以現金往來為主的企業可以輕鬆逃漏稅，那麼它們就會吸引更多的投資資金，因為其他產業或許稅前收益不差，但繳了稅以後就沒那麼多了。任何部門要是能獲得不合法的租稅減免，就會產生這種無效率的資源配置扭曲。

我們還是從美國開始談起，因為它的資料比較多。資料的主要來源是一套嚴密的隨機查稅作業，美國國稅局（IRS）實際上就像是從箱子裡頭隨機抽出某個人的名字，然後嚴密地檢查他稅務申報的每一個細節。[3] 對於被審查的那一方來說，當然不是個愉

1 調查證據及討論參見 Morse, Karlinsky, and Blackman（2009）。

2 Slemrod（2016）。

3 有關國稅局方法的詳細說明，參見 Brown and Mazur（2003）。這套查稅作業的正式名稱，原本叫做「稅務守法評量計畫」（Tax Compliance Measurement Program），後來演變比較不擾民的「國家研究計畫」（National Research Program）。

快的過程，但任何研究過財政學的人都知道，要獲得有意義的統計資料，不會受到樣本選擇偏倚所困擾，沒有別的替代方法比隨機抽樣評估實驗更合適。美國國稅局利用這些嚴密審查，再配合一些別的資訊（例如針對高所得隱蔽納稅的調查），就能估算出整體逃漏稅的規模有多大。以最近期報告的二〇〇六年來說，美國國稅局發現「稅收差距」（tax gap）——即申報稅額與應納稅額之間的差距——是四千五百億美元。這個數字包含許多不同部門的逃漏稅，包括未依法申報或短報的營業收入、工資收入和租金收入等。[4] 在這四千五百億美元的差距中，國稅局預計可以收回六百五十億美元，也代表稅收差距的淨額仍然高達三千八百五十億美元。換句話說，在二〇〇六年的聯邦稅收中據估大約有一四%，即當年度二．七%的國內生產總值的稅額是永遠收不到的。[5]

到目前為止，逃漏稅最嚴重的大都是以現金交易為主的企業主短報營業收入，包括個人經營的買賣，還有合夥企業及小型公司都有這個問題。整體來說，小商店老闆申報的收入不及實際的一半，在稅收差距中高占五二%。現在美國的名目國內生產總值相較於國稅局上一個基準年（即二〇〇六年）已成長約三〇%，假設逃漏稅比例與國內生產總值成長率同步的話（這其實是相當保守的假設，因為邊際稅率已顯著增加，而地下經濟規模常常隨著經濟成長趨緩而更為猖獗），二〇一五年美國光是聯邦稅的稅收淨差距就要高達五千億美元。當然這個短收差距也包含著避稅天堂（如加勒比海區域或巴拿馬）的避稅，比例上可能是一〇%至二〇%[6]，但是其他逃漏稅有很大一部分是來自沒有第三方資訊的領域[7]，這個當然不會是使用支票、信用卡或其他方式來支付的交易。也就是說，其餘那麼大的稅收差距中，有很大部分（比方說至少五〇%，甚至更多）是來自現金交易為主的領域。[8]

美國各州稅收大約占聯邦稅收的三六%，另有二七%來自地方稅收（所以各州和地方稅收合計約占聯邦稅收的三分之二）。[9]如果再加上州稅及地方稅的逃漏，整體逃漏稅估算預料也會大幅增加，但這不一定會成比例地增加，因為各級稅收的組合是不太一樣的。大多數的州也都要繳所得稅（這方面的逃漏狀況可能跟聯邦所得稅相似），也需要繳納銷售稅，現金交易在這方面的逃漏也很嚴重。

在此強調一個重要的觀點：因為稅收差距實在是太大了，所以要是淘汰紙鈔現金可

---

4 Internal Revenue Service（2012a,b）。

5 Slemrod（2007, 2016）。

6 參見 Zucman（2015）、Cebula and Feige（2012）。順便一提，後者根據貨幣需求及其他因素進行計量推斷，認為不繳稅比例可能是一八%至一九%。

7 參見 Slemrod（2016）。

8 美國國家稅務局（Internal Revenue Service）雖然很努力估算稅收差距的規模，其中當然還是有很多難以確定。參見 Treasury Inspector General for Tax Administration（2013）。

9 參見 Tax Policy Center（2012）。內文所說的各州及地方稅收占聯邦稅收的比例，是二〇一〇年資料。如果採用二〇一四年資料，因為一些臨時性及循環性變數導致聯邦稅收增加，使得前述比例稍低：州稅占比三一%，地方稅占比二二%。

以降低稅收差距，比方說一〇%的話，那麼增加出來的稅收必定相當可觀。根據我們剛剛的粗略估算，稅收可新增超過五百億美元，而且這還只是聯邦稅收，要是再算上州稅和地方稅，還會再增加兩百億美元。[10]更何況我們這個估算還不含逃稅的效率成本，也沒算到那些原則上也要納稅的非法活動。〔著名的例子是大蕭條時代的黑道大哥艾爾．卡彭（Al Capone），他就是因為逃稅被聯邦調查局逮到。〕

歐洲的逃漏稅

因為美國的稅率相對較低，而且主要是仰賴所得稅而非加值稅（如加值型銷售稅），所以依法納稅的情況應該是優於大多數經濟先進國家。[11]遺憾的是，目前針對歐洲逃漏稅的估算只有間接方法和部分數據，因為像美國那種詳細的隨機查稅結果，大多數歐洲國家並未發布類似的整體報告。[12]密西根大學經濟學家兼財政專家喬伊．史萊羅（Joel Slemrod）引用經濟合作暨發展組織（OECD）的內部資料，指加值稅——這對歐洲很重要——的逃稅率大約在四%至一七%之間。[13]

我們都知道歐洲的稅率高於美國，（可以說）法規也比美國繁重，大多數研究指出，歐洲的地下經濟規模也因此較大。[14]但歐洲這方面的估計值頗見分歧，其中有很大的不確定性；歐洲各國政府在測量合法經濟收入方面投入大量資源，但政府統計人員也承認其估算值存有甚大的誤差範圍。由於地下經濟的訊息很有限，其估計必然要用到一些間接方法，不過在相關研究中，對於地下經濟的定義都不太一樣，有些是針對所有犯罪活動，有些則只研究逃稅及法規上的逃避。

奧地利學者佛瑞德利希．史耐德（Friedrich Schneider）開創的方法影響深遠，可說是測量地下經濟的先驅。[15]史耐德的實證法是根據多種貨幣和勞動市場指標，包括勞動

---

10 減少現金使用即使只是有限降低逃漏稅，增加的稅收也完全可以彌補發行收益的損失。參見 Rogoff（1998a）。

11 應該指出的是，英國雖然地下經濟的規模更大而且稅率更高，英國財政部報告二〇一三／二〇一四年度的稅收差距只占總稅收的六．四%。參見 HM Revenue and Customs 2015。如果沒有嚴密的隨機查稅機制，像美國那樣，其實很難準確估算稅收差距。

12 研究人員以間接稅和自我僱用（self-employment）作為逃稅的驅動力，估算出一九九九年至二〇一〇年期間，OECD 國家的逃漏稅相對國內生產總值平均為三．二%，參見 Schneider and Buehn（2012）。

13 經濟合作暨發展組織是由三十四個先進經濟體及數個中等收入國家混合組成，間接證據也高度顯示逃漏稅規模甚大。研究發現英國的個人經營者花費的食物支出相對其申報收入，較非個人經營者來得高，其結論是個人經營者平均短報三分之一的收入，參見 Pissarides and Weber（1989）。

14 參見圖 5-1 的估算數字。早期對於地下經濟規模的估算，其實就是根據現金成長的比例，把現金成長作為地下經濟擴大的衡量標準，如：Feige（1989）。許多研究也發現確切證據，證實現金需求和稅率之間的關係；參見 Rogoff（1998a）。也有研究認為，就全球來看，稅率與地下經濟規模之間的相關性並不大，當然部分是因為發展中國家和新興市場的執法能力差異極大，參見 La Porta and Shleifer（2014）。

15 Schneider, Buehn, and Montenegro（2010）；亦可參見 Schneider and Williams（2013）及 Schneider（2016）。

圖5-1：地下經濟占官方國內生產總值的比例類

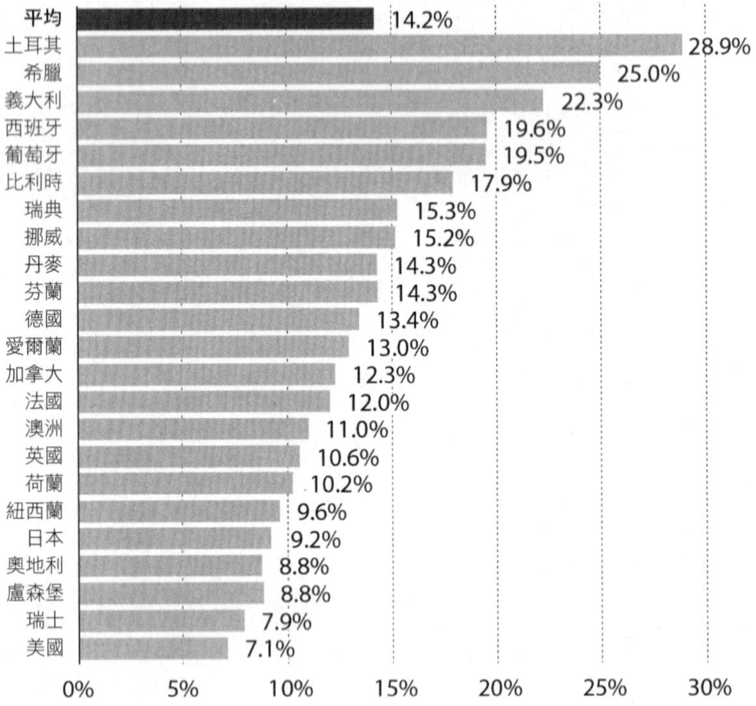

資料來源：Schneider（2016），
更新參照 Schneider, Buehn, and Montenegro（2010）

參與率、稅率，公共服務品質等等指標，來進行地下經濟規模的估算，如圖5-1所示。各位要注意的是，這些估算值所根據的地下經濟定義較為狹窄，並不包括非法或非市場活動。這個方法要搜羅的是所有出自合法市場（即除了非法之外）但隱藏收入以規避所得稅、銷售稅或加值稅；或者是為了規避社會保險費用；規避某些勞工法規，如最低工資或最高工作時數上限；規避某些行政法規上的不便；或因以上種種因素的複合，而隱蔽的財貨及勞務生產。16

根據這個排除多種非法活動的狹窄定義，美國和瑞士據估地下經濟規模最小，分別占國內生產總值的七．一%和七．九%；另一頭比較大的是西班牙的一九．六%，義大利二二．三%，希臘二五．〇%；處於兩者之間位置的是法國的一二．〇%，德國一三．四%，英國一〇．六%。這些數字是二〇〇三年至二〇一六年估算值的平均，從史耐德的方法來看，大多數國家確實顯示下降趨勢（雖然不是全部）。事實上，這很可能是在金融危機之後的衰退谷底，很多人在正規經濟中失去工作，因此黑市打工的生產活動相應增加。

16　參見Schneider, Buehn, and Montenegro（2010）。圖5-1中史耐德以「影子經濟」來稱呼這個範圍比較狹窄的地下經濟。不過為了避免太多專用術語造成混淆，我還是稱之為「地下經濟」，只是提醒讀者，圖5-1的估算值並未包括非法或非市場活動。

表5-1：歐元區的現金使用限制

國家	現金支付上限	實施日期
比利時	3,000 歐元	2014.01.01
丹麥	10,000 丹麥克朗（≒ 1,340 歐元）	2012.07.01
法國	1,000 歐元（居民）15,000 歐元（非居民）	2015.09.01
希臘	1,500 歐元	2011.01.01
義大利	＜ 1,000 歐元	2012.12.06
西班牙	2,500 歐元（居民）15,000 歐元（非居民）	2012.11

資料來源：Beretta (2014)；
Reuters (http://www.reuters.com/article/us-france-security-financing-idUSKBN0ME14720150318%20Reuters%20March%2018)。。

以地下經濟占國內生產總值的長期平均比例來估算，現在美國的地下經濟大概是一兆三千億美元（長期平均占比為七．一％，二〇一六年美國國內生產總值為十八兆美元）；這裡所說的地下經濟也是排除大多數非法活動的影子經濟。歐洲的地下經濟在規模上就大多了，雖然整個歐元區的國內生產總值與美國近似，但歐洲影子經濟的占比是美國的兩倍以上，簡單算一下歐元區地下經濟的實際規模大概有三兆美元。顯然要是再加上非法活動（例如毒品交易），這些估算值還會變得更大。

圖5-1對於各國地下經濟規模的估算，和最近一些研究的結論明顯一致，包括勒伯達（Rafael La Porta）和史列佛（Andrei Shleifer）的研究。[17]他們查看許多指標，發現所得占前四分之一的國家，在非正式（即地下）經濟中的用電量平均占總用電量的一七．六％。勒伯達和史列佛也檢視其他評量標準，例如是否為自我僱用者，因為這種單幹戶更可

能短報收入。

有些國家為了解決稅金申報差距的問題，採取非常極端的措施，更凸顯歐洲大陸逃稅嚴重。有許多歐洲國家對零售業的現金交易施以金額上限的規定，如表5-1所示。

也有國家強烈抵制這種趨勢，尤其是喜用現金的德國人。德國財政部在二〇一六年提議限制現金交易不得超過五千歐元，到現在仍受到民眾的強烈抵制。〔奇怪的是，抗議民眾在遊行示威中喊的口號似乎是杜斯妥也夫斯基在《死屋手記》中寫的「金錢是鑄造的自由」（Money is coined liberty）。[18]不過這句話自有其脈絡：杜斯妥也夫斯基是在描述他在監獄的生活，後頭接著又說，那些錢很快就拿去買伏特加，不然碰上夜間搜查就會被搜走了。在這裡，錢的確變成囚犯被剝奪所有自由之後的替代品，而且它本身也是被禁止擁有的。所以把沙皇監獄的生活和現代自由國家的生活做類比，拿這句話作為大額鈔票的辯護，實在是有點荒謬。〕

要處理猖獗的加值稅逃漏，禁止大額現金買賣還不是歐洲最厲害的手段，還有一種更徹底的方法是找消費者幫忙。從二〇一四年四月開始，葡萄牙也跟隨希臘推出一種抽獎活動，消費者只要寄銷售稅發票就可以參加。[19]你要是寄去很多銷售稅發票，葡萄牙

17 參見La Porta and Shleifer（2014）。

18 我在導言章說過，我在二〇一四年於慕尼黑大學演講時，奧特馬·伊辛曾在他的評論中引述這句話。

政府還會送你所得稅減免；結果一年下來政府送出四十輛嶄新的奧迪汽車，但在民間消費只成長二%的時段，加值稅的稅收增加了四%以上。倫敦經濟學院教授喬安娜・納里托米（Joana Naritomi）的研究也凸顯出消費者獎勵計畫的確對查核零售稅收很有效。[20] 納里托米在巴西聖保羅研究過發票獎勵計畫，她利用的獨特資料庫每月收集一百多萬家零售商的報稅單，參與其中的消費者超過四千萬人次。她估計說，由於實施消費者報告和舉報計畫，零售業申報收入在四年內成長二二%。

總之，就算歐洲的證據不像美國那麼可靠，仍然足夠推斷歐洲的逃漏稅情況可能還是比較嚴重。

加拿大的逃漏稅

近期的研究估算，加拿大逃漏稅狀況大致與美國相等，例如最近一項研究以個人家庭的消費與申報所得做比較，這其實也是政府機關檢驗逃稅最常用的方法，雖然檢驗人數比較小，該研究發現，加拿大短報收入大概是占國內生產總值的一四%至一九%之間。[21] 有趣的是，短報所得並不限於個體經營者，比較像是個普遍現象，有三〇%至四〇%的工薪家庭似乎都會短報某些收入。這個觀察很可能頗有意思，據推測很多國家大抵也是如此，要是民眾更有信心誠實申報所得，不但對納稅負擔的公平分配很重要，某些所得重分配的政策（例如負的所得稅）也能獲得更多的政治支持。如果某些低收入戶短報所得，而其他人誠實申報，也會造成補助金及其他資源的不公平分配——這當然也是主張減少現金在經濟中運作的理由之一。

總之，地下經濟規模龐大，每年在美國造成嚴重的稅收差距約達五千億美元，這還只算聯邦稅而已；而歐洲的地下經濟規模可能更是美國的兩倍，且稅率又高，稅收差距只會更嚴重，很可能高達一兆美元甚至更多。

為了讓各位對這種龐大的逃稅規模有更好的理解，我們拿那些數據跟避稅天堂的

---

19 參見 Patricia Kosmann, "Get Receipts, Win a Car: How Greece's VAT Lottery Plan Worked in Portugal," *Wall Street Journal*, March 10, 2015，可見於http://blogs.wsj.com/brussels/2015/03/10/get-receipts-win-a-car-how-greeces-vat -lottery-plan-worked-in-portugal/。斯洛伐克也做過發票抽獎的實驗，參見 Susan Daley and Raphael Minor, "In Slovakia, the Real Prize Goes to the Tax Man," *New York Times*, April 19, 2014，可見於 http://www.nytimes.com/2014/04/20/world/europe/forget-the-car-in-slovakian-lottery-real-prize-goes-to-tax-man.html?_r=0。

20 Naritomi（2015）。

21 Dunbar and Fu（2015）。

隱藏財富做比較想必相當有趣。那些避稅天堂包括盧森堡、維京群島、巴哈馬、塞普勒斯、巴拿馬，當然還有瑞士。加州大學教授祖克曼（Gabriel Zucman）二〇一五年出版的《國家財富》（*The Hidden Wealth of Nations*）估算，避稅天堂持有的外國金融財富總額（包括股票、債券和銀行存款）大概有七．六兆美元，占全球金融總財富九十五兆美元的八％。祖克曼估算說，全球各國政府因為避稅天堂的稅收損失每年至少有兩千億美元，其中海外所得（包括股利股息和利息所得等）的逃稅約一千二百五十億美元，其餘主要是逃避財富和繼承方面的稅賦。在每年兩千億美元的稅收損失中，歐洲的稅收損失大概是七百八十億美元，美國則為三百五十億美元。這些數字都不小吧，但要是跟美國和歐洲的逃漏稅規模相比，也只算是一小部分而已；而且不管怎麼樣，就算是在海外的避稅天堂，也一樣有極大數量的財富是以現金裝在袋子裡帶進帶出。

犯罪活動

接下來我們要看看國內及國外犯罪活動的現金使用。除了現金之外，涉及犯罪的資金流動當然還有很多方式，不過我常年研究國際貿易中短報及浮報金額的歷史資料，很清楚移動金錢可以仰賴許多工具，例如在合法交易上浮報金額，以合法掩護非法。在第二次世界大戰之後的幾年裡，整個歐洲因為嚴格的資金管制形同鎖國，但大家還是有辦法把錢弄出歐洲大陸，例如出口商短報價款，或者進口商浮報貨款。靠著這種方法，許多國家的外逃資金大概達到貿易申報額的一〇%，有些國家甚至比一〇%還要多出許多。[22]即使到了今天，像中國和印度等國家還是有人透過貿易短報或浮報把錢送到海外。

事實上，有很多巧妙方式來掩飾非法交易，特別是一些一次性交易，不但可以隱藏資金的流動，甚至也不必使用到現金。比方說在美國，付錢購買捐贈器官是違法的，所以肯定不可能用信用卡支付吧！可是這個限制很容易就可以繞過去，你可以跟捐贈者的近親買個什麼東西，比方說一件衣服吧，然後用信用卡付他很多錢，然而就有人「捐贈」腎臟了。[23]不過毫無疑問地，不管是匿名買賣還是各種犯罪活動的即時銀貨兩訖，現金還是最主要的工具。那些收費低廉的職業殺手[24]可不想拿未切割的原鑽當報酬，當然也不會讓你刷卡，雖然有些人可能天真地接受比特幣，以為加密貨幣永遠不能被追踪到，這我們會在第十四章討論。

要把用現金為非作歹的各種方式全部寫來，這本書恐怕就要變成犯罪的百科全書，所以只挑幾個主要領域來討論，應該就足以凸顯出我的論點——希望如此啦。接下來我

22 貿易假帳的討論參見 Reinhart and Rogoff（2002, 2004）。

23 非常感謝茱莉安娜．羅格夫（Juliana Rogoff）告訴我說，電視影集《狄格西》（*Degrassi*）第十四季就出現一模一樣的信用卡迂迴支付的情節。

24 參見 Cameron（2014）。

會依序討論犯罪所得的洗錢，還有金錢在毒品交易、貪污腐敗、人口販賣和剝削移民工等方面的推波助瀾。25

透過合法企業把犯罪所得洗成假利潤來漂白，這套辦法由來已久，也是全世界組織犯罪的核心作業。26犯罪活動的收入常常就是現金，因此怎麼讓非法收入看起來像是合法賺來的錢，就成為大規模犯罪組織的重要關鍵。其標準配備是利用一些以現金交易為主的合法企業（例如餐館、乾洗店和建設公司），把錢灌進去，然後做假帳變成合法收入。我知道不少讀者已經很清楚洗錢要怎麼進行（一定都是熱門影集《絕命毒師》（*Breaking Bad*）的上癮粉絲吧）27，但是為了論述完整，我還是要簡單地說一下。

利用兩套帳本來清洗犯罪所得的基本原理很簡單。比方說餐館可以說自己生意很好，賺很多錢來清洗髒錢，只要開出假發票，然後把假「收入」記在假帳本應付官方查看。不過主管機關當然也不笨，要是他們覺得可疑，也可以調查餐館是否真的採購那麼多食材原料，是否真的賣出那麼多餐點。如果是洗錢老手的話，這一層也會考慮到，因此也早就備好「採購原料」的假發票，要是搞不到假發票，那就真的買進那麼多食材原料，再低價轉售給別的餐館（當然是現金付款），不然就扔了吧。要是犯罪組織本身就擁有餐館事業，那麼這一整套作業都可以在組織內運作；不然的話，就是付錢找人來洗或者是透過暴力脅迫的方式。28

當然這例子還不足以展現洗錢組織的聰明巧妙和工具之多姿多樣。例如在中東和北非盛行一種地下的哈瓦拉（Hawala）轉帳系統，可以跨國撮合資金需求；比方說某甲在印度持有盧比，但他在美國需要美元，這套系統就能找到在美國持有美元但在印度需要盧比的某乙，撮合這兩位，讓雙方需求都能得到滿足，而那些錢甚至都不必跨越國境。[29]這種做法可不限於第三世界的地下錢莊，先進國家的銀行家也曾被抓到利用這種撮合勾當。[30]我不會說所有的洗錢都是利用現金來完成，但現金的確在其中扮演重要角色。[31]

---

25 據估在毒品交易中有八〇%是用現金完成，其他各種犯罪活動的現金使用估算，參見 Schneider（2013, 2015）；Speises（1975）。

26 關於現金在黑幫活動中的重要性，參見 Henry（1976, 1980）。

27 《絕命毒師》說的是高中化學老師懷特（Walter White）變成安毒大王的故事。但是要把龐大販毒所得洗白可不容易，最後是懷特的老婆絲凱勒（Skylar）買下一家洗車公司才解決。絲凱勒自己當會計師做假帳，讓洗車收入看起來十分豐厚，但是販毒所得實在是太龐大，來不及洗白的毒錢只能藏在櫃子裡。後來這些錢就自己洩底了。絲凱勒和懷特這兩位虛構角色可說非常真實地反映出美國國內及國際上十分龐大的販毒事業。

28 這個舉例要感謝佛瑞德利希・史耐德。

29 參見 Jost and Sandbu（2000）。

30 在網路上以「banker caught for money laundering」（銀行家洗錢被逮）等關鍵詞搜尋，就能找到許多相關報導。

31 有錢的企業和個人可以在維京群島這樣的地方設立空頭公司，隱藏金主的真實身份，再透過這些空頭公司和瑞士的銀行帳戶搭配，即可製造假生意把錢弄出去，然後以瑞士的銀行帳戶做抵押，向美國的銀行（也許是瑞士在美國的分行）借錢，他們的隱形財富就到手啦。參見如 Zucman（2015）。

毒品交易不管是上中下游，都是出了名的現金事業，一旦破獲大型毒品案件都會發現許多現金。根據《紐約時報》「古柯鹼公司」（Cocaine Incorporated；二〇一二年六月十五日，派崔克・奇夫（Patrick Radden Keefe））報導，墨西哥在涉嫌走私販毒的葉真理（Zhenli Ye Gon）家裡起出二億零六百萬美元的現金，雖然不是所有案件都有這麼大的金額，但只要查到走私毒販常常就是五百萬、一千萬美元的規模。雖然美國在查獲毒品現金方面沒有發布什麼綜合的統計數字，不過各位可以用「bust」（破獲）、「cash」（現金）和「drugs」（毒品）等關鍵字在網路上搜尋，就可以了解現金涉入其中的程度。不過常常有人引述說美元鈔票有九〇％以上都可以驗出古柯鹼的說法，當然也是危言聳聽，過度誇大關聯。這個污染其實是點鈔機和自動提款機造成的，一張沾著毒品的鈔票就可以污染一整袋的錢。32

根據蘭德公司的估算，二〇一〇年美國四大毒品的市場總值合計超過一千億美元，其中古柯鹼（包括「快克」）為二百八十億美元，海洛因二百七十億美元，大麻四百一十億美元，甲基安非他命一百三十億美元，而這還只是美國而已。33聯合國的毒品與犯罪問題辦公室也曾經對全球毒品市場展開全面調查，預估達三千二百二十億美元；但這個調查是在二〇〇三年，從那一年到現在全球各國的名目國內生產總值大概是翻了一倍，要是按照這個比例來看，那麼現在的毒品交易可能超過六千億美元了。34

除了對毒品消費國的惡劣影響之外，販毒集團在墨西哥和哥倫比亞等國家也帶來嚴重後果，挑戰政府威信，危害當地治安。淘汰現金雖然不可能消滅販毒集團，但必定會對販毒的許多層面帶來強力打擊，由於毒品生意總是牽扯到暴力和更多犯罪，因此毒品交易就算只是減少一點點，都可以帶來莫大好處。當然要降低跟毒品有關的犯罪活動，一定還有其他辦法，比方說有個簡單的方法就是讓大麻合法化，最近加拿大正在考慮這麼做。但是不管怎麼樣，那些容易上癮的強烈毒品還是嚴重的問題。

貪污腐敗

社會本身引發巨大社會成本的另一個領域，就是使用現金賄賂官員，造成貪污腐敗。貪腐的社會成本大概會比賄賂本身還要大出幾個級數，但光是賄款的估算就已經相當驚人。世界銀行在二〇〇〇年代初即針對企業界展開全球調查，想要了解全球的賄賂狀況，詢問企業界每年要花多少錢才能取得許可執照、協助處理法規，以及在採購標案

---

32 Zuo et al.（2008）。

33 Kilmer et al.（2014）, a RAND corporation report。

34 這個估算值跟全球各國的所得成長，還有聯合國毒品與犯罪問題辦公室在二〇〇五年做的毒品使用成長估算，也都呈現一致。但即使是二〇〇三年作為基礎的估算值也是相當粗糙簡略，之後該機構曾在二〇〇九年估算全球古柯鹼市場約為八百五十億美元，海洛因和鴉片劑市場總值六百八十億美元。以上參見 United Nations Office on Drugs and Crime（2005, 2011）。

上獲得有利的決定。世界銀行也針對家戶進行調查，詢問他們通常要花多少錢賄賂才能獲得公共服務。世界銀行的調查結果是，在二〇〇一年及二〇〇二年全球賄賂總額大概是一兆美元，假設這個數字的成長比例和全球國內生產總值翻倍一致的話，現在全球的賄賂總額應該是接近兩兆美元了。不過這個估算可說是非常保守，因為過去十五年來發展中國家的經濟成長占了全球成長的大部分。[35]

說貪腐是發展的最大障礙之一，大概沒什麼人會反對。經濟學家莫羅（Paolo Mauro）的經典論文就提列大量證據，指出貪腐對經濟成長具有顯著的負面影響。許多經濟史專家也做過相同主題的研究，包括蘭德斯（David Landes）的開創研究，還有後續的艾瑟莫格魯（Daron Acemoglu）和羅賓森（James Robinson）。[36]

各位也不必千里迢迢跑到發展中國家，我們在美國就能找到壯觀又驚人的賄賂案件。路易斯安那州眾議員傑佛森（William Jefferson）在二〇一〇年因為收受賄款幾十萬美元而被判刑，其中有九萬美元是聯邦調查局在他家的冰箱找到的，這些錢用錫箔紙包起來藏在餡餅皮裡面。北卡羅來納州夏洛特市長在二〇一二年辭職，他當時在聯邦調查局設下的釣魚圈套中，收受四萬八千美元賄款。後來各種釣魚辦案的始祖可能要追溯到「阿布斯卡姆」（ABSCAM），這是聯邦調查局的祕密行動代號，在一九七〇年代末期總共誘捕一位參議員和六位眾議員，原由是收受賄款幫助賭場取得執照，以及幫助阿拉伯人取得美國居留證。這樁案子後來由導演大衛・羅素（David O. Russell）拍成電影《瞞天大佈局》（*American Hustle*），廣受觀眾好評。

有時候，現金也會逆向流動。美國眾議院前議長哈斯特（J. Dennis Hastert）遭指控瞞騙聯邦調查局，並以小額取款方式躲避銀行通報，總共提領了三百五十萬美元的巨款作為封口費，掩飾早年的不法行為。[37]

加拿大在二〇一一年設立建築業工程標案調查委員會，因為營建業在這方面也是臭得出名。二〇〇一年至二〇一二年在蒙特婁執政的蒙特婁聯盟黨的黨工向委員會舉報說，該黨首席募資代表在辦公室有一個保險箱，裡頭塞滿現金，滿到要他幫忙才關得上門，那裡面還有舊的加拿大千元大鈔。[38]就算是超級清廉的芬蘭都曾發現高級警官包庇毒品交易，從他家裡和後院抄出大筆現金，讓大家都感到非常驚訝。[39]

雖然經濟先進國家的貪腐現象一直都有，不過發展中國家卻是規模浩大。中國國家主席習近平在二〇一二年十一月上台後即發動肅貪反腐行動，在政治上博得掌聲，也顯

---

35 討論參見 Danny Kaufman in World Bank（2016）。
36 Mauro（1995）；Landes（1999）；Acemoglu and Robinson（2013）。
37 Julie Bosman, "Details about Indictment of Dennis Hastert," *New York Times*, June 9, 2015。
38 Adrian Humphreys, "The Hunt for Canada' s $1,000 bills," *National Post*, November 15, 2012。
39 Dan Bilefsky and Mari-Leena Kuosa, "Finland Transfixed by Trial of Police Detective on Drug Charges," *New York Times*, August 2, 2015。

示出全球最大經濟體的貪腐問題頗為普遍。新興國家的行賄未必使用現金，在反腐敗運動之前中國遊客在海外狂買奢侈品，尤其是皮帶和皮包等物件，這些禮物都可以用來收買官員，不過現金當然還是主角。二〇一四年十一月中國肅貪官員逮捕解放軍將領徐才厚，指控他收受賄賂以協助他人晉升職位；當時官方調派十二輛卡車才把他家的現金運走，顯然都是人民幣，總值數百萬美元。40

中國是有一些貪腐問題，但也還沒像某些新興市場那樣搞得國家幾近癱瘓的程度。國際透明組織（Transparency International）調查指出，奈及利亞前總統阿巴查（Sani Abacha）侵吞國家財富約在二十億至五十億美元之間，不過這可遠遠不及印尼的蘇哈托（據估約在一百五十億至三百五十億美元之間）或菲律賓的馬可仕（據估為五十億至一百億美元之間，他老婆伊美黛的鞋子之多已成當代傳奇）。不過這些數字跟俄羅斯總統普丁相比可是小巫見大巫，有些非正式估算指出普丁個人財產約在七百億至兩千億美元之間。41

美國在二〇一〇年的「貪腐資產追回計畫」（Kleptocracy Asset Recovery Initiative）雖對國際肅貪頗有貢獻42，但二〇一六年四月莫塞克．馮賽卡（Mossack Fonseca）律師事務所洩露的「巴拿馬文件」，顯示其中還需要更大的努力才行。「巴拿馬文件」揭露一百四十位各國公僕和政客在海外的隱蔽帳戶，其中包括十二位現任和前任總統、總理或酋長、國王，還有許多他們的至親好友。43

就算是國家領導人下定決心，腐敗文化還是很難改變。墨西哥毒梟大王「矮子」古茲曼（“El Chapo” Guzmán）就利用賄賂從墨國防守最嚴密的監獄脫逃兩次，第二次據說是以五千萬美元為代價，這些錢當然是他私藏的現金。我在寫這本書的時候——要隨時掌握他是被補還是在逃真不容易——他已經又被捕，準備押送美國監獄，在美國想越獄大概會比較困難吧，但也不是不能。

貪腐的歷史顯然比紙幣悠久得多，而且就算沒有紙幣，貪腐還是會繼續存在。但是毫無疑問地，現金這種匿名、即時又難以追踪的特性，必定是讓貪污腐敗更為猖獗。沒錯，要是淘汰大額鈔票，貪腐和其他犯罪活動也會找到其他替代方式，說不定這樣反而

---

40 Charles Clover and James Anderlini, “Chinese General Caught with a Ton of Cash,” *Financial Times*, November 21, 2014，可見於 http://www.ft.com /intl/cms/s/0/4883f674-7171-11e4-818e-00144feabdc0.html#axzz3zmCbjqjP。

41 參見 Transparency International (2004)。

42 “Attorney General Loretta E. Lynch Announces Return of Forfeited Public Corruption Assets to Korean Minister of Justice Kim Hyun-Woong,” United States Department of Justice, Office of Public Affairs, November 9, 2015，可見於 http://www.justice.gov/opa/pr/attorney-general-loretta-e-lynch-announces-return-forfeited-public-corruption-assets-korean。

43 文件中揭露的許多帳戶就是由空頭公司設立，現金似乎也常常在某些時點扮演重要角色，這是拜巴拿馬的法定貨幣即是美元所賜。參見 “Leak of the Century: The Lesson of the Panama Papers,” *Economist*, April 9, 2016。

有更大誘因來刺激創新。但是別的支付方式（如黃金、未切割原鑽或比特幣）都有各自的問題，有的是流動性太低、交易成本太高（未切割原鑽）；有的是最後還是可能被追蹤到（比特幣）。本書也一再地強調（因為這就是非常重要的重點啊），雖然犯罪可以在合法經濟之外使用別的交易技術，但政府要是堵住大門，讓它們完全進不了合法經濟領域，就可以嚴重破壞黑市交易媒介的流動性，劇烈升高它們的交易成本（與現金相比）。

在貪腐討論的最後，為了給大家帶來一點希望，我們來看看莫迪政府之前在印度的努力，他利用網路來繞過貪污腐敗的官員。印度的證照許可制非常有名，因為政府對於民間企業的控管既嚴格又煩瑣，等於給官員製造大量的索賄機會，對這個狀況有個委婉說法叫做「證照統治印度」（license Raj；譯按：「Raj」意即「統治」，此詞仿自過去英國統治印度，稱為「British Raj」即「英屬印度」之義）。這套證照許可制長久以來都是印度經濟發展進步的巨大枷鎖。莫迪（Narendra Modi）在二〇一四年五月當選總理後，最早推動的計畫之一，即是開放多種許可證在線上申請，採用電子方式付款，從而消除了市政當局在證照核發時的現金索賄。這種禁用現金以遏止貪腐的方法也在香港實施，比方說你要是想用現金支付健身房會員的月費，可能會吃閉門羹。我們第十三章討論一些國際議題時會說到，大多數發展中國家在可預見未來內要淘汰現金，恐怕都不是務實選擇，因為支援電子支付的基礎設施就是還沒到位，但是對某些發展中國家來說，只要把先進國家的鈔票排除在外，就能在肅貪上大有助益。

人口販運、人蛇走私和剝削移民

人口販運是另一個現金扮演可疑角色的國際重大犯罪領域，美國國務院曾說，不管是美國還是國際上都要努力扼止人口販運。但其實也沒人真正去挑戰這個無所不在的問題，要進行量化研究、找出全世界都適用的方法，都會碰上許多研究方法上、統計上和概念上的困難。這些問題有一部分是因為不同國家對此的定義不同，而且彼此間在執法能力上也頗有差異。[44]

不過國際勞工組織（International Labour Organization）還是提供了一些受到廣泛引用的統計數字，從這些數字或許可以看出這個問題的規模和範圍，雖然它們被認為非常不準確。[45]據國際勞工組織指出，大概有兩千一百萬人是強迫勞動的犧牲者，其中一千一百四十萬是婦女和女童。在這些受害者中，有一千九百萬人受到個人或企業剝削，其他則是受制於國家或叛亂組織；有四百五十萬人是被迫遭受性剝削。國家司法機關有大量證據表明，有許多性受害者被販運到西歐，尤其是來自東歐和前蘇聯地區，他們通常是被虛假的工作廣告騙來的。例如法國政府曾估算，法國兩萬人的職業性交易者中（其中

44 資料及討論參見United States Department of State（2015）；United Nations Office on Drugs and Crime (2014, p. 30)；Schneider and Rudolph（2013）。

45 International Labor Organization（2012）。

九〇%都是外國人）大多數可能都是人口販運的受害者，而人口販運的犯罪網路也早就擴展到巴黎以外，包括里耳和尼斯等地都有。46這個問題也不僅僅是在歐洲而已，例如在中東地區也十分猖獗。就算是在美國，新聞報導也時常披露年輕女孩從中西部地區被誘騙到紐約或東岸地區賣淫。政府雖然竭力扼止強迫賣淫的狀況發生，但因為利之所趨而防不勝防：國際勞工組織估算說，全球的性剝削受害者每年每人平均可以榨出二萬一千八百美元，如果是在先進國家預料油水更多，可能達十萬美元之譜。47

非法移民與邊境管制

移民工剝削也是現金助長事態惡化的主要領域，從幫助工人跨越國境（人蛇偷渡）到支付不入帳的工資給移民工，這在全球很多地方的農業和營建業都屬平常可見。〔各位可以參考傑里．史哥林莫斯基（Jerzy Skolimowski）一九八二年的經典電影《打工族》（*Moonlighting*），由傑若米．艾倫斯（Jeremy Irons）主演，極富同情地描述波蘭木匠在英國打黑工的惡劣生活。〕

據估全世界的移民工總數約達兩億三千萬人48，而根據聯合國毒品與犯罪問題辦公室、國際勞工組織和美國國務院的資料顯示，移民工極容易受到剝削。雖然墨裔美國人西薩．查維茲（César Chávez）畢生致力於改善農場流動工人的待遇，在一九六〇及七〇年代於加州和佛羅里達州都爭取到重要成績，進而影響整個美國立法保障移民工的福利，但是隨著非法工人持續大量湧入美國和其他發達經濟體，剝削移民工到現在還是一個非常急迫的問題。

非法移民正是現金密集涉入的過程，因為現金的存在才使得各國更難管控邊界安全。第一、非法移民通常以現金支付人蛇集團，將他們帶到邊境地區：根據金融行動特勤組（Financial Action Task Force）二〇一一年的報告指出，從墨西哥偷渡到美國，每人花費一千至三千五百美元不等，從中亞偷渡入美則為三千至一萬美元。[49]第二、更為重要的一點，是僱用非法移民工的企業可以採取現金支付，以降低被發現的風險——正是有那麼多的雇主需求，才會造成龐大的非法移民潮。[50]

非法移民的嚴重程度在各國之間差別很大，這是因為有些國家的確比較難以融入，有些國家則相對容易得多。比方說像美國這種民族大熔爐裡頭，非法移民（沒有法律地

---

46 United States Department of State（2015, p. 159）。

47 International Labor Organization（2014, p. 16）；Financial Action Task Force and Groupe d'action Financière（2011, p. 17）。

48 United States Department of State（2015, p. 38）。

49 Financial Action Task Force and Groupe d' action Financière（2011, p. 16）。

50 本章所討論的許多問題，只要仔細看看營建業就可以找到很多例證。雖然很多業者都遵守法律和規定，但建商常常就是逃稅、移民和司法機關的問題來源。

位的居民）超過一千一百萬人，占總人口的三．五%。[51]歐洲在這方面的估算值就低得多，法國和德國據估在總人口的〇．二五%至〇．六〇%之間，丹麥為〇．〇二%至〇．〇九%，希臘為一．五%至一．九%。[52]但整個歐洲跟美國一樣，都認為這是個嚴重問題。

在正常情況下，各國對於邊境控制和移民政策的決定都各有其主權權力，這一點不管我們對於合法移民抱持什麼立場應該都沒有異議，但是這個問題在先進經濟體中卻越來越明顯。有些美國政客甚至提議極端做法，例如要求在美國和墨西哥邊境豎立巨大的刀片型鐵絲網，匈牙利甚至真的這麼做了，也有一些歐洲國家正在考慮。不過很多人似乎都沒想到，只要雇主不能用現金支付，要僱用非法勞工就會變得困難許多，而且被查獲的風險奇大，事實上淘汰紙幣就是比現在所考慮的補救辦法要有效得多。是的，我們可以再次強調，不使用現金也可以匿名支付，從預付卡到亞馬遜電子點數（Amazon credits）到虛擬貨幣都可以。但是這些媒介都有風險，都需要成本，而政府的政策就可以直接放大這些風險和成本。邊界控制的問題未來可能會越來越嚴重，因此淘汰現金或限制現金使用對於改善邊界控制必定具有重大的潛在利益；這也是說，任何完全淘汰現金的計畫也同時需要解決是否提供現有非法移民大赦的問題。我們在第七章會談到保留小鈔無限期流通的幾個理由，而爭取足夠時間來處理非法移民正是其中之一。

明白地說，我強烈支持先進國家擴大接受合法移民，任何認真研究所得與財富分配不均的經濟學家都曉得，儘管過去三十年全球經濟大成長，國與國之間的財富不均事實上是比皮凱提（Thomas Piketty）等學者擔心的國內不均還要更加嚴重。二〇一五年諾貝爾經濟學獎得主迪頓（Angus Deaton），二〇一三年著作《財富大逃亡》（*The Great Escape*）即強力疾呼這一點。國際移民從貧窮國家到先進國家便能創造出巨大的福利收益，要是氣候變遷使得現在某些人口稠密地區不再適合居住，那麼這個問題很可能還會變成更重要的人道關懷。大家可能認為，只要各國都能更加妥善地管制好邊界，就能更為理性地討論移民政策，也許吧，不過我覺得這種想法是太樂觀了點。

恐怖活動

恐怖主義可能是全球推動反洗錢和限制匿名交易（包括現金）的最大動力。二〇〇一年九月十一日在紐約、維吉尼亞州和賓夕法尼亞州的恐怖攻擊，讓美國憤而強力推動全球洗錢控管，特別是要求銀行匯報大額現金提存的狀況。針對二〇一五年十一月的巴黎恐怖攻擊，歐盟委員會也提案加強控管加密貨幣和預付卡的使用限制。[53]在我這本書

51 Pew Research Center（2014）。

52 參見 Dustman and Frattini（2012, table 2）；估算值為二〇〇九年狀況。

53 Francesco Gurarscio, "EU to Step Up Checks on Bitcoin, Prepaid Cards to Fight Terrorism," *Reuters*, February 2, 2016，可見於 http://uk.reuters.com /article/uk-eu-terrorism-financing-idUKKCN0VB1MK。

即將出版時，歐洲央行也決定不再發行五百歐元紙幣，重要原因之一即是為了防備恐怖活動的財務運作。54因為打擊恐怖主義刻不容緩，強化治安與維護隱私的天平如今已漸漸向前者傾斜，尤其是在美國。

涉及恐怖活動的資金規模可能不像其他犯罪和逃漏稅那麼大。即使是現在據說是史上最有錢的恐怖組織——伊拉克和敘利亞的伊斯蘭國（ISIS）——一年大概就也是一二十億美元而已，還比不上一個大型的販毒集團。當然，伊斯蘭國也的確使用了許多現金，尤其是他們在占領區搶奪了許多金庫。55限制現金使用和其他匿名、假名交易，當然是反恐工作的重要層面，也許最後還能證明這才是快速行動的催化劑。但是相對於全球現有的現金規模，恐怖活動其實還不算是重大因素。

假鈔

關於假鈔當然也要談一下。成立於一八六五年的美國特勤局，最主要工作就是打擊假鈔，當時的美元供給有三分之一到一半都是假的。到了二〇〇一年，根據美國財政部指出，美元貨幣中的假鈔已經不到〇．〇一％56；二〇一二年聯邦儲備委員會的一項研究也支持此一說法57，但是許多零售業者對於大額鈔票還是特別當心留意，即使是在美國這樣的擔心也不是沒有道理。雖然假鈔的比例無疑是很低啦，但除非政府有一套可以說服民眾的辦法有效解決假鈔，恐怕官方也不會主動承認這個問題有多嚴重吧。我們曾說過，美國財政部多次改版百元美鈔，以減少偽鈔的威脅，最近一次是二〇一三年十月發行的彩色版，裡頭就新增許多防偽功能。這一版新鈔據說是為了因應傳說中北韓偽造的「超級美鈔」百元紙幣，二〇〇四年時聯邦探員在紐華克港發現那些「超級美鈔」，這些紙鈔的纖維成分跟原本的美鈔一模一樣，也一樣是由高科技的變色油墨印製，幾乎是毫無瑕疵。**58**

不過百元美鈔搞得越來越複雜，民眾要花多久的時間才能了解細微之處，才能正確區別真偽？會不會到最後還需要一套複雜的掃描程序才能判定，結果讓現金那幾個僅有的優勢也消失無蹤呢？

有些國家偽鈔問題相當嚴重，比方說近來的中國就是如此，就算是自動提款機都會吐出假鈔。因為收到假鈔的風險越來越高，要是不先經過掃描辨識，許多零售商店不敢

---

54 "ECB Ends Production and Issuance of €500 Banknote," European Central Bank website, May 4, 2016。
55 Financial Action Task Force（2015）；Johnson（2014）。
56 Federal Reserve Bank of San Francisco（2004）。
57 參見 Judson and Porter（2012）。
58 參見 Stephen Mihm, "No Ordinary Counterfeit," *New York Times*, July 22, 2006。最近幾年來，祕魯成為偽鈔活動的重點地點。

收，為了解決這個問題，中國政府在二〇一五年底開始發行增設防偽功能的新鈔票——新的人民幣百元鈔還是以毛澤東頭像為圖案，但在不同角度下油墨會變色。對大多數國家來說，防制偽鈔並不是問題，但這需要官方鈔票不斷地創新才能走在偽鈔之前。

公共衛生的考量

除了促進犯罪活動外，紙幣也是散播疾病的媒介。59紐約大學的研究人員分析一元美鈔，發現上頭有數以千計的微生物，包括很多細菌，甚至還有一些抗藥性細菌。60雖然大家都知道觸摸紙幣會有衛生問題，但要說未來可能因為紙幣而引發什麼傳染病，也不是不能想像，在某些熱帶國家裡頭，這種傳播方式已經成為公共衛生的嚴重威脅。61

當然還是有人會說，在零售店的結帳櫃台、自動提款機的觸控式螢幕也可能會有衛生問題，其他一些新技術說不定會比現在的紙幣帶來更大的健康問題。但總而言之，關於紙幣在公共衛生方面的考量，似乎也還不是反對紙幣最主要的理由。

在這一章章和前一章裡頭，我們已經看到現金在逃稅和犯罪方面帶來極為龐大成

本。接下來我們要看看，中央銀行和國庫印鈔票可以獲得多少直接收益。

---

59 過去和現在提議淘汰紙幣的論文都會強調現金與公共衛生的風險，參見 James Gleick（1996）；Warwick（2015）。

60 Robert Lee Hotz, "You Shouldn't Put Your Money Where Your Mouth Is," *Wall Street Journal*, April 18, 2014，可見於http://www.wsj.com /articles/SB10001424052702303456104579489510784385696. "NYU's Jane Carlton on Sequencing Money," *Genomeweb*, September 3, 2016，可見於 https://www.genomeweb.com/sequencing/nyus-jane-carlton-sequencing-money -sewage-new-york-city-and-malaria-india，亦可參見 Moron（2017）。

61 例如奈及利亞安那伯州的紙幣與塑膠貨幣散播寄生蟲感染，參見 Orji et al.（2012）。

CHAPTER

6

貨幣發行利益

政府壟斷紙幣的發行即可獲得巨大利益，因為印鈔票幾乎沒什麼成本，卻可以依照面額來使用。正如我們之後會看到的，紙幣的發行收益十分龐大，因此中央銀行會是淘汰現金最大的阻力。中央銀行除了要放棄每年提供合法經濟和地下經濟的發行收益之外（後一種我們稱為「反洗錢」），任何淘汰現金的成本評估都必須考慮到發行附息政府債務以收回零利息貨幣的必要。現在這一方面是沒有什麼問題，因為目前短期債券的利率幾乎就是零，但不能保證長期會一直這麼低；不過我們現在先來看看政府可以獲得多少發行收益。

大多數人都聽過「通貨膨脹稅」的說法，這是指政府浮濫印鈔票，導致現有貨幣的價值降低，引發通貨膨脹。貨幣持有人因為實質購買力減少就好像繳了稅給政府，而政府印發新鈔實際上就是收取利益，但政府就算不浮濫印鈔導致通膨，只是在經濟成長的狀況下配合交易需求上升來發行新鈔，也一樣可以賺到發行利益。當利率普遍下降時，貨幣需求也會上升，經濟學家所謂持有貨幣的「機會成本」亦隨之降低，過去三十年來利率和通貨膨脹率下降的趨勢，當然就是紙幣需求上升的原因之一，雖然這段期間內交易替代媒介也增加不少。此外重要的是，地下經濟的成長也會帶動貨幣需求上升，例如稅率調高會刺激逃漏稅更嚴重，或是犯罪率上升。政府印鈔票獲得的非通膨利潤，實際上就是政府壟斷紙幣發行而獲得的「租金」。

政府印鈔票獲得的所有收益，包括引發通膨的「通膨稅」與配合貨幣需求成長的壟斷發行租金，英文稱之為「seigniorage」（鑄幣利差；鑄幣稅），這個字是從古法文「seigneur」（封地領主）演變而來，起源可以追溯到錢幣是由黃金、白銀和銅製成的古代歲月，意思正是指政府鑄幣的成本（包括原料和鑄造成本）與其面值的差異。不使用真金白銀的法定貨幣，只是把這個利差推到更高境界而已，根據美國聯邦準備委員會的資料，印製一張百元美鈔只花費十二．三美分，一元美鈔的成本是四．九美分。[1]

各位了解發行收益之後，就會知道馬可波羅說發明紙鈔像是鍊金術一樣，實在不誇張。從二〇〇六年到二〇一五年之間，美國政府藉由發行及使用新鈔，每年獲取收益達國內生產總值的〇．四〇%。在二〇一五年時，其發行收益稍低於七百億美元，這正好就是過去十年來的平均水準，占國內生產總值的一%。歐洲央行每年的發行收益為〇・五五％，按照二〇一五年的國內生產總值計算，約為六百億歐元（六百六十億美元）。當然，在金融危機之後利率這麼低，發行收益也會受到一些影響[2]，但是在政策利率摔到零之前，美國的發行收益已經達到國內生產總值的〇・二五％。（這個估算值還不包括電子銀行準備的發行收益，有朝一日紙幣若遭淘汰，電子銀行準備也會增加。政府在這方面的收益係來自各種法規因素，例如要求各銀行對存款的最低準備率，以及此等準備適用多高的利率。）

發行收益的估算

在現代環境下我們對於「發行收益」有兩種方式來思考，如果我們正在考慮淘汰紙幣的話，這兩個思考都很重要。我們前面說的關於歐元和美元的估算，是根據「貨幣

---

1 這個成本並未包括許多輔助成本（例如點數、存儲與貨幣配送的人工），但是基本上印鈔票的成本就是跟面值不成比例，詳見 Federal Reserve Board FAQs, "How much does it cost to produce currency and coin," 可見於 http://www.federalreserve.gov/faqs/currency_12771.htm；關於硬幣，請參閱 United States Mint（2014）。

2 事實上當利率從零逐步上升後，貨幣需求可能隨之縮減，幾年後美國聯邦準備委員會可能需要把美元買回去，以防止通貨膨脹。

發行收益」的直觀概念。[3]這個概念說的是政府藉由印鈔票來支應透支可以做到什麼程度；這當然就是中世紀國王對於鑄幣利差的想法，雖然印鈔票還是為了許多目的，但重點就是這個。回頭再看美國的情況，如果通貨膨脹是二%，那麼民眾持有的一．四兆美元紙幣供給（包括金庫現金）被抽的通膨稅是二百八十億美元，相當於發行收益的三分之一以上。

現代的發行收益雖然不像中世紀那麼粗暴，但其實還是同一回事，只是政府不是直接印鈔票買東西，而是分成三個階段。第一階段是政府出現透支（相對其稅收），因此發行附息債券來彌補差額。第二階段，中央銀行——這是政府獨資的分支機構——發行電子銀行準備（這是等同現金的電子貨幣），並利用其收益收回政府債券；長期上中央銀行這個操作都會賺錢，因為它買進的長期債券利率通常會高於其發行的銀行準備利率。第三階段，中央銀行扣除支出後把所有利得轉交給政府。這三個階段都非常文明，要是央行可以保持超然獨立，那麼這套制度也絕對不只是裝模作樣的表面功夫，我們在第十二章會再詳細討論。不過要從會計的角度來看，這三階段其實也就就等於政府直接印鈔票買東西。〔我們偶爾也會發現，有些專制的民粹政府到現在還是用中世紀那一套做法，精細微妙的公開市場操作全免了，就由央行印鈔票交給政府支應開銷。例如阿根廷基西納（Kirchner）主政的二〇〇三年至二〇一五年就很少考慮到央行的超然獨立。〕

雖然從貨幣發行收益來計算最是自然，但還有第二種方法來估算，有時稱之為「機會成本發行收益」。這第二種方法就等於是問說：要是政府放棄貨幣壟斷，不印鈔票而只靠借錢來彌補透支（就跟我們這些窮光蛋一樣），那又是如何？在目前利率極低的情況下，美國財政部在二〇一六年三月銷售債券平均利率也只有二．〇三%，因此債務要是再增加一．四兆美元，每年成本即是二百八十億美元稍多。[4]不過銷售公債的利率如果是更「正常」的四%（也就是有二%的通貨膨脹，二%的實質所得成長），那麼機會成本發行收益在名目上即高達五百六十億美元（但實質上，扣除通貨膨脹之後，附息債券的成本還是每年二%，也就是二百八十億美元）。

圖6-1顯示貨幣方法計算下，各國貨幣發行收益占國內生產總值的平均比例。瑞士和新加坡分別為〇．六〇%和〇．六二%，與歐元區平均收益〇．五五%相近似。加拿大和英國比較少，只有〇．一八%。中國並未在表上列出，因為目前可用的數據資料還不夠多，但是最近幾年來紙幣的發行收益平均為每年占國內生產總值〇．五%，位列美國與歐元區之間。[5]最近幾年來，因為利率水準極低，大多數國家的發行收益幾乎都擴大了。一旦利率回復正常水準，美國的發行收益可能會回降到穩定狀態，為國內生產總值

3 Neumann（1992）；關於發行收益機會成本的定義問題，參見 Schmitt-Grohe and Uribe（1999）。

4 US Treasury Direct, "Interest Rates and Prices," 可見於 https://www .treasurydirect.gov/govt/rates/pd/avg/2016/2016_01.htm。

圖6-1：發行收益占國內生產總值的比例，2006年至2015年平均值

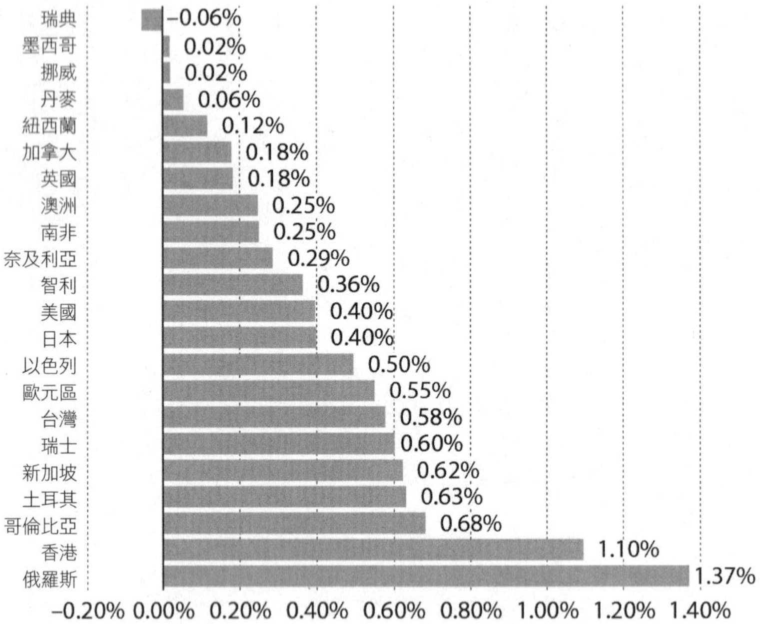

資料來源：國際貨幣基金《國際金融統計》；及各國中央銀行，
挪威的資料為 2006 年至 2014 年。

的〇・三%，然後只有在調整期之後，當民眾的投資組合捨現金而就附息資產時，發行收益才會降低甚至轉為負值。俄羅斯的發行收益很高，但原因不太一樣：俄國政府因為通膨率高而獲得較高收益，它的貨幣基數非常龐大，這也是因為貪腐體系通常都喜愛使用現金。

即使是在目前這種偏高的水準，如圖6-1所示的發行收益占國內生產總值的比例，也遠遠低於前述第五章估算的逃漏稅。對於美國來說，光是聯邦稅的逃漏就有二・七%，要是再加上各州和地方稅也許又會再高出一個百分點。況且如同第五章所述，逃漏稅的情況在歐洲可能更嚴重。

特別值得注意的是瑞典，從二〇〇七年以來，民眾對紙幣和硬幣的使用都降低了，不僅是發行收益相對於國內生產總值的比例而已，也因此以這種方式衡量的貨幣發行收益才會是負值。[6] 事實上瑞典央行確實也早就開始討論，認為身為央行應該把重心放在國家整體經濟的長遠健全，而不是它的損益表。[7] 在二〇〇八年金融危機之後的經驗中，瑞典的狀況算是相當獨特，但如同前述，我們也很容易就可以想像，一旦利率開始恢復

5 中國的資料只有二〇一三、二〇一四及二〇一五年的發行收益，資料來源：中國人民銀行。過去曾有研究估算，歐洲若改換為電子貨幣可能的發行收益損失，參見 Boeschoten and Hebbink（1996）。

6 關於瑞典貨幣需求自二〇〇七年逐漸降低，詳見 Jochnick（2015）。

7 參見 Jochnick（2015）。

正常水準，貨幣需求暫時回縮，這時候別的央行也可能出現相同現象。不過請注意，要是採用機會成本定義的話，瑞典央行在這一段期間內也大致擁有發行收益，關於瑞典的經驗，我們會在第七章以專題說明。

幾十年來，各國發行收益占國內生產總值的比重一向溫和。有些歐洲國家在一九七〇年代通貨膨脹飆揚之際，紙幣的發行收益的確是比較高，例如在一九七四年至一九七八年間，希臘每年的（銀行外）貨幣收益是二．二％至二．七％，義大利每年也有一．一％至一．四％。[8] 但如今支付媒介有多種替代，包括簽帳卡和信用卡等等，若是沒有通貨膨脹意外暴衝飆升，大多數經濟先進國家的發行收益也不太容易再次出現那麼高的水準。

會縮減多少發行收益？

要是淘汰掉大多數貨幣的話，那麼剩下來的貨幣有多少發行收益，要看它們受到民眾的使用程度而定。比方說，美國如果只淘汰五十元和百元美鈔，我猜想貨幣供給的發行收益會大幅縮水，因為剩下來的小鈔在地下經濟中並不像大鈔那麼受到歡迎。在二〇一五年年底時，十美元以下紙幣的供給只占三％，就算包括二十美元紙幣總共也只有一六％。[9]

假設美元流通總額減少五〇%。如果全數回收那些紙幣之後，還是需要發行特別公債來補充，那麼貨幣供給額還是七千億美元。要是剩餘貨幣的需求也跟過去十年來的成長速度一樣，美國聯邦準備委員會每年還是可以賺到三百五十億美元，足夠支應它在二〇一五年經常預算四十三億美元的好幾倍。

就算紙幣發行收益完全消失，中央銀行還是可以從電子銀行準備賺到錢，確切收益取決於它支付給各銀行的利率，與央行在其資產上賺取利率的差距。我們可以想像得到，如果是在貨幣完全電子化的世界（低收入者都能收到大量補貼的簽帳戶頭），央行中各銀行的準備需求將會上升，而且可能是大幅上升。這個過程幾乎也不必借助外力，政府本身就有許多監管手段可以利用，例如比過去更嚴格限制貨幣市場基金，這在目前仍是監管迴避之處。

在極端情況下，政府還可以採用一九三〇年代的「芝加哥計畫」，基本上就是讓各銀行獲准發行貨幣類工具，只要備有百分之百的公債做擔保，可能也包括留存央行的準備。[10]這個計畫的名稱所指涉的是芝加哥經濟學家，包括亨利・西蒙（Henry Simon）、

8 估算值的基礎資料，參見國際貨幣基金《國際金融統計》。

9 Board of Governors of the Federal Reserve System, "Currency in Circulation: Value," 可見於 https://www.federalreserve.gov/paymentsystems/coin _currcircvalue.htm。

10 參見 Benes and Kumhoff（2012）and Kotlikoff（2011）。

佛蘭克·奈特（Frank Knight）、米爾頓·傅利曼（Milton Friedman）和歐文·費雪（Irving Fisher；這一位其實是耶魯大學教授），他們提出「狹義銀行」（narrow banking）的主張，以減少道德風險的問題並消除銀行擠兌的風險（假設政府本身沒有破產的問題）。芝加哥學派的計畫可說是金融體系的極大變革，將徹底改變經濟中資本流動的方式。通過擴大政府獨占零售交易媒介的範圍，政府可以籌集大量資本，等於是攫奪民間銀行體系主要的籌資機制。事實上，根據某些研究估算，各銀行法定準備總額可以達到國內生產總值的一八〇％，用來取代所有其他政府債券還綽綽有餘。[11]我們可以想像，在這種情況下政府會購買其他資產來供應必要的「安全」公債，那麼像放款給中小企業等替代市場的做法，就可能會因為捆綁貸款而衍生出更多資金。[12]芝加哥計畫的做法是相當極端，但重點在於政府本身就有許多手段來增加銀行準備，因此它在電子貨幣加收的發行收益足以彌補紙幣收益的減少，而且順帶一說，這麼做的話金融體系的穩定性是只增不減。

以附息債券替代紙幣的成本

現在大家似乎以為，政府要是完全淘汰紙幣，就不得不放棄貨幣上的發行收益和機會成本上的發行收益，因為不再發行新貨幣，顯然貨幣的發行收益是沒有了，但與此同時，它也必須發行普通的附息債券，才能回收那些要淘汰的貨幣。以美國的貨幣總額占國內生產總值七・四%來說，當貨幣全數淘汰之後，其債務占國內生產總值的比例也會增加七・四%。就像我們之前已經算過的，以目前超低利率條件下這些政府債務名目成本大概也是二百八十億美元。假如通貨膨脹率也是二%，那麼實質債息負擔就是零，因為政府可以讓債務（用於回購貨幣）的成長維持在二%，而不會改變它的實質（即經過物價調整）價值。但正如我們剛才討論過的，利率上揚的機會多得是，債務融資的成本也會因此提高。如果國債利率平均是四%，而通貨膨脹率為二%，那麼政府每年有二百八十億美元的實質負擔，放棄發行收益短收七百億美元，全部加起來達到九百八十億美元。（要是經濟呈現實質成長，那麼償債成本占國內生產總值的比例也會隨著時間而縮小。）

事實上，這樣算可能是高估了。如果政府債務的平均實質利率上升到二%或三%（從目前近乎於零的水準），貨幣的發行收益可能會大幅下降，甚至回落到金融危機前每年三百億美元的水準；甚至也可能會是長期的負值（就像瑞典那樣），因為利率較高，使得投資組合的紙幣分量減少。淘汰紙幣的成本，包括此消彼長的制度調整、諸多不確定

11 Benes and Kumhoff（2012）。

12 我個人更喜歡另一套計畫，它大致上是維持現有體制，但強迫金融業者多在股權市場（equity market）籌資，而非債務市場（debt market），詳見 Admati and Hellwig（2013）。

因素和預期之內的淨成本，也都需要適當地加以評估才行，但一般來說，如果希望通貨膨脹持續受到控制的話，政府還必須發行債券以彌補貨幣供給上的削減。

不過這裡有個重要的細微差異，我現在就要拿出來討論，而不須等到第七章詳細說明淘汰多數貨幣的規畫時才講。即使是完全淘汰紙幣，也未必能回收所有要淘汰的貨幣。這很大程度上是取決於政府要怎麼讓地下經濟交出他們私藏的大量現金，現在的反洗錢法規已經要求銀行針對大額現金存款必須進行通報，毒販可沒辦法高高興興地走進銀行存款一千萬美元，而不引發當局的注意。

在標準貨幣轉換的過程中，政府必定要向每個人保證現狀會繼續維持，以免民眾對未來新貨幣的需求遭貶損。假設日本決定創造「新日圓」，價值是舊日圓的一百倍，現在日圓兌美元大約是一百比一，因此新日圓的匯價大概就等於一美元。為了實施貨幣改革，政府要用新的百圓鈔交換舊的萬圓鈔，以五十圓新鈔交換舊的五千圓大鈔，如此等等。國家政府常常在經歷長期通膨之後重建貨幣，例如二次大戰以後就有許多例子；當然政府也趁機教訓過去那些為非作歹的傢伙，讓他們在兌換新鈔時遭遇困難，但之後那些黑錢也許就對本國貨幣更加猜疑，使得日後發行收益因此縮水。所以在正常的貨幣轉換過程中，政府通常會讓新舊現金的兌換更容易。

但是國家如果是真的準備淘汰紙幣，其實不必太擔心未來的貨幣需求遭到減損，反而因此能站在更有利的立場，對黑錢採取更積極的措施。我的猜想是這樣的，就算有適度的申報要求，還是有相當數量的貨幣不會釋出轉換，這一部分也許是一〇%或更多。要是政府堅定維持更嚴格的申報要求，就像現在對於大額存提款的申報，很可能有二〇%甚至更多的現金永遠不會再出現。這個比例的多寡，當然是要看轉換時限的長短，還有一些確切條件等等的設置而定。顯然地，如果說歐元區嚴格要求大額現金申報，在淘汰五百歐元鈔票時絆住黑錢，罪犯也會更加猶豫是否轉換囤積二百元歐元鈔，因為他們也會想到未來一旦淘汰二百元鈔票時又要碰上一樣的困境。

即使忽略這一個細微差別，就算回收貨幣的債務融資實質成本（即經通膨調整）增加，淘汰貨幣後追回的逃漏稅，至少仍然足以彌補發行收益的損失，就算是在最極端的狀況下，政府以面額贖回所有的黑錢，這個改革照樣是利大於弊。以美國來說，政府的中期實質收益損失的合理範圍，大約是在國內生產總值的〇．三%（假設債券的實質利率為零且發行收益縮減有限）到〇．六%（假設發行收益仍為國內生產總值的〇．四%，但實質利率上升至三%）之間。一個微妙的重點是：雖然我們還沒評估果斷打破零利率下限的潛在利益，但要是名目利率不能長時間保持極低的話，這個利益也許是特別重要。況且這還是我們估算中，現金需求和貨幣發行收益偏高時的情況；此外從電子貨幣準備中，我們可能也可以獲得更多發行收益，這一部分在現金較少的情況下應該會增加。

就歐洲而言，因為地下經濟規模比較龐大，尤其是幾個周邊國家，最近的貨幣發行收益占比更高（約占國內生產總值的〇．五五%相對於美國的〇．四%），貨幣供給額占國內生產總值的比例也較大（一〇・一％相對七・四％）。因此，淘汰貨幣的實質成本占國內生產總值的比例會更大，也許是從〇・四％到〇・八％不等。然而淘汰紙幣的好處，尤其是提高稅收方面，應該也會更明顯，事實上歐洲淘汰紙幣的淨收益很可能遠遠大於美國。

美國和歐元區也多少有點例外，因為它們的貨幣有很大的海外需求。如果是貨幣主要為國內需求的經濟先進國，淘汰紙幣的利益估算可能會更加引人注目。加拿大和英國的發行收益都不及美國的一半，跟歐元區比起來更只有三分之一，因此這兩國淘汰紙幣的機會成本，相對也較少。至於日本的話，最近的發行收益只有國內生產總值的〇・四％，不過它的貨幣供給占國內生產總值的比例則是大得多，將近一九％（參見圖3-4）。如此一來，日本若是發行債券來回收紙幣，對實質利率的浮動就會相當敏感，估算其每年實質成本，低檔可能只有國內生產總值的〇・三％，但高檔則達〇・九％，不過低檔數字可能比較有意義。日本目前現金持有水準極高，這幾乎肯定是反映日本二十年來名目利率接近於零的事實。要是日本債務的實質利率會維持在目前的低水準，那麼發行債券以回收貨幣的債務成本可就微不足道了。況且日本的國債水準極高（只算淨額也超過國內生產總值的一三〇％），要是實質利率從現在水準上升到三％，那麼光是債務成本的問題就要比貨幣供給還嚴重，就算是政府不會因此破產，實質利率急劇上揚也幾乎肯定會導致貨幣需求大幅縮水。

發行收益在政治經濟學方面的重要性

過去三十年來許多國家央行漸趨超然獨立，可能是一九七〇年代初期布雷頓森林體系固定匯率制度崩潰之後，全球總體經濟政策方面最具意義的重大變革。因此重要的是，如果要淘汰紙幣的話，必須保護央行不會成為政治上的拳擊沙袋，因為到時它在獲利方面將會急劇減少。發行收益除了是政府頗具分量的收入來源以外，也具備重要的政治經濟功能，可以支持中央銀行的獨立運作。發行收益的存在讓央行成為巨大的利潤中心，它藉此獲得的收益遠遠超出其營運所需，讓它有結餘回饋國庫。如此巨大的獲利能力為央行爭取到相當大的自由裁量權，它可以自行畫定必要與非必要支出的界限；這種自由讓央行得以保留總體經濟學家等專家人員，幫助中央銀行在政府中提供不尋常的專業知識和經驗積累，而這些專業知識也能幫助央行有所準備，可以更完善地對付危機。因此我們也應該要問這個問題：如果我們允許紙幣發行收益減少，央行又要如何維持它的超然獨立呢？

央行的獨立性的確是非常重要的問題，但只要各銀行在央行中必定存有電子準備，而且也是銀行間金融交易的媒介，央行應該就能夠從電子貨幣獲得足夠的發行收益，在大多數狀況下也足夠支應其營運。當經濟體轉化為現金較少的過程中，也可以由國庫成立專責機構來吸納大多數貨幣，以保護央行不必承受過重的負擔。儘管淘汰貨幣時，央行獨立性可能要面對種種挑戰，但是現在央行的巨額收益其實是來自地下經濟和犯罪活動帶來的貨幣需求，就此而言實在也不能自圓其說。

CHAPTER 7

淘汰多數紙幣的計畫

說完紙幣的嚴重缺點以後，我們要開始討論淘汰（大多數）紙幣的實際問題。我這麼說可能有人覺得為時尚早，因為除了發行收益之外，關於紙幣的諸多優點也只是約略提過，例如保護隱私；此外關於停電及其他緊急狀況該如何處置，網路犯罪的安全問題；還必須為沒有銀行帳戶的低收入戶提供交易媒介；同時也需要完成專家所說的交易即時清算；最重要的是，還有習慣問題要解決，很多人就是不想碰上任何種類的變化。以上這些問題拖到現在才處理，主要是因為它們在具體討論的背景下會比較容易說明。

我們這裡的提案是由三個指導原則來驅動。首先，最終目標是要讓重覆且大額的匿名、難以追踪的交易變得越來越困難。與此有關的是，淘汰紙幣也是為了讓祕密運輸、儲存大量現金越來越困難，以大量減少逃漏稅和犯罪活動時的現金使用。在大多數情況下，大型合法交易中使用現金也顯得越來越落伍且不必要，至少在經濟先進國家中是如此。

第二，轉化的過程必須慢慢來，時間至少可以延長到十年至十五年。漸進推展有助於避免過度滋擾，讓各機構和個人有時間適應。若是過程中產生一些新問題或出現新選擇時，也能讓當局有時間進行調整和處理。這是很重要的一點，因為過渡期很長，新技術和新問題顯然都會出現，因此任何務實的計畫都必須要考慮到這個可能性。

第三，窮人和沒有銀行帳戶的人必須要有基本的借記帳戶（或未來相同功能者），可能也需要基本的智慧型手機，這方面有幾個國家已經辦到或正在考慮。這個成本理想上是由政府直接負擔，不過也可以丟給銀行，反正到最後它還是會轉嫁給付錢的客戶。目前體系中的「金融排斥」（financial exclusion）現象，窮人參與其中的成本高昂（例如開支票或匯款的費用都比較貴），因此更需要在當前體制中讓他們更容易獲得金融服務。這麼做的成本跟實施全民健保相比還算少，但未來的好處很大。

至於隱私權，重要的是必須把免受政府窺探和針對其他親友、雇主或私人實體保障隱私這兩種情況分開處理。當然我們都會有一些支出或收入不想讓配偶、父母或朋友知道。政府應該允許這種類型的交易，只要它們不會變成經常性的大額交易，而且完全不讓政府知道。這裡頭需要一些方法允許較為小額的祕密支出，就算政府也不必樣樣都要曉得，比方說最高幾百美元甚至更高一點也無所謂。

原則上，最終目標就是在以下兩者之間找到平衡：一方面是允許小額的匿名交易，同時迫使匿名的大額交易只能使用流動性低、成本高的交易媒介，而不是現金。現在的制度在這方面就是難以找到適切的平衡，我要再次強調，這裡的建議只是就具體方式來說明一般原則，裡頭當然有很多精緻設定和改善空間；而目標並不是要消滅所有的非法活動和逃漏稅（這種想法並不切實際），只是要讓匿名從事非法勾當更加困難和成本高昂。

在本章稍後我們還會談到許多實務上的問題，諸如「萬一停電怎麼辦？」或是「淘汰紙幣會不會讓我們更容易受到網路犯罪的侵害？」等等。事實上大家如果反對改變的話，總是可以想到無止無境的理由，但大多數的反對意見都相當膚淺，而且很容易處理，特別是過渡期較長的話。

關於負利率政策的問題，我們也會留到第二部分再討論。首先可說的是，在淘汰紙幣之後，也完全可以禁止央行設置負利率（雖然這麼做是錯的），而淘汰紙幣當然更是實施負利率最好的辦法，但除此之外還是有其他方法可以做到這一點，我們會在適當的時候再來討論這些替代方式。重要的是，這裡頭其實也有許多方法可以組合使用，尤其是在淘汰紙幣的過渡階段。如果是要以實施負利率作為中心目標，就需要進一步的轉化和調整，才能使負利率政策充分生效。

現在讓我們從長期的觀點，來看看國家可以怎麼做。當然我要再次強調，這裡的規畫在於說明想法，實際上都可以進行各方面的改善和調整。

無紙幣的長期運作

1. **淘汰紙幣**：逐步淘汰所有紙幣，從五十美元以上的紙幣開始（或包括等值外幣），然後淘汰二十美元紙幣，只留下一美元、五美元以及（或許）十美元紙幣。這些小額紙幣可以無限期流通。到了最後階段，再以相當重量的等值硬幣代替小鈔。
2. **全面推行金融普惠**：政府要讓所有人都擁有基本功能的簽帳卡或智慧型手機帳戶，這可經由銀行推展或政府提供選項。在建立全民帳戶之後，政府資金移轉直接進入這些借記帳戶的做法，即可充分實現。
3. **隱私保護**：設定監管與法律框架，讓完全不被政府查知的大額支付不容易用其他方式進行。
4. **即時清算**：這是個技術性重點，政府要協助建立促進發展支付基礎設施的「軌道」，讓大多數交易都能夠達成（或接近達成）即時清算。

以下依序討論各項。

淘汰紙幣

最大面額的紙幣現在問題最大，應該最優先淘汰。以美國來說，最大面額鈔票是指五十美元和百元美鈔，最簡單的辦法就是比照加拿大的方式，它從二〇〇〇年開始就逐步淘汰一千加元的紙幣，或者也可以師法新加坡，它在二〇一四年開始逐步淘汰一萬星幣的紙鈔。瑞典在二〇一三年也開始淘汰一千克朗的紙幣，我們會在七．一的專題欄位詳細介紹。美國可以逕行停止印發新的百元美鈔和五十美元鈔票，並指示金融機構把收集到的舊鈔送回央行交換和銷毀。這樣進行一段時間之後，大鈔在整個貨幣供給中就會慢慢減少至一小部分。順便一提的是，有些聰明讀者可能會問說，在這個轉換過渡期間大鈔會不會反而漲價，因為大鈔既已供給不足，且央行也不準備再印發新鈔來維持它的市場價格與面額相等，如果是這種情況，像「矮子」古茲曼那樣的毒販和黑道說不定反因持有現金而獲得龐大的資本利得。幸虧這個狀況是不會發生的，因為持有大鈔的人更擔心政府會要求資料申報，例如不管任何人拿進銀行時都必須進行通報，或者更嚴重的是他們擔心那些鈔票被宣布失效。因此事實上那些大鈔不太可能漲價，反正可能需要打折拋售。

逐漸淘汰大鈔可以花上幾十年的時間，但也有更快的辦法。比方說政府可以指定日期，明定過期作廢。大鈔持有人可以在期限之前拿去民間銀行或政府的地方機關交換其他貨幣。拿去聯邦機構進行交換，也許在某個額度下可以獲得免費服務，額度以上則需要一些處理費用；而民間銀行也可以酌收手續費來支付文件作業、篩檢假鈔和其他安全事務的費用，手續費上限則可由法規設定。政府也需要跟外國央行合作，讓持有人在國外也能進行換幣；外國人也可以帶著現金來美國交換，但要配合一萬美元以上必須主動申報的入關規定。

換錢的期限要先決定好，為了討論不流於空泛，我們就說限定兩年內可以在民間銀行兌換，但更長期限（比方說七年內）可以去各區的央行分行兌換。這種辦法其實也就是標準的貨幣改制計畫，一開始讓大家都很方便，但時間拖得越久就會越麻煩，要去更遠的地方換錢，要填更多表格，揭示更多資訊，尤其是要換很多錢的話。

過去歐元區國家轉換傳統貨幣（即德國馬克、法國法郎、義大利里拉等）為新歐元的過程，也可以對淘汰計畫提供有用參考。但就像我們在第六章所言，政府在淘汰紙幣時，對攜帶大量大額鈔票的民眾，不管他們是要換成小鈔或電子貨幣，都可以更積極地要求他們提供更詳細的資訊，因為政府到時要做的是廢止紙幣發行，而不是要轉換為新貨幣，因此不必擔心會貶損未來新貨幣的需求，可以更為強力地執行法律。

面額較小的鈔票可以無限期流通，例如在進行轉換的前二十年。到最後一個階段，可選擇要不要做，但我是如此推薦：讓小額鈔票也一併轉換為電子貨幣或新鑄造的五美元及十美元硬幣。這麼一來，要攜帶或隱藏比方說一萬美元甚至更多的話，也就不是那麼容易了。[1]

小鈔全部換成硬幣，就是要讓替代更困難，本來只要能淘汰大鈔就很有用了。一百萬美元的百元美鈔重約十公斤，疊起來的話大概一百零九公分高，放進一個大型購物袋剛剛好；但若是二十元鈔的一百萬美元，顯然重量和體積都會變成五倍；如果是十元鈔，一百萬美元會是一百公斤重，全部疊起來將近十一公尺，而且不管是點數、驗證、處理和儲存都要消耗更高的成本。當然用小鈔來做代替也不是不行，但是重量、體積都會變大，儲藏空間也會比較昂貴，況且到最後如果全部換成硬幣的話，它的重量和體積可就不是紙幣可以相提並論的囉。只要經過謹慎地規畫，硬幣重量在平時日常交易不會顯得不便，但要是拿來進行大量運輸或匿名交易可就很困難了。

未來必須仰賴硬幣的靈感是來自古老中國，由於以前的硬幣是由鐵和其他更重的賤金屬鑄造，而非真金白銀，所以大家會很快地接受紙幣。未來如果出現經濟大衰退時，央行也許被迫得在短期間內採行比較嚴厲的負利率政策，到時硬幣在大量點數和儲存時的成本必然比現在還高得多，那麼即使央行採行必要程度的負利率，也不怕大家轉換為

1 當然未來只有硬幣時，在運送和點數上也會有更好的技術應用，但非常大量時還是很不好使用。關於大量硬幣的困難，參見 Alicia Tan, "Chinese Woman Drives Truck Carrying $82,000 in Coins to Deposit in Bank," *Yahoo News*, March 16, 2016，可見於 https://uk.news.yahoo.com/chinese-woman -drives-truck-carrying-082211877.html。

現金。我的猜想是，只要把最大額的鈔票限定為十美元，就足以讓央行在一般時間採行相當幅度的負利率（比方說負的三％），而不會引發資金從國庫券逃到現金的現象，甚至有可能負利率的幅度還能更大，只是時間上會短一些。如果有必要的話，也可以採取其他措施來提高大規模囤積貨幣的成本，例如規定再存入金融機構時要收手續費，或者（在極端情況下）還有些更複雜的辦法我們會在第十章討論。紙幣的數量一旦減少之後，即使讓它變得更少、更不方便使用，民眾也能很快接受。

應該要注意的是，現在主流的私人支付媒介已經提供小額交易的準匿名機制，比方說採用預付卡。而隨著現金逐漸被淘汰時，重要的是加倍努力阻止這些支付方式成為匿名轉移大額資金的替代辦法；事實上一些主要國家的政府已經在注意這件事。

最後，有人可能會問：一旦紙幣不再被正式經濟（即合法經濟）接受之後，有什麼可以阻止罪犯彼此之間使用百元美鈔做交易嗎？當然這樣的習慣可能還會出現，但正如本書幾處所指出的，要是那些替代媒介不能拿來購買一般商品和服務，其流動性和價值都會急劇降低，因此擔心黑道繼續使用百元鈔的問題應該也不大。明白地說，到時百元美鈔如果沒有很大的折扣可能也不會拿來做交易，那麼對於罪犯來說它可就不像過去那麼方便使用了。事實上，那些廢棄的百元美鈔會一直變得很不方便，而且也很難處理。就算真的出現一個百元美鈔的市場，應該也會很快地被邊緣化。

全面推行金融普惠

原則上來說，現在要淘汰現金也不需要額外的新工具，尤其是不需要加密貨幣。事實上交易可以轉移到簽帳卡進行，現在就已是如此。隨著時日一久，轉移到智慧型手機的交易大概也會越來越多[2]，現在的主要問題是，那些沒有銀行帳戶的低收入者該怎麼辦。低收入戶和個人可能因為種種原因沒有銀行帳戶，包括無法符合最低存款要求、繳不起每月服務費，或者是因為住在低所得地區而不得地利之便。

根據美國聯邦儲蓄保險公司（FDIC）調查，二〇一三年超過八％的美國家庭沒有銀行帳戶。[3]另有二〇％鮮少與銀行往來，這表示他們還在使用銀行系統之外的金融服務，包括預付卡、發薪日貸款、當鋪和票貼等；沒有信用卡的成年人更高達二五％以上。

不幸的是，不跟銀行往來的成本很高。票貼服務通常收取過高的費用；例如外來移民需要匯錢到國外，交易成本可能高達一〇％至一五％，甚至更高；在家裡儲存現金和攜帶外出，也都大大增加了盜竊的機會。[4]在受監管的金融部門之外，遭到詐騙的風險

---

2 關於身分展示的技術問題非常微妙而複雜，在隱私和安全之間存在重要的此消彼長，對於這個正在不斷演變的問題，可參見 Birch（2014）。有個想法是說，找到方法讓必要的資訊揭示減到最少，透過假名和代幣來進行私人的雙邊交易，只有政府和可信賴的中介機構才能透過那些資訊追蹤到雙方的法律身份。

3 Federal Deposit Insurance Corporation（2014）。

4 參見 Wright et al.（2014）。

更是高出許多。窮人雖然使用現金比較方便，但是總體來說，他們是被排除在金融體系之外，也意味著獲得基本服務的成本較高——總而言之，此一現狀實在非常落後。

長期的解決方案是由政府提供補助，讓窮人也能獲得金融服務，讓他們可以跟一般人一樣取得電子貨幣，同時有助減少一些跟金融排斥有關的成本。原則上可以讓他們在受到監管的銀行部門取得服務，或者是由政府機關來提供基本服務。比方說，基本帳戶可以設定一定交易次數以上才有最低餘額的限制，而且限額之外的交易只收取適度的費用。補貼低所得者的電子貨幣帳戶，費用應該相對較低，每年大概只需三百二十億美元（若以每年補貼八千萬個基本帳戶，每個帳戶四百美元計算）。[5] 況且這筆費用也可以轉移給銀行，迫使它們提供幾乎免費的基本借記帳戶，事實上有些國家已經這麼做；當然這等同於是一種隱形的稅，最後都會轉嫁給其他存款人和借款人。

各位要是覺得提供這樣的基本服務聽起來花很多錢，請記住，這樣的計畫是在建立全面電子支付的過渡背景下，到時在稅收方面可以更加健全，政府整體也能獲得更多歲收。不再使用現金也有助於減少犯罪相關的支出；強化金融普惠也能扭轉國內分配不均，帶來許多間接利益。全面引進簽帳卡最簡單的方法，就是政府的福利支付率先電子化，包括丹麥等部分國家已經這麼做。

考慮到負利率的可能，政府可以保證大家在銀行的帳戶裡頭，一定的存款數額（比如說一千美元至兩千美元）可以不適用負利率，這對貨幣政策的負利率操作應該是不會有太大影響。

不過要注意的是，有些人沒有銀行帳戶是刻意不想接觸金融體系，但他們的理由跟逃漏稅或犯罪活動無關，以我們在此的提案來看，這些人還是可以使用小鈔、硬幣、珠寶、貴金屬和受管制的加密貨幣等媒介來保有私人財產。儘管社會邊緣的民眾確實需要一個安全閥，但這不是維持紙幣系統的好理由，因為它對整個社會帶來的害處實在是太多了。

不管是否轉向電子貨幣，行動電話和網際網路都已經讓金融服務起了革命性的變化，可以用來幫助窮人。手機銀行業務在非洲取得巨大進步，網路貸款業務也正在挑戰銀行作業的標準模式；這讓我們聯想起古代中國似乎發生過類似的例子，因為劣質貨幣反而激發出交易技術的進步，也就是紙幣的發明。不過我們這本書無法針對銀行服務徹底檢討，如今應該先理解的是，這樣的現狀窮人不但無法受益，反而造成種種阻礙讓他們不能享有現代銀行業務的好處。相對適度的補貼可以改善這種不平等的現象，貧困社區也會因此獲得許多額外的好處，特別是因為犯罪活動的減少，這很可能會隨著淘汰現金而來到。

---

5 報導指出，銀行支票帳戶的維持成本，扣除其他收益之後，平均是每年二百五十美元至四百五十美元不等，詳見 Victoria Finkle, "Free Checking Isn't Cheap for Banks," *American Banker*, December 9, 2011。

當然啦，魔鬼藏在細節之中，這裡頭還有很多地方要注意，但是請各位記住，我舉例說明的計畫允許在更長期限內保留小鈔流通，所以就算碰上一些特殊問題都有足夠時間來解決。我也認為政府應該設置一個提供補貼簽帳卡的機構，因為總有一些人就算獲得政府補貼，也照樣無法得到民間部門的服務。關於家戶帳戶該怎麼設計才能適切地符合政府法規，還是有一些基本問題尚待解決，不過留存的小鈔和硬幣一定要夠，至少要讓小朋友們可以去商店買顆蘋果吧。

隱私保護

在淘汰紙幣的同時，最根本也最困難的問題是，要怎麼在個人隱私保護和政府執法、收稅及打擊恐怖活動之間保持平衡。這個重要而微妙的問題需要多方關注，也遠遠超出紙幣角色討論的狹窄範疇。[6] 不管大家對美國隱私權提倡者、前國家安全局外包人員愛德華·史諾登（Edward Snowden）的看法如何，從他洩露的情報發現，政府的竊聽能力已經到達過去以為是科幻小說的境界啦！而且這個狀況其實只會越來越厲害吧。政府嚴密監看手機和電子郵件，如今已經演變成大家關心的問題；電話和汽車中的全球定位系統（GPS），也讓大家的行蹤無所遁形。不管是在倫敦、紐約或北京等大都市，街上的保全攝影鏡頭無所不在，再結合超強運算能力和海量資料庫以後，政府侵犯隱私的能力已經不是二十年前可以想像得到。

而且改變隱私景觀的也不只是政府的監看而已。因為資訊儲存和分類技術成本驟降，科技業和零售業大公司會把你每次滑鼠點擊記錄下來，手機業者也能透過基地台的轉換記錄你的行蹤，社群媒體網站更是掌握了你所有線上資訊；且這些資訊被買賣交易的個案也是屢傳不鮮，過去二十世紀那種隱私權觀念似乎已經不太符合這個時代了。[7] 如今整個科技領域都針對隱私議題展開熱烈而持續的爭論，政府是否可以強迫民間業者分享它專有的資料庫，是否可以販售沒有後門的加密通訊裝置給民眾，讓國家就算以國安或犯罪調查為由都無法解開裝置的資訊……。這條隱私與治安之間的平衡線最後會怎麼演變，一定會對匿名交易技術的發展帶來深遠影響，也一定會影響到我們將在第十四章討論的加密貨幣議題。現在各國政府對於這個領域都面臨怎麼在監管和促進創新之間取得平衡的問題，不過大家不必懷疑，政府現在就擁有所有的必要工具可以防止任何替代交易媒介持續深入滲透合法經濟，從而大幅貶損其價值（相對於現在的現金）。

理論上，政府本身就可以提供不會洩密的個人借記帳戶，但不幸的是，這個承諾可

6 大家都知道現在關於隱私保護和交易技術的討論已經越來越重疊，比方說可以參考 Birch（2014）。

7 因為數位儲存成本幾乎就是零，民間企業和政府都樂於收集、儲存和處理越來越大量的個人資訊。這個發展對於整個社會必定帶來深刻影響，詳見 Michael Fertik 與 David C. Thompson 的共同著作 *The Reputation Economy*（Fertik and Thompson, 2015）。

說是一文不值。各位只要想想政府過去淨幹些什麼事，誰會相信那種承諾啊！政府絕對不會創建一個加密系統，又不會想要搞出一副鑰匙的。而且政府要是擁有那把鑰匙，也一定會找到時間用它。如今各國政府都已針對犯罪和恐怖活動嚴密監看銀行的交易，各位可以預期未來任何類型的借記帳戶以及任何跟金融體系連接的交易技術，最後也必定會看到政府的身影。

也就是說，各位可以想像政府建立一個交易系統，民眾在裡頭相互之間是匿名的，而且政府要拿到交易資料也受到嚴格限制。比方說，大多數國家的報稅資料都會受到嚴密保護，原則上就是把這個基本權利再擴大，也許是限制小型的個人帳戶裡頭可以存放多少錢。這種系統必須經過壓力測試，看看它是否真的可靠，例如在兒童監護權的訴訟中，政府是否可能被迫公開兩造的任何私人交易資訊？

即時清算與個人對個人交易

紙幣在許多個人對個人（P2P）交易中還是比較方便，它的「即時清算」就算是現在的電子支付機制也難以完全複製。一般的信用卡和簽帳卡需要一天時間才能完成清算，因此而產生的交易風險雖然透過監控可以減少但無法完全消除，因為一些商家只處理延遲的費用。個人識別碼（PIN）保護的簽帳卡幾乎可以做到即時清算，但目前美國並不是所有商家都有能力接受這樣的交易；要是買家或賣家無法隨時備有信用卡和簽帳卡的讀卡裝置（例如「Square Cash」可以讓街頭商販的平板電腦變成刷卡機），那麼還是沒有完全令人滿意的方式可以替代現金。當然現在電子科技也持續在進步中，正在消除數位支付的種種限制，例如「Venmo」、「Google」電子錢包和「Square Cash」等應用程式都可以讓我們開支票給另一個人，並且以合理的速度進行清算；更不用說一些大企業像微信和臉書也都已進入這個領域。「P2P」的選項很可能會快速增加而且大幅進化，事實上現金獨占優勢的交易範圍正在慢慢減少。（有幾個國家已經開發出普遍使用的交易系統，丹麥是其中之一，參見專題7-1說明。）

要促進即時清算還需要進行許多變革，這些都可以通過政府行動大大加快。例如美國的自動清算所（Automated Clearing House；台灣稱為「媒體交換自動轉帳服務」）系統就全球標準來看已經是落伍了，但是到目前為止美國聯邦準備委員會也沒有投入相應的資金來更新。[8] 有些阻力是來自現有的銀行業者，因為它們都曉得電子支票清算系統升級之後用途可大了，新對手可能因此發布全新的支付系統，和現有技術競爭甚至加以取代——但是到最後這些投資和變化都會發生。在小型零售交易方面，即時清算的問題可能需要更長時間才能解決，因為固定成本的攤銷比較困難，但若是允許小鈔（以及後來

8　關於美國支付系統升級的問題討論，詳見 Federal Reserve System of the United States（2015）。

的硬幣）繼續流通即可減少許多轉型上的問題。

其他問題

外幣怎麼辦？

轉變為電子貨幣，需要在國際上取得協調嗎？如果是從全球社會福利的角度來看，跟國際取得協調是有很大的好處，我們會在第十三章進行討論，但這個也未必需要。要是從國內總體經濟的角度看，目前對於國外貨幣跨境流動早有限制，再加上金融機構對大額存款必須依法通報的要求，就已經讓外國貨幣的洗錢非常困難，因為外幣並不容易在國內花用。我們會在第十三章詳細討論，只要當局稍加注意，外幣就沒辦法填補國內貨幣留下的空白。

貨幣政策會受到影響嗎？

淘汰紙幣會讓貨幣政策的操作更加困難，甚至排除負利率的可能嗎？這些猜測完全沒道理。現代的總體經濟模型對於紙幣大多數採取忽視的態度，或者只賦予非常不起眼的角色，其實就像是多餘的。[9] 在這樣的世界中，貨幣雖然還是記帳單位，但已經失去交易工具的地位。事實上，貨幣政策還是可以跟現在一樣的方式來操作，政府設定名目債務的隔夜利率，來穩定經濟產出和通貨膨脹；電子貨幣（現在央行持有的銀行準備就是電子貨幣）也可以完美地作為記帳單位，這不會有問題的。

這是因為在經濟體沒有現金的限制下，政府——透過控制銀行準備的規模——還是可以利用名目隔夜利率來控制物價水準。這個說法在本質上是指政府實力雄厚，可以利用它的規模還有龐大的稅收潛力，即能確實地設定短期利率。假設物價具備某種程度的黏滯——因此物價水準的一些組成部分不會劇烈震蕩——那麼設定短期利率就足以讓政府對目前和預期的通貨膨脹路徑產生巨大影響，並且完全有能力操縱長期平均通貨膨脹率。前面討論的樂觀預期當然也有一些條件，雖說這些條件不大，都很容易處理，但值得在此一談。首先，貨幣經濟學家一直懷疑，跟其他政府債務（即債券）比起來，現金的獨特性其實比大多數人所以為的還要脆弱。早在一九八〇年代明尼蘇達大學的貨幣學家尼爾．華萊士（Neil Wallace）即提出一個非常有趣和挑釁的猜想，他說現金之所以特別，只是因為政府不發行面額小的債券，否則這種小額債券會在交易使用上與現金競

9 考量標準的新凱因斯總體經濟模型中的貨幣變化，當實質貨幣餘額（貨幣量除以物價水準）變得非常小時也一樣可以運作，詳見Woodford（2003）。

爭，那麼要穩定物價就會變得很困難。這聽起來有點莫名其妙是吧，但這其實是個比你想像還要大的挑戰，我們會在附錄部分探討這個問題。雖然華萊士沒有預見電子貨幣，但他的分析提出的重要問題是，如果現金完全電子化以後會怎樣？因為電子化的貨幣跟現在的債券幾乎就沒什麼差別，現在的債券也幾乎是完全電子化。簡單的答案是，華萊士所猜想的問題可能不會發生，因為現在的交易替代媒介也使用得很頻繁，例如簽帳卡等，而在此情況下貨幣價值穩定，央行也照樣操控得宜；此外我們會保留小額鈔票。不過這個猜想還是值得仔細推求，另一個更抽象但很可能很重要的問題是，「多重均衡」（multiple equilibria）是現代貨幣模型才有的。使用貨幣來做交易，而且以之為記帳單位，畢竟是一種社會習慣，任何大規模的變革都會擾亂現狀，可能導致不穩定和不可預測的後果，但是我們要說，在實務上這可能是杞人憂天，只要政府慎重其事，慢慢地來推展——不過理論上這樣的憂慮的確難以完全去除。[10]

對通膨目標最佳選擇的影響

央行可以保持目前的通膨目標（通常在二％附近），但從長遠來看，在沒有現金的世界裡頭其實也不必保留二％的通膨，因為我們根本不必為了經濟衰退而預留降息空間。央行的通膨目標可以調高或降低，但要是改變得太過倉促，成本可能會很大（我會在第九章說明）；但如果可以使用負利率的話，根本就不必擔心這件事，這也正是負利率的主要優勢。理論上，通膨率低有助於減少物價和工資震蕩時的價格扭曲，同時也可以減少稅制造成的扭曲。

發行收益與央行獨立性

這個問題第六章談過。轉換之後，因為中央銀行不再是重要的利潤中心，的確需要採取一些措施來確保央行獨立性不會受到太大影響，但這個問題其實很容易解決。誠然一旦全球的實質利率上漲得夠高，央行甚至要對銀行準備付利息，不過這些利息最後會流向存款戶，所以長期平均下來存款戶還是會賺到正的報酬率，即使利率有時候是負的。

考慮變數

本章所提建議，各位要把它當做是個說明來看待，因此根據目標設定也能做出許多方面的調整和改變。比方說要讓現金變得比較不好用，可以限制零售交易的金額上限，

10 另一個跟華萊士有關的有趣猜想是，電子化的替代媒介會讓政府拉抬通膨的意圖受到檢視，因此通貨膨脹率反而會降低。參見 Marimon, Nicollini, and Teles（1997）。

還有在紙鈔上頭明文規定到期日，讓它們只能在一定期限之內流通。正如我們之前說過的，一旦只剩小鈔或硬幣在流通，大概就能夠實施相當幅度的負利率，也不會導致資金轉為現金來躲避，其他還有許多措施可以採用，也不致於發生多大問題。而民間部門可能也會找到新方法偷偷進行交易，所以政府要繼續採取措施來提高那些替代媒介的交易成本，就像現在所做的這樣。我提倡淘汰現金，並不是說這樣就會消滅逃漏稅和犯罪活動，而是可以改善這些問題，否則現狀永遠不會改變。最後我要說的是，現在這些建議都還只是針對經濟先進國家，我們在第十三章會談到，發展中國家的條件大都尚未成熟，還沒有辦法全面提供必要的交易替代方式。此外那些體制上力量較為薄弱的國家，因為正規部門（合法經濟）的結構性弱點，非正式部門（逃漏稅和鑽法律漏洞）對大多數民眾仍是司空見慣。

對於經濟先進國淘汰現金是否只是幻想的質疑，我要在專題7-1重點介紹瑞典和丹麥的情況，它們已經採取實質措施來減少現金使用了。

專題7-1：北歐的先例

在邁向無現金社會（或者更準確地說是現金較少的社會）的過程中，北歐國家已經率先跨出一步。透過打擊犯罪和反恐措施的混合使用，再加上整個社會對於採用資訊新技術的強烈傾向，挪威、丹麥和瑞典的現金使用量已大幅下降，但與此同時卻不會像其他經濟先進國家那樣反而刺激現金持有量急劇上升，瑞典在這方面的進展尤其大。

這有好幾個因素發揮效果。像歐洲許多國家一樣，瑞典現在也開始打擊增值稅的逃漏，但瑞典政府不是像葡萄牙那樣舉辦抽獎，而是要求官方認證過的收銀機加裝特殊控制器（黑盒子）。這個黑盒子會自動下載所有銷售資訊，只有瑞典的稅務機關才能直接讀取資料。[11]同時許多瑞典的銀行和分行都已經沒有現金，也沒有提款機，這種發展有一部分是因應銀行櫃員工會提升安全的要求，因為之前曾發生過好幾次銀行搶案；同時支付技術也大有進展，例如「P2P」即時支付系統。

淘汰最大面額的一千克朗紙幣（約一百一十五美元）更是瑞典政府的重大政策[12]，千元大鈔在二〇一三年底即宣告失效。綜合這一連串範圍廣泛的變革，影響非常顯著：紙幣和硬幣的需求從二〇〇九年的一千零六十億克朗（年平均），減

11 “Cash Register Legislation in Sweden,” *Eurofound*, June 2, 2013，可見於 http://www.eurofound.europa.eu/observatories/emcc/case-studies/tackling -undeclared-work-in-europe/cash-register-legislation-sweden.

12 更早的一萬克朗紙幣最後一次發行是在一九五八年，但只占貨幣供給額的一小部分。

圖7-1：瑞典的流通紙幣和硬幣（單位：十億克朗）

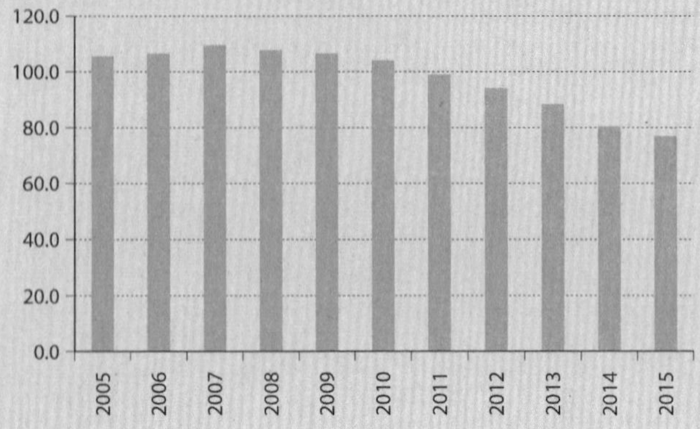

資料來源：瑞典央行（資料為年度平均）

圖7-2：瑞典大鈔的需求漸降（單位：十億克朗）

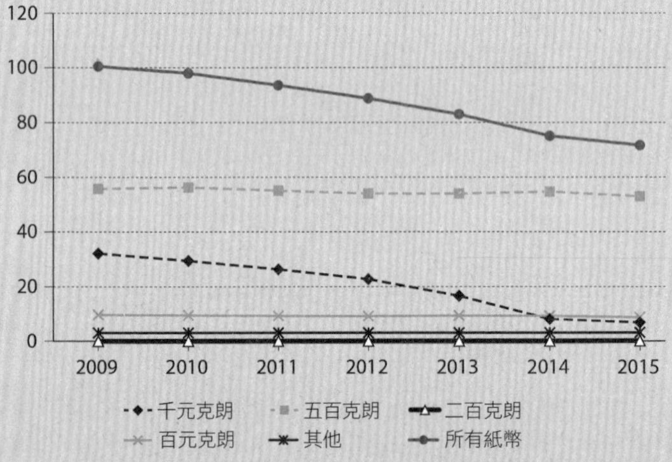

資料來源：瑞典央行

少為二〇一五年的七百七十億克朗，如圖7-1所示。

有趣的是，到目前為止，瑞典貨幣需求的下降幾乎都來自一千克朗紙幣的淘汰，如圖7-2所示。對五百克朗紙幣的需求在同一時期也略有減少。

在這條改革的路上，瑞典被迫解決許多問題。例如許多教會都安裝了讀卡機，讓信徒捐獻可以刷卡，不必給現金；政府也發給街頭流浪者可以刷卡的設備，讓他們照樣可以乞討。瑞典央行雖然繼續發行紙幣，但有些人預測到二〇三〇年時瑞典基本上是沒有現金的。不過現金使用現在還是很重要，交易量約占二〇％，但若以交易額來算則只有五％到七％而已。13

如果瑞典成為第一個擺脫紙幣的國家，那就好笑了！因為歐洲第一個發行官方背書紙幣的國家，正是瑞典（參見第二章談過的龐斯楚）。

丹麥在淘汰現金方面也有重大進展，該國五百萬公民中，有二百八十萬人使用行動支付（Mobile Pay），這是一套讓你可以付錢給商店或另一人的應用程式。這套應用程式跟之前不同的是，丹麥的行動支付系統並不要求使用者必須在同一個金融機構裡頭擁有帳戶，因此讓大家更能接受。事實上，丹麥政府也已經在討論減少商店收銀機了。丹麥政府長期推動轉移支付的電子化，利用免費的基本款

13 二〇％的數字是與瑞典央行的通信得知。

簽帳卡帳戶，有效解決許多問題，讓沒有銀行帳戶的民眾享受到金融普惠。

雖然瑞典和丹麥的經驗不一定適用像美國這麼大的國家，但它們的經驗顯示，在實務層面上我們這一章討論的轉型的確是可能的。

緊急狀況及安全問題

緊急狀況

當然，現在對電子貨幣的憂慮，很多都來自民眾對數位盜竊和大停電造成癱瘓深為恐懼。雖然這些恐懼都是可以理解的，但我們先理性地分析一下。首先，大多數民眾的現金其實不多，要分散風險防備網路犯罪可能也不夠。根據我們在第四章談過的，美國人平均只有五六十美元而已，另外也許房子或車子裡頭備有幾百美元，對於開支一大堆的中產階級來說，他們所持有的現金只是總財富的一小部分而已。大多數人的財產其實是在銀行帳戶、養老基金或者是其他數位資產，真要擔心網路犯罪的話，這些才是重點——況且實體現金更容易被搶被偷吧。

停電的確是個嚴重問題，這也是大鈔淘汰之後，小鈔和硬幣應該保留，繼續長時間流通的重要原因。但是大家平常也不會攜帶很多現金在身上，而大停電的時候，自動提款機不也照樣斷電，所以你「可以拿到現金」，並不表示身上就真的會有現金。其實現在要是碰上什麼大災難，最重要的反而是智慧型手機吧，要是未來支付系統轉移到手機之後，重要性更是倍增。我們之前也說過了，智慧手機上的「Ｐ２Ｐ」支付應用程式會更加普遍，二〇〇五年卡崔納颶風的重要教訓之一，就是讓手機基地台開始配備發電機或電池。正因有此前車之鑑，二〇一二年桑迪颶風襲擊東海岸的時候，至少在幾個特定地點的手機還可以使用。超市和藥房通常也有備用的電力系統，應該可以處理付款。隨著手機支付應用程式的普及，萬一碰上停電時一定會取代現金作成為主要交易媒介。當然手機也會有沒電的時候，但大多數民眾也會備有便宜的充電器，或者可以在自己的車子裡充電，這比大家在家裡藏著五百美元要有效得多。

災難救援計畫網站也提到說，災難發生時可以使用支票，假如未來二十年大家還用支票的話。萬一緊急狀況拖太久，完全無法為手機充電，而且小鈔的供應也已經不足時，政府還可以緊急空投臨時的貨幣提供民眾使用，這些臨時貨幣等到危機後再兌換為電子貨幣即可。假如市面上流通大面額的硬幣，再加上大家都有智慧型手機，紙幣其實也就可有可無了。甚至就算是現在這個時代，為了預防災難而準備的許多東西裡頭，現金也已經是排在很後面了。

安全問題

很多人在小額交易時支付現金，不是因為方便，而是不想冒著信用卡被盜用的風險，但是大額交易時信用卡資料被盜拷的機率，跟小額交易時差不多；而且美國的狀況尤其是如此，因為美國採用更安全支付系統的速度很慢，雖然現在總算是正在改變。比方說，現在歐洲就有嵌入晶片和ＰＩＮ技術的卡片，所以現在要盜拷資料可困難多了。這些卓越的晶片和ＰＩＮ技術，美國的採用進展非常慢，一部分就是因為零售商遊說國會，不要強迫它們升級交易系統，但幸運的是現在也逐漸在進行。

有些人可能就是記不得ＰＩＮ碼，但這些問題在歐洲已經獲得解決。例如在丹麥已經採用一種低技術含量的辦法，就是另外可以再要求一張預付卡，這是沒有ＰＩＮ碼保護的，而且可以在銀行儲值。這張卡要是丟了，裡頭的儲值當然也是丟了（就像現金被偷啦），但也不會有更大的損失。有些人喜歡在錢包準備一定數量的金額，以控制自己一週的支出，這跟剛才說的法方挺類似，他們應該也會喜歡吧。

生物特徵識別方法，包括指紋、聲音和視網膜識別都是辦得到的，在印度的數位銀行業務和政府轉移支出中的使用也有突出表現，現在那裡已經有超過十億的民眾註冊登記；信用卡公司也開始利用神經網路（neural network）來檢測交易詐騙。（一個住在波士頓的持卡人，要是從俄羅斯刷卡下單購買名牌包包，指定在法國里維耶拉交貨，這筆交易就被視為有盜刷的嫌疑。）安全技術正在不斷地提升，現在有些美國聯邦準備委員會的官員也開始討論使用由加密比特幣（Bitcoin）開創的區塊鏈（blockchain）來創造支付平台，利用分散的公共分類帳驗證過程發揮內建的安全防護，我們會在第十四章討論這項技術。

當然還有其他特殊情況仍然需要現金，有個有趣的例子是二〇一四年科羅拉多州大麻解禁後的大麻商店。解禁之後的兩年來，那些商店發現自己還是只能跟當地銀行往來，因為大麻雖然已在科羅拉多州合化，但是在聯邦層級還是違法，因此聯邦監管下的任何銀行都不能跟違反聯邦法律的實體有業務往來，Visa卡和萬事達卡也因為同樣原因不能接受大麻商店的刷卡業務，所以美國聯邦準備委員會還得送去大量現金，才能幫助那些商店經營下去。**14**

當然電子貨幣的世界裡頭，問題也可能多到讓人望之卻步。很多人曾經在洗衣服的時候順便把現金一起洗了，但通常也無損於它的使用。（想到現金上帶著什麼天曉得的細菌，也許洗一洗真的比較好。）要是智慧手機或什麼精密科技的信用卡也一起下水洗一

---

14 參見 Yuka Hayashi, "Marijuana Companies Stuck Doing Business the Old-Fashioned Way, in Cash," *Wall Street Journal*, March 31, 2016，可見於 http://www.wsj.com/articles/marijuana-companies-stuck-doing-business-the-old -fashioned-way-in-cash-1459416605。

洗，大概就不妙了。不過我們還是要再說一次，這種反對理由實在也不太高明。應用的時間越久，相關技術就會變得更方便，也會發展得更耐用。大家的借記帳號，說不定就有許多裝置可以連線使用。幸運的是，像那些「智慧手機掉進浴缸怎麼辦？」或者「手機跟衣服一起洗了怎麼辦？」的問題，我們應該可以合理地確定，未來二十年在大家更加依賴手機，而且類似裝置也在持續發展的情況下，必定會有更強大的技術出現吧。

很好笑的是，有個很簡單的重點是，許多網路竊盜、詐騙的最終目標也是現金，而且通常就是從自動提款機詐財得手。15罪犯最後利用提款機從他們控制的人頭帳戶領出詐騙得款，這可能也會由幾個人合作以免事跡敗漏。

關於支付技術的發展可謂日新月異，所以我們不必在此討論得太過深入，但我想明白指出的是，淘汰紙幣並不會讓整個社會變得更脆弱、更無法防範網路犯罪。當前對於提升安全防護的障礙，實際上是在政治而非經濟；在安全防護上的一些創新，例如內建分散式分類帳技術的加密比特幣或以太幣（Ethereum）等等，最後可能都會帶來金融安全的重大進步，至少對於支付系統核心具備重大影響，我們會在第十四章深入討論。

這些論點都特別難以看出大鈔哪裡重要。要是在停電、地震或其他大災難的時候，看到大鈔反而會覺得可疑吧。我不否認這之後也會有其他問題出現，但只是需要時間來解決而已。我要再說一次，正是因為有這些問題，所以紙幣改革必須慢慢來，而且必須長時間保留一些小鈔流通。

不管怎麼說，災難夠嚴重的話，就算是現金也可能寸步難行，到最後還是只能以物易物。一九八〇年代初期，年輕時的我曾在美國聯邦準備委員會擔任經濟學家，記得有一次看到某些高官和州長一起參加核攻擊疏散演習時，讓我覺得非常困惑。理論上我相信用直升機把聯準會的高官送去西維吉尼亞州的山洞裡頭，他們就可以維持美國的貨幣體系繼續運作，但說實話，這段經歷簡直就像是電影《奇愛博士》（*Strangelove*）。我們這些底層員工要按照電話本後頭的指示動作，我記得大概是說「趕快躲在辦公桌下，不要照射強光」之類的。對那些指示我是不敢有所不敬啦，可是碰上這種災難，就算辦公桌可以保護我，我也很懷疑知道聯準會主席躲在山洞裡頭很安全，就會讓我對口袋裡頭的六十美元感到安心。這個例子可能聽起來很荒謬，但是考慮到災難發生時應該怎麼辦也絕對是非常重要的，而這也是現金必須逐漸淘汰的理由。

調整法規

在現金完全淘汰之前，許多原本就不嚴格執行的法規也應該適度放寬，這一點很重要。這些法條之所以一直存在，只是因為使用現金就能繞過去，比方說你在巴黎要合法

---

15 關於這一點的有力論證，參見 Warwick（2015）。

地付錢請保姆，可比紐約市簡單方便多了，紐約市對此的申報要求相當煩瑣。另外淘汰紙鈔有一部分正是為了追求納稅的公平，但在讓現金使用更加困難的同時，可能也需要針對小型企業降低稅率，因為制度改變時候它們通常會承受最大衝擊。

第一部的結論

紙幣一向讓逃稅和犯罪更方便，而且這種現象過去就一直存在，但多年來交易技術不斷發展，使得現金在合法經濟中的作用越來越少，雖然它對小額交易還是很重要，但在中大額交易上已逐漸退位，對照經濟發達國家大鈔供給不斷增加和占據主導地位，這一點可是非常顯眼。比方說，百元美鈔和五百元歐鈔在日常零售交易中並不顯得重要，但不管是在美國或歐洲，大鈔的貨幣供給量都比小鈔多很多。這在二十年前我開始提議淘汰紙幣時即已鐵證如山，保留紙幣完全是因小失大；廢除紙幣後，就算稅收只是零星增加，犯罪僅是有限減少，其利益也必定大於紙幣發行收益的損失，這個主張現在說來更是言之成理。

就算是小額鈔票，新技術的擴展也讓它們不像以前那麼重要，某些國家（特別是瑞典和丹麥）已逐漸減少現金使用，更能凸顯此一事實。改革未必要一次到位，最好的方式很可能是慢慢地淘汰大鈔，但保留小鈔繼續流通（例如最大金額五美元或者十美元），也許到最後那些小鈔也全部換成硬幣。這種改變雖然實際上的變動規模不大，但是對於大量儲存和運輸都會變得相當沉重，可以同時解決犯罪和逃稅的問題，並會大幅提高囤積成本。不這麼做的話，負利率政策必定會因為資金轉入現金而遭到破壞，我們在下一部將對此深入討論。當然如果大規模儲存小鈔或硬幣也會是個問題，但這很容易解決，只要限制現金支付的上限即可（例如歐洲大部分地區的做法），同時也可以針對小鈔的大額存款（或是幾次存款的合併）加以收費，銀行也可以抵消一些小鈔處理上的成本。這些方法都可以阻止犯罪使用大量現金和民眾大肆囤積，當然，一旦全部置換為沉重的硬幣以後，大規模現金交易和囤積成本都會變得更大，這兩者就不再會是問題了。

以慎重而緩慢的速度來改革幣制，應該可以解決各種問題，像瑞典和丹麥在這方面就做得相當成功。現有的技術限制，諸如P2P支付的電子化和即時清算等問題，也都會隨著電信技術的進步而消失。

總之，雖然不是完全沒有現金而只是現金比較少的社會，似乎就已經相當不錯，儘管會有各式各樣的反對，但只要時間足夠也都不難解決。促進負利率政策並非淘汰紙幣的主要原因，尤其淘汰大鈔，但這是個重要的附帶好處，我們會在第二部深入討論。

PART 2

負利率

CHAPTER 8

零利率下限的成本

如今那些卡在零利率下限的央行官員，一定覺得自己像是掉到另一個宇宙，像是跑進陰陽魔界似的。回想一九七〇和八〇年代，也就是現在的決策官員剛剛步入金融界的時候，通貨膨脹可是飆升到兩位數，美國的通膨高峰超過一三%，日本和英國更是超過二〇%。財經官員焦頭爛額，苦無對策可以駕御通膨巨獸，最後擔任聯準會主席的保羅．沃克（Paul Volcker）在一九八一年使出殺手鐧，把聯邦基金利率（央行的政策利率）調升至二〇%。沃克的緊縮政策最後出現奇蹟，成功扭轉通膨預期心理。但是嚴厲緊縮的貨幣政策讓美國遭遇強大衝擊，導致經濟嚴重衰退，也造成巨大的民意反彈。木工和建築工人郵寄木材工料到聯準會，抗議自己無工可做；汽車經銷商送了棺材，裡頭裝滿滯銷汽車的鑰匙；農民甚至開著拖拉機堵住聯準會大門。我那時候才剛從研究所畢業，到聯準會擔任經濟學家，沃克打擊通膨的狠勁看得我驚呼連連。

後來同樣的經歷也在世界各地輪番上演。英國首相柴契爾夫人對抗通膨的方式跟沃克差不了多少（英格蘭銀行直到一九九七年才真正獨立運作），通膨率從一九八〇年的二〇%到一九八三年下降為五%。這個時代的高通膨對於歐洲單一貨幣，即歐元的推動提供莫大助力，那些拉丁語系國家，包括法國、西班牙、葡萄牙和義大利等都很難打壓通膨，最後決定死盯著超強的德國馬克才是唯一生路。當然後來歐元的誕生還是有其他原因，但穩定物價也是最能說服民眾的說法。過去許多國家只把控制通貨膨脹當作次要考量，現在都當作是貨幣政策的首要目標；事實上歐洲央行明文規定以通膨調控為目標，維護經濟產出穩定反而不在法規之列。

謹慎地選擇期待，就可能得到期待的結果。我們現在處於通膨率超低，利率近乎於零的時代，央行官員的難題已經不再是說服民眾它們不會拉抬物價，而是要讓民眾相信央行「不會對通貨膨脹神經過敏」（英國央行前總裁馬爾文．金恩說的）。真的，要是三十五年前你對任何人說央行會碰到這種狀況，大家都會說你瘋啦。就算大家勉強相信你說的是真的，他們也會覺得就算做得到，這個央行也不算太成功。溫莎公爵夫人曾說過：「錢財不嫌多，身裁不嫌苗條。」對央行來說這句話可以改成：「經濟成長趨勢不嫌太高，通膨率也不嫌太低。」

所以到底是發生了什麼事？政策利率怎麼會崩到零呢？當然這問題有一部分是因為

過去把通膨目標當成福音來追求——這還真是沒有別的話可以形容——結果創造出一大堆太過僵化的體制和機構，無法靈活應對過去二十年來的激烈變化。通膨率確實也會嫌太低，而僵化的通膨目標設定就無法處理這個問題，尤其是在利率持續向零下限逼近的時候，也就是所謂的「流動性陷阱」（liquidity trap）。

基本上從三個原因來看，零利率下限已經變成難以解決的頑疾。首先，通貨膨脹已經大幅衰減，通膨預期心理也隨之消退。從一九八九年的紐西蘭開始，大多數先進國家中央銀行逐漸把通膨目標設定在二％左右，這就表示跟過去一〇％通膨率相比，利率要大幅下降。為了讓這部分的討論更完整，我們要先看一些會常常用到的術語。「名目利率」就是指實際的利率水準，例如政府在民間市場付息借錢，設定的一個月期國庫券利率；另一個重要的名目利率是銀行間隔夜拆款利率，大多數央行會把它當做核心政策利率。（各位在新聞上看到「美國聯邦準備委員會今天調高／降低利率」指的就是這個隔夜利率。）「實質利率」是一種理論概念，意思是把名目利率減去預期的（即未來的）通膨率，這只能抓出個大概，無法實際觀察到或精確測量出來。[1]

1 雖然新聞頭條寫的都是名目利率，但根據大多數經濟模型顯示，在決定投資和消費決策時，實質利率水準才是最重要，不過因為物價和工資調整速度相對緩慢，而民眾對於通膨的預期心理趨於黏滞，所以在低通膨環境中，短期名目利率每次下調也都會影響短期實質利率。

在正常的狀況下，大多數經濟理論及實務經驗顯示，當通膨預期下降一個百分點時，經過一定調整期間之後，市面上的各項利率也都會下降一個百分點。這道理就是說，大家關心的是用錢可以買到多少東西，而不在於它的面值，要是大家都預期通膨上升，各種（名目）利率、工資和物價也都會隨之調整。所以當通膨率只剩二%而不是六%時，央行得以調降利率的空間也就少很多。順便說一下，這也是主張央行通膨目標從二%提高到四%的基本理由，我們會在第九章繼續討論。

零利率下限問題出現的第二個原因是，二〇〇八年金融危機造成一九三〇年代大蕭條以來最嚴重且時間拖得最長的經濟衰退，在這之後景氣波動的幅度比大多數經濟學家所想像的還要激烈。而經濟波動越大，各國就越可能面對嚴重衰退，需要央行大幅降息，這時候零利率下限可能就讓大家苦無對策。

零利率問題嚴重的第三個原因是，現在實質利率急劇下降，極短期利率已經降到零以下，而超長期利率也降到只有一．五%而已，這些都在「正常」水準以下。實質利率下降的原因很多，但主要是因為快速成長的新興市場儲蓄太大，而經濟發達國家則是困於人口老化，二〇〇五年時柏南克曾以「全球儲蓄過剩」來形容。[2] 而且二〇〇八年以來，金融危機之後趨於嚴厲的監管規定，還有大家對於風險的厭惡心理，也都推動實質利率下跌。[3] 還有一個重要因素是經濟成長減緩，有些經濟學家，例如西北大學的羅伯特．葛登（Robert J. Gordon）認為，金融危機以後全球經濟成長減緩的根本原因，主要是因為具備經濟價值的發明減少，導致經濟產出的成長趨勢劇烈降低。其他還有一些人的看法，可由我的同事勞倫斯．薩默斯（Lawrence Summers）做代表，認為原因在於全球總體需求下滑。我個人認為，要判斷經濟長期成長趨勢到底是怎樣，很難有個明確結論，尤其是每次金融體系出現重大危機之後，幾乎都會帶來經濟成長速度減緩的現象（我在二〇〇九年與卡門．萊因哈特一起寫的書談過）。[4] 就算實質利率最後真的提高幾個百分點到比較正常的水準，現在我們也知道，它們有時候也會變得非常低甚至是負的，而且維持很久。事實就是這樣，現在大家也都知道日本的金融危機早在一九九〇年代初期就開始了，而且之後過了二十年，這個國家還在跟零利率下限搏鬥。

經濟體的貨幣政策要是碰上零利率下限，到底會有多糟呢？這實在很難準確地得知，因為過去這樣的經驗非常短暫也很有限。這問題第一次浮上檯面引發爭論，是在大蕭條時期。由於當時貨幣市場的技術性落差，政策利率在一九三〇年代初期幾乎就等於零，而且在整個大蕭條期間一直到進入第二次世界大戰也都停留在這個水準。到了一九

---

2 Bernanke（2005）。

3 二〇〇八年之後全球利率大幅下降，是因為大家害怕再次出現另一次金融危機或全球性的嚴重衰退，參見 Reinhart, Reinhart, and Rogoff（2015）。

4 參見 Gordon（2016）；Reinhart and Rogoff（2009）。我認為全球經濟正經歷一場債務大循環，從美國開始，然後轉移到歐洲，現在又到中國，在這陣迷霧消退之前，很難推測長期成長趨勢是如何，參見 Rogoff（2015）。

九〇年代的日本，零利率下限再次成為問題，當然美國在一九九〇年代末期科技股泡沫破滅後也受到它的影響，美國聯邦準備委員會的政策利率到二〇〇一年砍到只剩一%之後，就再也砍不下去了——如今在二〇〇八年以後，這個問題又在世界各地出現。危機過後的全球經濟成長，有多少是受制於零利率下限的限制，又有多少是因為其他因素所累，諸如銀行部門的僵化、政府基礎設施支出的縮減、金融危機之後的再平衡、中國高度成長逐漸趨緩等等？答案真的沒人知道。（但是這樣的無知好像也不能阻止那些經濟政策評論家信口雌黃。）就算過去的經濟辯論有點用，具備實證義意的討論也需要幾十年的時間才會有定論。

我們在這一章談這個問題，是想要準確量化零利率下限的束縛到底有多嚴重。首先要了解的是，正常的貨幣政策在對抗經濟衰退時會變得軟弱無力。有些研究指出，在金融危機最嚴重的時候，要是通膨和經濟產出的預期太糟，央行的正常反應機制，以美國來說，是可以將利率一路調降至負四%或負五%：歐洲和英國，利率也能降到零以下，只是幅度可能不會這麼深。事實上，現在有些國家的央行已經踏入負利率領域，包括瑞典、瑞士、丹麥、歐元區和日本，但是到目前為止，他們也不願意將利率下調到負七十五個基點（即負〇．七五%）以下，因為擔心資金可能捨公債而就紙幣，這反而會限制貨幣政策的有效性，而且還會產生巨大的後勤及國安問題，此外也會造成某些部門的強力反彈。例如日本利率也不過就是負的〇．一%而已，日本央行官員就已遭到批評和非難。不過到目前為止，跟沃克當年的遭遇相比，算是相當溫和。

有些人以為零利率下限其實沒那麼重要，因為央行也找到很棒的方法來避開這個問題，諸如「前瞻指引」（forward guidance）和「量化寬鬆」等非常規工具。所謂的「前瞻指引」是說，貨幣當局會讓投資人知道它準備在未來拉抬通膨率，即使不是馬上要進行。這方法生效的話，就能成功壓低實質利率，即使名目利率已經是零；因為實質利率就是名目利率減去預期的通膨率。第二個辦法是量化寬鬆（QE），本章後頭我們會更詳細討論，它基本上就是以短期的央行債務來購買長期資產，如政府公債等，從而壓低長期政府債券利率；這種做法是希望其他長期利率（例如抵押貸款利率和公司債利率）也會跟著降低，因為政府債券利率通常就是其他各種利率的設定基準。

有些實證論文認為，央行這些非正規政策的效果已經超過預期[5]，但是日本央行和歐洲央行在拉抬通膨預期方面卻是碰上巨大挑戰。假如所有的制度、法規都有配套，其他障礙也都清除，負利率政策可以完全自由實施的話，非常規政策仍是遠遠不及直接了當的利率政策。關於負利率政策的實施條件，我們會在第十章和第十一章繼續討論，美國聯邦準備委員會的非正規貨幣工具雖然獲得不少好評，但就算如此，聯準會裡頭也沒人想再依靠它們來解決問題，尤其是其中可能涉及難以衡量或理解的風險。

要是零利率下限只是會導致貨幣政策的效力難以確定，也算是夠糟的了，但它甚至會讓整個總體經濟的政策穩立效果不明。事實上，現在研究零利率下限對諸多政策的影響，也逐漸熱門起來，像是它對政府支出、財政赤字、結構性改革以及總體經濟政策的國際效應等等，都有專門研究。就像物體接近黑洞時平常的物理定律可能出現混亂一樣（或者更確切地說，是正常定律卻出現奇怪的結果），經濟法則在景氣衰退碰上（或者至少是逼近）零利率下限時也會出現混亂。比方說有人認為，政府擴大赤字支出可以提振經濟成長，如此一來債務占國內生產總值的比例反而會降低。[6]

另一種想法是，某些結構性改革在零利率下限時可能引發反作用，在短期內反而造成經濟成長減緩。[7]特別是因為未來生產較高而預期物價降低，要是貨幣當局陷入流動性陷阱而無法即時應對，其結果會是通膨預期降低而實質利率升高。至少就理論上來說，這個實質利率的上升趨勢可能非常強烈，造成目前的需求及產出減少，雖說長期產出增加頗為有利，而且在正常情況下，消費者也會立即有感，覺得自己更富有而推動需求上升。相同的道理，結構性改革提高了價格彈性，通常會伴隨經濟效益的提升，但是通膨預期降低的立即衝擊就可能造成問題。[8]不過這些結果最好是當做是應該小心謹慎的反例，而不是事件的核心，但這也說明了零利率下限確實會對許多跟貨幣相關的政策決定造成不明的影響。

我們還是不知道所有這一切實際上會有多重要，因為其中包含了太多因素在發揮作用，而且之前的經驗也太少，很難據此加以釐清。例如在二〇〇八年金融危機之後，出現許多嚴峻警訊（而且非常明確），顯示英國財政漸趨緊縮（因為英國在主要發達經濟體中赤字最大），可能會導致經濟蕭條。結果證明這些判斷還是太過簡單而且天真，不過在經濟嚴重衰退時，零利率下限對生產與就業的重大影響，雖然只有少數實證論據和有力的理論推定，也很少有經濟學家會說這些事情不必擔心。不管你認為政府規模應該是大是小，或者結構性改革是好是壞，都不能輕忽。

---

5 對於金融危機後央行處理零利率下限問題，最高明的檢討也許是一篇非常巧妙的論文，提到一個叫做「影子政策利率」（shadow policy interest rate）的概念。這種利率幾乎不會受制於零利率下限，這個概念是由創意天才費雪·布雷克（Fischer Black）首創，他過去即因選擇權定價理論而聲名大噪，參見 Fischer Black（1995）。影子利率是由許多總體經濟變數及資產價格組成的指數，能夠表現出貨幣政策的整體狀態，而不僅僅是一個數字（即利率）。因為影子利率只是一種人為概念，所以它完全可以是負的。另有研究學者評估影子政策利率的論文並提出自己的方法，其結論指出在金融風暴正嚴重的時候，即使政策利率實際上只是在零到〇·二五%之間，透過所有貨幣政策（包括量化寬鬆政策和前瞻指引）也能將有效的政策利率壓低至負二%。他們認為，如果看一下影子利率，美國聯邦準備委員會採用像泰勒規則一樣的擴張貨幣政策，負利率也是可能的，詳見 Jing Cynthia Wu and Fan Dora Xia（2014）。另有一種方法評估貨幣政策替代手段的總體效應，參見 Hamilton and Wu（2011）。

6 現代總體經濟學認為，增加政府開支也可能帶來不利結果，刺激現在的稅率及預期未來稅率上升。凱因斯學派一向忽視這個影響，但古典經濟學者認為這個影響可能很大，事實也許是在兩者之間。參見 Delong and Summers（2012）。

7 例如請參閱 Eggertsson, Ferraro, and Raffo（2014）。該論文係根據 Eggertsson（2010）。另有學者研究油價衝擊的相關結果，參閱 Bodenstein, Guerrieri, and Gust（2013）。

8 參見 Werning（2011）。

本章和第九章會討論許多減輕零利率限制的想法，但實際上只有兩個好方法可以完全排除。第一個是各國央行可以大幅度提高通膨目標，平均利率水準也會跟著升高，如此一來要是碰上衰退時，就有更多空間可以調降利率。第二個是各國可以在制度和法規上先進行改革，逐步取消紙幣（或採用第十章要談到的其他辦法），也能簡單地排除零利率下限。

提高通膨目標有其優點，但也有問題。首先，調整過程的問題很大。因為大家多年以來都認為，央行是以二％的通膨為目標。現在要是突然變成四％的話，國際金融市場肯定驚慌失措，情勢可能變得很不穩定。這個宣告時機要是挑得不好，全球金融危機甚至可能再次重演。現在金融市場上有幾十兆美元的長期債券和金融商品都是以央行承諾二％通膨目標來設定的，這個目標一旦改變，除了會影響到這些長債和金融商品以外，市場過去也一直認定央行是全球金融穩定的核心，如果央行突然改變政策，市場豈會無動於衷。與此相比，二〇一四年五月喧騰一時的「緊縮恐慌」（當時聯準會主席柏南克暗示最後要緊縮貨幣）大概只算是在公園散步而已。我們也很容易就可以想像得到，通膨目標要從二％變成四％，很可能需要耗費五到十年的時間，而且我們也知道，整體來說，大家的生活未必就會比較好，因為通膨壓力上升也有其缺點。

通膨水準較高的情況是怎樣倒是相當明確，我們沒多久以前一直都是如此，但要是碰上經濟嚴重衰退甚至通貨緊縮時，又該如何把短期政策利率壓到零以下來提振經濟呢？理論上來說，負利率政策的效果應該跟調降正利率一樣。因為借貸成本降低，企業會進行更多投資，消費者也會花更多錢，特別是在耐用消費財，如冰箱、汽車等。利率較低也會拉抬資產價格，房地產、股票和藝術品都一起上漲，大家會感到更富有，更樂於消費。最後但並非最不重要的是，利率較低通常會削弱匯率（簡單來說就是會讓本國貨幣的債券比較沒有吸引力），匯率走軟有助於刺激出口的國外需求，而國內需求也會從進口品轉為愛用國貨。例如美元便宜時，會有更多國外遊客來美國，而這時候出國旅遊比較昂貴，也會有更多人留在國內度假旅行。原則上來說，需求增加最後就會推升工資和物價通膨。

不可否認的，上述討論其實是排除了許多微妙而重要的問題。關於貨幣刺激如何影響通貨膨脹，我的描述就是標準的新凱因斯學派那一套——降低利率提高總體需求，因而提高物價。但是這種說法也符合「貨幣學派」對於轉換機制的解釋，對貨幣施以負利率將導致民眾減少持有現金。當大家減少現金時，支出增加會提升需求和物價。我們不需要弄清楚這些說法的細微差異，它們也不會相互排斥，透過這兩種解讀方式可以知道，負利率都會帶來通膨上升的壓力。

說負利率政策只是「央行尋常業務」是基於以下假設：調降負利率（例如從負一．〇至調降為負一．五％），其實也跟正利率的調降是一樣的（例如從一．五％調降為一．〇％）。但無論如何，在這兩個狀況下，理論上這個假設在大多數標準的總體經濟模

圖8-1：英國政策利率，1930年至今

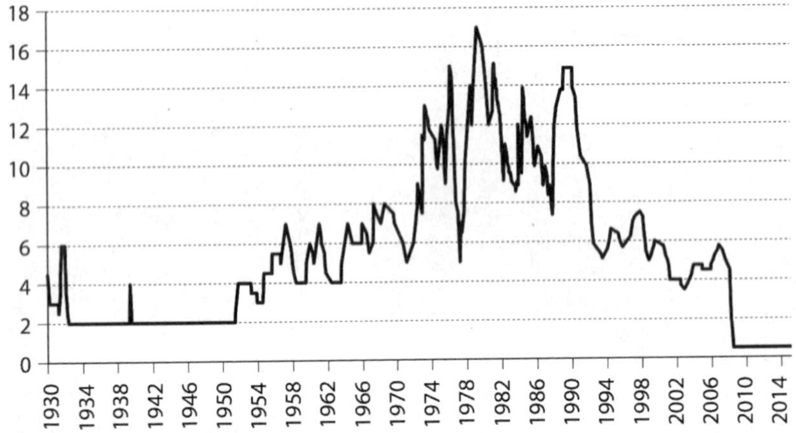

資料來源：英格蘭銀行，歷史利率（www.bankofengland.co.uk）

型裡頭都能成立（例如在典型的新凱因斯學派模型中，主要摩擦是來自名目工資、物價或兩者的緩慢調整）。從實務角度來看，只要所有制度、稅務和法規上都經過調整，排除負利率的障礙，兩者也都會一樣。這樣做其實很簡單，我們會在第十章和第十一章繼續討論。

正負利率沒有多大差異的另一個假設，是負利率對金融穩定不會帶來什麼新的問題。大多數對於負利率可能導致金融不穩的質疑，就跟擔心利率長期低迷或零利率可能造成的問題一樣，而對這兩個疑慮的答案也差不多。我要強調的是，有些情況下如果可以採行顯著負利率來提振通膨預期的話，利率也就不必長時間維持在低檔了。事實上正是因為不能直接採行負利率，才會讓利率長期低迷，難以脫困。

現在我們先看看零利率下限的歷史經驗，再繼續檢視央行在無法自由運用負利率的狀況下，採取哪些辦法來減緩零利率下限的限制。第九章會談到一些央行還沒用過的方法，例如提高通膨目標；在第十章至第十二章裡頭，我們要認真研究負利率政策，檢視除了淘汰紙幣之外還有哪些辦法可以實現負利率，以及對於負利率的諸多不利風險與各方憂慮又該如何緩解。

零利率下限的歷史經驗

除了一九九〇年代的日本以外，從經濟大蕭條以來零利率下限的問題都不曾浮上檯面，圖8-1顯示英國自一九三〇年以來的政策利率。在大蕭條期間，英國利率調降到二％的水準就停在那裡，有一部分是擔心利率再低會迫使投資人拋售債券，拖累倫敦金融市場；另一方面則是因為當時銀行界的資金已呈泛濫，民間貨幣市場利率其實已經降到一％以下。[9] 而英國央行的政策利率在一九三二年降到二％以後，又維持了二十年（除了一度短暫波動），其實這跟利率停在零是一樣的，也就是貨幣政策已經癱瘓了。

9　正如十九世紀央行大師華爾特．比格特（Walter Bagehot）在一八七三年著作《倫巴第大街》（*Lombard Street*）所言：「約翰牛可以忍受許多事情，但他不能忍受二％。」（比格特，一八七三年，第六章）。

圖8-2:紐約聯邦準備銀行重貼現率，1929年至1939年

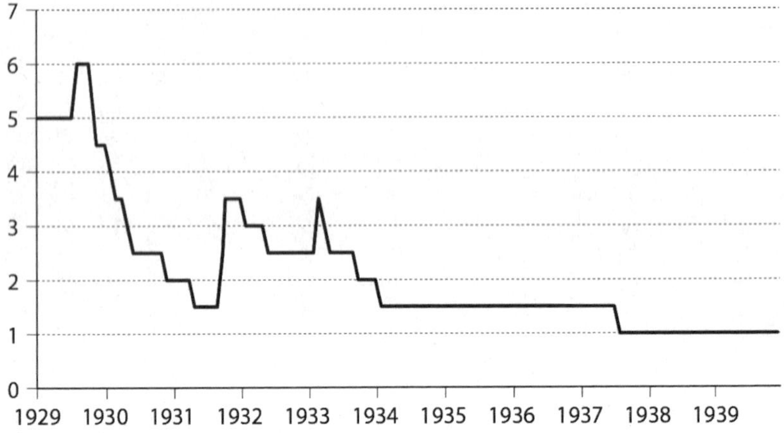

資料來源：聖路易聯邦準備銀行， Banking and Monetary Statistics, 1914－1941, pp. 441－442; 準會經濟數據資料庫

圖8-3:美國和英國的市場利率，1929年至1939年

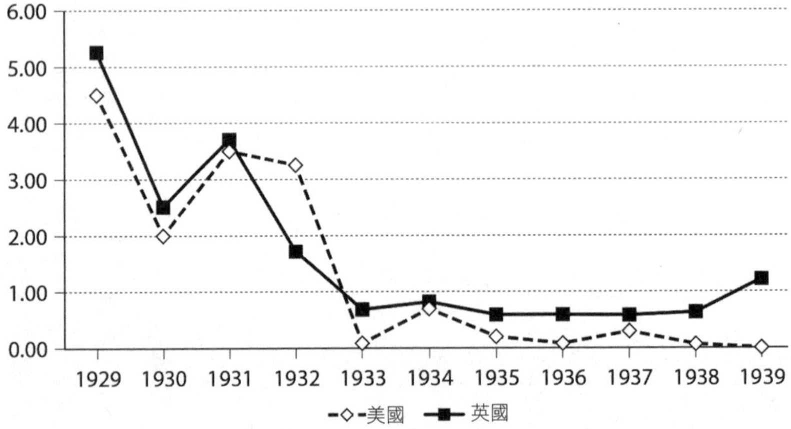

資料來源：Reinhart, Reinhart, and Rogoff（2011）

美國方面，紐約聯邦準備銀行的重貼現率從未調降到一%以下，如圖8-2所示。（在一九三〇年代，各地區的聯邦準備銀行各自設定重貼現率，但紐約區通常最低。）

跟英國一樣，因為銀行超額準備如此之高，市場利率又比重貼現率低很多，銀行很少向聯準會融資。圖8-3顯示英美兩國的短期市場利率。所以英國和美國的貨幣政策在大蕭條期間都因為零利率下限而癱瘓。

自二〇〇八年金融危機以來，零利率下限已經在全球各地逐漸浮現。圖8-4顯示從二〇〇〇年以來美國、歐元區和英國的名目政策利率變化。可以看出歐洲央行的政策利率（短期主要再融資利率）在二〇〇九年五月降到一%，二〇一三年五月又降到〇·二五%，後來到了二〇一六年三月就一直是零了。美國的政策利率（聯邦基金利率）在二〇〇八年底調降到零至〇·二五%之間，然後一直維持低檔至二〇一五年十二月才初次輕微調升，總共持續了七年。英國的政策利率（英格蘭銀行基準利率）在二〇〇九年三月調降至〇·五%，然後一直持續至二〇一五年；基於某些技術性因素，包括金融危機之後各銀行資金不足等，英國央行將利率調降到〇·五%以後即視為零，已經無法再調降了。從貨幣政策的角度來看，這個〇·五能不能跟零等同視之當然頗有爭議，不過這不是我們在此討論的重點。10應該指出的是，每個央行都會使用一個或一些稍有不同的

10 有學者強烈認為，聯準會一直讓利率維持正值而非負的，實在是個錯誤。從日本和歐洲央行最近的經驗可知，小幅調整利率並不會產生決定性的影響。參見Hall（2013）。

圖8-4：美聯準會、歐洲央行及英格蘭銀行政策利率的變化，2000年至2015年

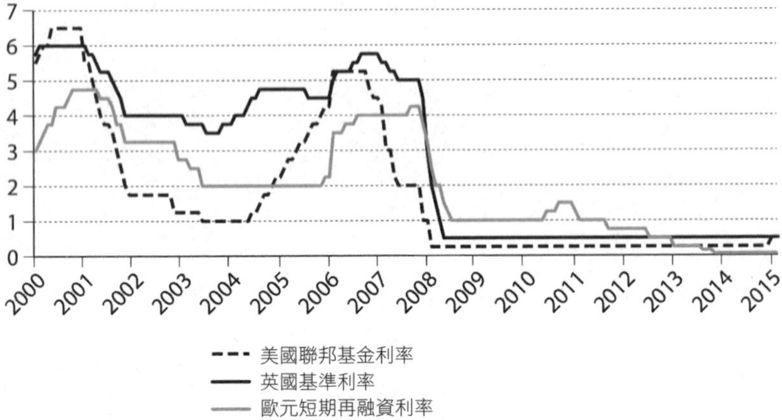

資料來源：美聯準會、歐洲央行及英格蘭銀行

工具當做目標政策利率，這是因為各國銀行體系都有一些組織上的差異。例如歐洲央行對其存款機制（即各銀行在央行的隔夜存款）單獨設定一個利率，在二〇一六年三月之前該利率為負〇．四％，比政策利率的〇．〇％還低。

日本的政策利率二十年來一直徘徊在零利率下限，二〇一六年一月時一度調降至負〇．一％。其實不僅大國央行遭遇難題，像是加拿大、挪威和以色列的利率也都在二〇〇九年以後逼近於零，還有瑞典、瑞士和丹麥等國利率也都曾經調降至零以下。（截至二〇一六年二月，瑞士和丹麥央行的政策利率均為負〇．七五％，而瑞典的附買回利率也跌到負〇．五％）。

學者可能正在辯論零利率下限在計量上有何意義，但央行官員則否。利率調降到零後要再拉起來，讓央行面對許多困難，各國官方對此都感到非常不安；也有人擔心，如果能夠安全地拉高利率，是否日後再降到零的風險也很大。此外，之前短暫訴諸負利率政策雖然引發官員熱烈辯論，但實際上最近一波的降息熱潮已經讓這個政策顯現不出多少效果。同樣重要的是，要讓負利率政策充分發揮效用，就必須配合其他制度上的調整和變革，而這些都要時間來進行，關於這方面我們會在第十章和第十一章繼續討論。

也許最清醒的認識，是發現在某個時候（或許就在本書墨瀋未乾之際）另一個衰退必將到來。正常的狀況下，央行必須大幅降息來穩定經濟，緩和失業率上升。但現在歐元區和日本的政策利率都受制於零利率下限，美國、英國的政策利率根本也沒多少，除非找到什麼辦法讓負利率政策可以發揮更多效用，否則實在沒有什麼降息空間。

表8-1顯示多國央行在二〇〇一年及二〇〇八年衰退期間的降息，令人特別注意的是，美國聯準會在二〇〇八年金融危機期間調降利率五個百分點，而二〇〇〇年科技股泡沫破裂後則調降了四．七五個百分點。但是根據目前推測，誰也不敢保證聯儲會在下一次經濟衰退之前會把利率調回到三％。雖然不是每個央行都像聯準會這麼大動作，但即使如此，歐洲央行在二〇〇八年金融危機的初期也調降了三．二五個百分點，二〇〇一年時則調降一．五個百分點。就目前的變動軌跡來看，實在很難看出會有什麼空間可以大幅降息。那麼要怎麼辦呢？正是因為沒有降息空間，各國央行才會這麼熱衷於尋找新方

表 8-1：央行面對兩次危機的調降幅度

中央銀行	重貼現率調降幅度（單位：百分點）	降息期間
2008 年金融危機之後		
英國	-5.25	2007 年 12 月至 2009 年 3 月
美國	-5.0	2007 年 8 月至 2008 年 12 月
瑞典	-4.5	2008 年 9 月至 2009 年 7 月
挪威	-4.5	2008 年 8 月至 2009 年 5 月
澳洲	-4.25	2008 年 8 月至 2009 年 4 月
加拿大	-4.0	2007 年 12 月至 2009 年 4 月
歐元區	-3.25	2008 年 9 月至 2009 年 5 月
	-4	整個 2015 年
新加坡	-3.55	2008 年 8 月至 2009 年 1 月
瑞士	-2.375[a]	2008 年 9 月至 2009 年 3 月
	-3.375	整個 2015 年
科技股泡沫之後的 2001 年經濟衰退		
美國	-4.75	2000 年 12 月至 2002 年 10 月
加拿大	-3.75	2000 年 12 月至 2002 年 3 月
瑞士	-2.75	2001 年 2 月至 2003 年 2 月
英國	-2.0	2000 年 3 月至 2003 年 1 月
澳洲	-2.0	2001 年 1 月至 2002 年 4 月
歐元區	-1.5	2001 年 4 月至 2002 年 11 月
瑞典	-0.5	2001 年 8 月至 2002 年 2 月

[a] 利率降至 0.25

資料來源：央行資料

法。是的，他們可以再次使用二〇〇八年的方法，例如量化寬鬆、前瞻指引等，我們會在本章稍後詳細討論，但是大多數央行官員都很懷疑這些替代方法真的跟調降利率一樣有效嗎？

零利率下限計量研究簡介

現在針對零利率下限的研究，是一九九〇年代上半由美國聯準會開始的，但這項研究並未受到重視。[11]聯準會經濟學家當時對於零利率下限的推測，後來有許多都成為各方探討的重點，其中包括：量化寬鬆、財政政策的作用等，同時也曾提出將通膨目標從二%提高為四%，預料可以大幅緩和零利率下限的問題。[12]一九九八年保羅．克魯

---

11 Lebow（1993）這篇論文探討的主題，有許多後來都成為討論重點：Jeffrey Fuhrer and Brian Madigan（1997；研究報告在一九九四年先行出版）這篇是首次量化分析零利率下限，並指出通膨目標提高到四%可能有幫助。其他早期論文包括，Wolman（1998）指出通膨的黏滯性對零利率下限的成本非常重要；Reifschneider and Williams（2000）首次量化零利率下限的發生頻率和嚴重程度，這對評估各種替代政策是個重要問題。

12 關於零利率下限的卓越實證研究包括：Williams（2009）；Woodford（2012）；Coibion, Gorodnichenko, and Wieland（2012）；Gavin et al.（2015）。更早之前也有一篇研究非常有用：Bernanke, Reinhart, and Sack（2004）。

曼（Paul Krugman）很漂亮地採用一種簡單方法，在標準的新凱因斯學派模型展示零利率下限。但更重要的是，他提出這個想法是在央行經過多年努力才成功控制通膨的時候，要是央行又要說服民眾說只要時機恰當，他們準備向更高的通膨壓力屈服，恐怕又會對央行帶來新的信任問題。[13]在貨幣政策方面，取信於民是非常重要的，而在解決零利率下限難題時這尤其是個根本。這個的重點是說，就算貨幣當局無法將名目利率降到零以下，但要是可以說服民眾未來可能會有通貨膨脹，甚至承諾在經濟恢復正常以後讓通膨率上升超過目標，那麼就能壓低實質利率。從一九八〇年代初期以來，我們就知道貨幣政策可以用這種方式操作，而且這個正好就是我在研究生時期最早發表的論文題目之一。[14]克魯曼的重要見解是說，因為貨幣當局之前打壓通膨非常成功，已經讓大家都相信央行絕對不會再讓通膨超過目標太多，但央行也因此無法說服民眾通膨壓力在未來會上升得更高，即使這樣的承諾可以發揮極大助力。

在二〇〇八年金融危機爆發後，聯準會經濟學家的幾篇研究廣受援引，裡頭都曾主張要是可以實施負利率的話，必定可以減少危機之後經濟衰退的處理成本。後來成為舊金山聯邦準備銀行總裁的約翰・威廉斯（John Williams）指出，如果沒有零利率下限的話，聯邦基金利率再調降四百個基點（即四％）將會很有幫助。[15]若能成真，他估計美國經濟產出可在未來四年增加一・八兆美元。聯準會另一位資深經濟學家大衛・雷夫史奈德（David Reifschneider）指出，當時最佳貨幣政策是設定在負五百個基點（即負五％）。[16] 根據標準貨幣政策法則分析指出，要是可以實施負利率，當時英國和歐元區的利率最好是在負二％至負三％。不過我們之前也說過，這些預估值都只是粗略的猜測。

要了解負利率政策的好處，不僅是要考慮到它在金融危機時所能提供的各種好處，同時也要計算在金融危機之後還能帶來多少價值。零利率下限只是個異常的、偶發的事件，只會在整個金融體系出現危機才發生，而且在經濟發達國家並不常見嗎？二〇〇八年的金融危機，是經濟大蕭條隨二次大戰落幕後經過七十年才出現的。要是下一次金融危機也要七十多年以後才會到來，現在何必對金融結構做什麼根本性的改革呢，因為到時候這一切應該都會有很大的變化吧？

早在二〇〇〇年的時候，聯準會經濟學家就想要回答這個問題，但他們所使用的數據資料毫無疑問是來自零利率下限極少出現的時代，所以他們運用經濟模型加以模擬，得出的結論就是風險很小。零利率下限的問題大概不會頻繁發生，就算真的出現了，時

---

13 Rogoff（1998b）另有針對克魯曼（1998）論文的討論，其中引用更早之前對於零利率下限的研究。

14 要是貨幣當局預先允許未來利率受到當前資訊影響（假設正好有對經濟產出的利空消息），貨幣政策即可發揮穩定效果，讓生產和就業維持正常水準（主要是通過操縱通膨預期），因為可以操縱當前的短期利率。參見 Canzoneri, Henderson, and Rogoff（1983）。

15 Williams（2009）。

16 學者使用多種模型（包括結構、新凱因斯學派及非結構時間序列模型）也得到了大致相似的結果，參見 Reifschneider（2009）；Chung et al.（2012）。

間不會拖太長，情況也不會太嚴重，最佳利率雖然可能是負的，但也不會距離零水準太遠。[17]所以囉，零利率下限也許真的是個問題，但也還沒到要把整個貨幣體系推倒重來的地步。現在經過二〇〇八年金融危機之後，大多數主要央行和零利率下限纏鬥多年苦無對策，過去那些樂觀推測現在想必也要重新評估了。

對於零利率下限發生頻率和嚴重程度，美國聯準會過去的研究結果基本上有五個原因需要修正。首先，早期的經濟模型許多是出自「大緩和」時代（Great Moderation；即一九八〇代中期到二〇〇七年金融危機開始冒出頭之前）的估算，當時的總體經濟波動幅度很小。[18]第二，全球短期實質利率的均衡水準從約翰・泰勒（John Taylor）著名的貨幣政策法則早期主張的二・〇％，大幅下滑到現在的負一・〇％至正的一・〇％之間的任何一處都有；然而實質利率太低，名目政策利率在零水準之前就沒什麼緩衝空間，我會在本書附錄說明泰勒法則，以及央行在考慮設定負利率時，實質利率均衡水準的重要性。[19]第三，模擬零利率下限的模型通常無法反映危機後經濟成長遲緩的特性，常常以為景氣會快速反彈回升。第四，經濟模型無法充分掌握大型的不確定參數，因此大型意外事件發生頻率可能就會高於研究結果。最後一點但不能忽視的是，通膨預期正在持續下滑，這又反過來拉低整體的利率水準。

即使如此，正在快速發展的學術文獻也並未一致認為零利率下限是傳統貨幣政策的大問題，學術界對此還有一些研究重點，我會在本書附錄部分進一步介紹，讓各位對於應該注意的主題有所了解。

量化寬鬆

我們現在來看看央行在不能實施負利率時，採用哪些替代方法來避開零利率下限。

17 參見 Reifschneider and Williams（2000）。學者發現，通膨目標二%時，政策利率接近零的時間只有五%，而每次發生這個狀況會持續四個季度。重要的是，他們發現限制的強度通常不會太嚴重（意思是說，雖然決策官員想將利率壓成負的，但也不會距離零水準太遠）。因為在他們的假設條件下，零利率下限大概不會常常出現，程度上也不會太嚴重，對於經濟產出影響極小，都能維持在正常水準：零利率下限時為三%，沒有時為二．九%。（比較不熟悉貨幣經濟學的讀者應該明白，在大多數總體經濟模型中，光靠貨幣政策並不能讓經濟生產出現系統性的提升，因為工資和物價也會上漲而加以牽制。貨幣政策只能穩定生產，從而減少波動。要是零利率下限對於經濟生產的影響不大，就表示它對貨幣政策的約束也很有限。）

18 參見 Reinhart and Rogoff（2014）。學者推測先進經濟體相對靜止期可能已經結束；在第一次世界大戰之前，金融市場崩潰和劇烈波動一定比較頻繁。他們認為二次大戰後非常安靜，其實反映出長期舉債再槓桿（releveraging）。研究指出，二次大戰和大蕭條勾銷了私人債務和地方債務，同時大量的金融監管可能有助於遏止過度融資，也大幅減輕政府債務的負擔，凡此皆有助於壓低利率；參見：Reinhart and Rogoff（2010）。在這個時候，資本存量已消耗殆盡的歐洲國家，藉由資本深化和技術發展迎頭趕上美國，經濟也得以快速成長。但是隨著成長逐漸放緩，金融市場更加自由化以後，各國狀況反而變得比較脆弱。以上都是推測，二〇〇八年金融危機到底是永續緩和的暫時倒退，或者是回復正常，現在還不太清楚。

19 國際貨幣基金認為，不斷壓低全球實質利率的因素有許多在未來十年可能都會逆轉，參見 World Economic Outlook（2013）。

這一節要談的就是貨幣當局在金融危機期間實際採用的政策，即量化寬鬆和前瞻指引。我們的目的是要了解，這些不同的替代政策可以免除，或者說至少能大幅緩解負利率需求到什麼程度。

從二〇〇八年金融危機以來，包括美國聯準會、歐洲央行、英國央行和日本央行在內的先進國央行大都採取大量而積極的量化寬鬆，干預規模可說空前未有。美國聯準會資產負債表從金融危機初期的七千億美元一路飆升，最高時曾超過四兆美元，約占國內生產總值的二五％。歐洲央行[20]和英國央行在不同時間也曾進行大規模量化寬鬆，雖然占國內生產總值比例還不像美國那麼高，但一直到本書撰寫時歐洲央行還在持續寬鬆。日本央行的量化寬鬆已達到國內生產總值的七〇％，就比例上來說遠高於美國。按照這個速度進行下去的話，日本央行的量化寬鬆會在兩年內達到國內生產總值的一〇〇％。

量化寬鬆一直是最近許多實證研究的焦點，但因時日未久，成果相當有限。[21]我們稍後很快會談到，簡單來說，大部分都屬於事件研究，探討量化寬鬆宣布後對市場利率的影響。短暫的影響幾乎可以肯定是有的（即使是部分已被預期到），但目前還是很難判斷影響可以持續多久，這基本上是因為金融危機後長期實質利率有很強的下降趨勢，這個趨勢有許多央行之外的原因所促成。對於這個模糊的證據，我自己的解讀是，量化寬鬆確實可以緩解經濟衰退，甚至說央行應該持續進行，雖然有人擔心它會影響金融穩定，很多央行官員會同意我的看法，但是政策利率要是回到零水準以上，正常的貨幣政策工具恢復功能後，就算是最熱衷量化寬鬆的央行官員也不想再次採用這種辦法。[22]沒人會以為量化寬鬆是全方位的政策工具，可以取代傳統的利率政策。

這本書說到這裡，各位大概已經明白這樣大張旗鼓地「印鈔票」（短期銀行準備就是所謂「高功率」貨幣的一部分）為何沒有引發高通膨。當短期政策利率已經是零而且預料長期停滯，聯準會的電子銀行存款和超短期政府債券就會變成非常接近的替代品；銀行持有零利率國庫券四個星期，跟零利率持續一個月的隔夜銀行存款是一樣的。因此在零利率下限時，央行發行隔夜債務（銀行準備）以收購長期政府債務時，跟財政部發行短債取代長債並無多大差別。所以我們在第六章討論發行收益時就說，央行就是政府的，完完全全、徹徹底底。

20　二〇一五年一月，歐洲央行開始每月直接收購六百億歐元的公共債務，並在二〇一六年三月擴大為每月八百億歐元，收購對象包括公司債。不過此前原本對銀行界的放款也轉給各國政府。

21　過去就有學者指出，在通膨目標較低的情況下，已經在日本到來的零利率下限問題有一天也會襲擊其他經濟發達國家；參見 David Lebow（1993）。他雖然沒有提供任何計量論證或高深的理論，但其簡單框架確實掌握到許多關鍵問題和選擇。他分析了政府及民間債券的量化寬鬆概念，另外也探討收購黃金的想法。他正確地認識到，央行收購私人資產可能比收購政府債券更有效果，但同時也指出收購私人資產形同補貼，可能讓財政政策和貨幣政策的界限不明。他強調量化寬鬆的財政效果也要加以分析，因為我們必須搞清楚，萬一政府其他單位都無法採取行動時，央行可以有什麼作為。

22　例如 Williams（2013）。

換個方式來說，米爾頓．傅利曼（Milton Friedman）對於貨幣基礎（流通貨幣加上銀行及其他存款機構在央行的存款）成長率提出著名的「k百分比法則」（famous k-percent rule），認為貨幣基礎的成長到最後都會對其他貨幣總量有成比例的影響。當銀行運用較高的準備基礎來增加放款，這些新注入的資金進入整個經濟體系之後，將會提升需求並對物價施加壓力，從而導致各種物價指數成比例地上升。要是新增的銀行準備一直存在央行裡頭，沒有進入經濟體系，那麼總需求並不會增加，這樣的貨幣擴張也不會帶動物價上漲。

各方對量化寬鬆的解讀

在量化寬鬆發揮作用的過程中，也出現了許多花招和混亂。至少從表面上來說，這個資產負債表遊戲的基本道理其實很簡單，大家要注意的重點就是，央行是政府完全擁有的，還有央行之後的獲利與損失也是政府承當。當央行開始執行量化寬鬆，收購長期政府債務時，就等於是公眾持有的政府債券提早到期；央行留存的隔夜存款是央行的債務，間接而言也是政府債務，所以量化寬鬆實際上就是此債換彼債。政府減少民眾手中長期公債的供給，希望藉以壓低長期殖利率，因為現在長債供給較少，而退休基金、保險公司和其他長期債務的買家都要被迫搶購。

反過來說，民眾手上的短期債券供給增加，通常也會導致短期利率上揚，希望吸引民間部門增加持有。因為長期利率對總需求的影響比短期利率大，此消彼長的淨效應仍是會讓總需求增加。但是政策利率如果一直處於零水準，沒有短期利率上揚來發揮抵消效果，那麼總體需求的效應會更加強勢。不過我們稍後會談到，這可不是免費的午餐，因為政府的短期債務太多，就越難以承受全球利率突然上升的壓力。

有一種更廣義的量化寬鬆是發行隔夜銀行準備（電子貨幣）以收購民間資產，這在金融危機期間幾乎每個央行都採用了。這種做法對經濟當然會有更大影響，因為政府在其資產負債表上承擔民間風險，顯然具有重大的財政意義，也可能會產生更為顯著的影響。許多研究政策的文獻和所有大眾媒體都把央行收購私人資產稱之為量化寬鬆，但這應該說是財政上的量化寬鬆才對，因為它實際上是兩個截然不同的操作組合。第一個是純粹的量化寬鬆，以隔夜銀行準備換得長期政府債務；第二個操作則是，聯準會賣掉資產負債表上的長期政府債券，以其利得來收購私人債務或其他資產。在經濟自由化的發達經濟體裡頭，後者的操作通常由財政部門負責，而不是靠只有貨幣政策能力的央行。不管是根據明文規定或依循傳統做法，大多數先進國家的央行都不願意介入似乎圖利特定市場的業務，唯一成功的巨大例外是一九九〇年代末期亞洲金融風暴期間，香港金融管理局以震懾全球的手段，強勢介入股票市場叫進以護衛港幣，抵抗外匯襲擊。這在當時被看做是一種非正統的做法，但是它的結果非常成功，對先進經濟體而言，至少是在二〇〇八年的危機之前，這種干預一直是被當做例外，而不是規則，但是這場危機改變了一切。在隨後的政治癱瘓中，央行被迫承擔更多責任。

運作良好的現代先進國央行收購的，通常主要是公共債務而非私人債務，自然是有很好的理由。如果沒有獲立法部門的許可，央行也不想成為政府直接放款給特定部門的渠道。正常的利率政策應該維持中立，因為它著眼於整個經濟，而不是在各個部門裡頭明顯地挑出贏家或輸家。當然，在二〇〇八年的金融危機之際，因為整個金融體系已經凍結失能，聯準會才會直接干預私人市場。在正常情況下，如果有哪些部門應該獲得優惠貸款，中央銀行會更希望由財政當局去做出那些政治決定。23

我們對於量化寬鬆的討論，到目前為止還沒談到一個必須提及的重要細微差異，如同政府擁有央行一樣，現代的總體經濟學也強調納稅人「擁有」政府，因此它的「投資組合」也是全民共有。這是說，納稅人對政府雖然沒什麼控制力，但金融操作的最後損益還是由全民承擔，因此在某些極端假設下，基本上忽略許多扭曲和缺陷，量化寬鬆根本是毫無作用！量化寬鬆對私營部門直接擁有的投資組合的影響，會被私營部門間接擁有的政府投資組合的影響所抵消。24也就是說，如果政府收購違約的私人抵押債券而蒙受虧損，最後還是由全民支付更高稅金來彌補。完美世界的超理性納稅人會考慮到這個風險，並對應調整自已的投資組合。在極端情況下，公家和私人投資組合的交易完全無效；政府發行短期債務進入私人市場購買長期債務時，並不會產生任何淨效應，因為整套交易都是「在自家裡頭」發生的。我原先就說過，政府擁有央行，而政府又是全民所有，所以這套概念運作起來，政府公債就像是一個套一個的俄羅斯娃娃。**25**

現實世界中的許多不完美，讓政府債務運作會有其因果關係，但如果從中性的起點開始，根據粗糙的凱因斯假設，認為政府完全自成一系的話，就會得到完全不同的答案。有些認真的學術理論家（相對於論戰者）認為，債務與未來預期稅收風險狀況之間的關係，在任何有關量化寬鬆效用分析中都是重要的檢驗標準。

由於量化寬鬆的效力和影響過程在理論和實證上仍有許多不確定，要判斷整體福利

---

23 應該指出的是除了收購私人或政府債券之外，還有第三種方法是由央行運用隔夜準備來收購黃金，但融資收購黃金可能非常危險。收購黃金的問題在二〇一四年年底曾經出現過，當時瑞士國家銀行必須抵抗一場全民公投的結果，該公投可能會逼使瑞士央行出售其持有的國外政府債券（主要是德國公債），轉而投資黃金。這個策略其實相當危險，瑞士央行過去是為了讓匯率盯緊歐元，才發行大量短期債務來買進德國公債。萬一金價突然下跌就不妙了，瑞士央行可能無力應付銀行擠兌或瑞郎拋售。（德國公債跌價也是個風險，但它跌價的可能不像金價那麼高。）那些批評瑞士憂慮國家借貸能力的人，實在是貴人多忘事。在二〇〇八年金融危機正嚴重的時候，瑞士兩大銀行——瑞士銀行（UBS）和瑞士信貸銀行（Credit Suisse）——都曾徘徊在破產邊緣，其債務總合約略等於瑞士國內生產總值的十倍，要進行如此龐大的金融援助很可能拖累瑞士政府的償債能力。

24 Wallace（1981）。

25 民眾可能完全考慮到未來政府債券支付債務的所有風險和成本，通常稱為「李嘉圖等價」（Ricardian equivalence），現在對此主題的討論，參見 Barro（1974）。

是否因此提升其實很困難，雖然我們知道它的確可以短暫影響利率。要是經濟體在危機之後就是嚴重缺乏長期的安全資產，那麼提供給私營部門的供給減少就可以提升整體福利嗎？26如果量化寬鬆影響市場主要是透過央行對於未來利率走勢的訊息，是否有成本較低但更為可靠的方式做到這一點呢？某些基本問題，比方說，到底是過去累積的量化寬鬆比較重要，或者是新注入的寬鬆才是主角，現有理論對此仍是摸不準。

希望本節的說明已經澄清一些量化寬鬆的神祕感，各位要是還不太了解的話，房地產公司經理歐米德．馬勒坎（Omid Malekan）在二〇一〇年自己製作一支六分鐘的卡通片，標題就叫做「量化寬鬆的解讀」（也是本節標題），這支很好笑又非常優秀的卡通片提出許多洞見，不過我希望本書的讀者也能發現到其中還是有些誤解。27

量化寬鬆的實證經驗

儘管量化寬鬆的實證論據還不是很明確，但幾乎每個人都認為，美國在金融危機爆發之初，就搶先進行第一輪量化寬鬆實在是非常重要的行動。聯準會運用非凡的創意，在許多私人市場上截堵防漏，才讓金融體系沒有發生更嚴重的崩潰。28全球央行也採取類似的積極行動，雖然各國的壓力和限制不一而影響操作規模。不過等到事態逐漸恢復平靜時，後續的量化寬鬆，即是所謂的第二次和第三次量化寬鬆是否仍然有效，至少在美國是引發了一些質疑。

如前所述，有證據表明改變量化寬鬆政策的重大宣告會對債券市場帶來顯著的短期影響，大致上已是無可爭議。二〇〇九年三月十八日，美國聯準會宣布收購高達三千億美元的長期公債，美國十年期債券利率在一小時內下降了四十個基點（即〇．四%）。當聯準會主席柏南克在二〇一三年五月二十二日表示每個月會縮減大約八百五十億美元的債券和抵押擔保證券收購，全球金融市場立即陷入所謂「緊縮恐慌」（Taper Tantrum）的亂流。之前學術界最有影響力的研究之一，克里希納穆提（Arvind Krishnamurthy）和維辛—約葛森（Annette Vissing-Jorgensen）發現，美國的第二次量化寬鬆只收購政府公債，

---

26 參見 Krishnamurthy and Vissing-Jorgensen（2011）；Woodford（2012）。關於檢討量化寬鬆效用的理論架構，參見 Caballero and Farhi（2016）。他們發現量化寬鬆在流動性陷阱的效力，只在於增加民眾持有的安全資產（即政府債務），所以財政上的量化寬鬆雖然有效，只是將某種政府債務換成另一種就沒什麼用了。

27 David Weigel, "The Man Behind the Quantitative Easing Video Speaks," *Slate*, November 22, 2010，可見於 http://www.slate.com/blogs/weigel/2010/11/22/the_man_behind_the_quantitative_easing_cartoon_speaks.html。

28 參見例如 Chung et al.（2012）。他們認為如果沒有量化寬鬆的話，美國失業率在二〇一二年底會升高一．五%，所以效應算是非常大。不過他們也發現那些效應大都來自危機高峰期的第一次量化寬鬆，而不是後來的那幾次。另有研究指出上述結論太過誇大量化寬鬆的效應，因為它在假設上即對殖利率曲率有很大的影響，參見 Wu and Xia（2016）。

圖8-5：十年期公債通膨指數證券，固定年期

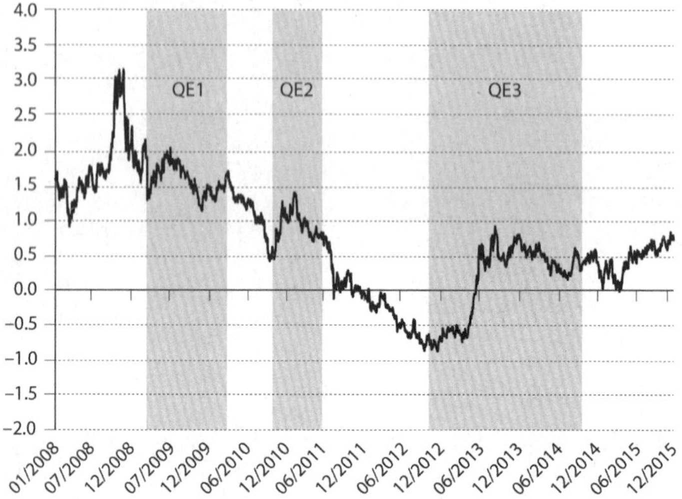

資料來源：美國聯邦準備理事會

（引自聖路易聯邦準備銀行，聯準會經濟數據資料庫）

注：陰影部分係量化寬鬆的收購期

也讓長期利率降低大約五十個基點。[29]但是正如我們之前所言，這類證據基本上是來自事件研究，對於了解即時效應最有用；如果要探究長期影響，此類證據的資訊就很少了。這裡所謂的證據也更難辨認。[30]

如圖8-5所示，十年期通膨指數公債的殖利率在聯準會三次量化寬鬆時都見上漲，等到結束時又開始跌，而且會繼續跌。當然這個相關性是非常表面的，裡頭可能還存在複雜的延滯效應，但這段期間長期殖利率也會受到許多因素所影響，其中包括歐元區和最近在亞洲的不確定因素，況且一般

預期中期的全球經濟成長可能趨緩。在這些結構性質的變化下，我們很難明確區分各種不同效應的相對重要性，而且各位請記住，我們這裡只是討論利率而已，並不是對實體經濟的最終影響，那甚至是更難以判斷。

量化寬鬆與逃離零利率下限的陷阱

儘管理論和實證上有這麼多的不確定，許多經濟學家還是認為央行只要願意更積極運用，或許要帶著更為明確的目的，特別是強力宣稱允許通膨過度高揚，還是能夠更有效地拉抬經濟脫離低通膨困境。各位可以把零利率下限看做是掉進沙坑裡頭的高爾夫球。[31]如果第一次、第二次和第三次量化寬鬆只是輕輕地打那顆球，就不會有什麼效果；這裡需要的是（技巧高超地）全力揮桿。只有把球打離沙坑，就算是打上粗草區，

---

29 Krishnamurthy and Vissing-Jorgensen（2011, 2013）。

30 聖地牙哥大學教授詹姆斯．漢米爾頓（James Hamilton）的研究跨越總體經濟學和計量經濟學，對於觀察量化寬鬆長期效應的困難，提供了非常有見地的討論，參見 Econbrowser column "Evaluation of Quantitative Easing," November 2, 2014, 可見於 http://econbrowser.com/archives/2014/11/evaluation-of-quantitative-easing。

31 我二〇〇三年在日本的報紙上首先用高爾夫球做比喻，後來被前任財務省副首長、現任日本央行總裁引用，參見 Kuroda（2005）。

才算是脫困，才能再次控制那顆球。如果貨幣政策在零利率下限使出全力，通膨預期逐漸抬頭，利率也會跟著上升。這時就像高爾夫球手重新回到草地一樣，央行才能改用正常的利率政策來控制情勢。經由這幾年的實際運作經驗，量化寬鬆的主要問題也許正是因為央行不太願意全力揮桿，做不到「不計任何代價」（歐洲央行總裁德拉吉的著名宣言）來拉抬通膨預期。32就此而言，日本最近的經驗特別有趣，日本央行收購的政府債券已經相當於國內生產總值的七〇%以上，遠遠超越其他國家央行的收購規模。但是到現在為止，不管是對短期或長期通膨的影響仍是令人失望。我相信日本央行要是對外表示願意讓通膨長期超標，日本的量化寬鬆一定會更加有效，這跟把球打出沙坑是一樣的道理。

量化寬鬆確實會造成一些弱點，如果要積極採用的話就不該忽略，才能在成本與效益之間達到平衡。假設出於某些預料之外的原因，全球實質利率因為美國（或其他出問題的相關國家）以外的因素而急劇上揚，而且對於銀行準備的需求開始下滑——我知道有些人會認為這是不可能發生的，但我們如果不能完全了解實質利率為何下降如此之多，我們也就難以肯定它們不會在什麼時候突然反轉，大幅上揚。美國聯準會無疑有許多工具可以吸收泛濫資金，包括逆向量化寬鬆（拋售長期債券以吸收超額貨幣），提高銀行準備的利率來維持需求，但是這兩項政策都會增加政府（綜合）償債成本，並刺激實質利率在私人市場快速上揚。如果聯準會必須果斷行動以打壓通膨時，經濟正顯疲弱，那麼它就會覺得受到限制，這時候要放鬆資產負債表可能就比預期來得困難。33

我們有時會聽到，在零利率下限的環境中，為什麼央行持有的政府債券很重要的問題。聯準會何必拿著政府公債，然後收利息再繳回國庫呢？它直接把那些政府的長期公債給撕了不就好了嗎？如果這麼做的話，大家反而會知道政府負債沒有那麼多，也就不必像現在這麼擔心國債的問題。這辦法也許聽起來不錯，但有個小問題，為了收購政府債券，聯準會必須在資產負債表的另一邊發行銀行準備，而這些錢並不算在聯邦債務裡頭。如果是在零利率環境下，那些銀行準備幾乎沒什麼成本可言，所以好像也沒什麼關係，但正如我們剛剛所說的那樣，要是全球經濟復甦，聯準會必須要做點什麼的話，如果它之前把公債撕了，現在就沒有公債可以用來吸收泛濫資金，抑制通貨膨脹囉。在名目利率正處歷史低檔時借錢也許很聰明，但它還是有風險的，事實上，有人也許就會問，政府幹嘛發行隔夜債務呢？應該趁著利率在歷史低檔，發行百年債券才對嘛。

總而言之，量化寬鬆似乎是比傳統貨幣政策差很多，因為這項工具相當新且運用經驗不多，我們現在還是很難確定量化寬鬆發揮影響的過程。這種不確定性會讓人覺得擔心，不知道量化寬鬆會不會在資產市場埋下動蕩種子。此外，儘管實證表明量化寬鬆能

32 「不計任何代價」是德拉吉在二〇一二年七月二十六日的演講發言，對歐元危機發揮關鍵的穩定作用。

33 聯準會曾表示，它是要讓量化寬鬆的收購在資產負債表上「流失」，就是持有至債券到期而消失。

在短期內壓低長期利率，但實際上全球實質利率都在下降中，於此背景下我們很難明確判斷它的長期影響為何。事實上，我們連量化寬鬆對通膨有多少影響都搞不清楚，在正常狀況下，銀行準備驟增通常也會帶來巨大的物價上漲壓力，正如本章一開始的討論，電子銀行準備和超短期國庫券在零利率下限時幾乎是完全一樣，所以注入準備不一定能迫使銀行提高放款，要是沒有其他選擇，大多數央行官員是會再次運用量化寬鬆，但他們更希望在未來找到更有效、更明確也更透明的政策工具。

前瞻指引

除量化寬鬆之外，我們也要談談前瞻指引，這是哥倫比亞大學經濟學教授兼央行業務大師麥可．伍福德率先提出的專業術語。這套方法的基本想法，我們在本章前面已經討論過：如果名目利率低到零利率下限，央行已經沒有調降空間，那麼還可以透過操縱通膨預期來壓低實質利率。34 但是這個政策的問題是，如果民眾認為央行一向強烈打壓通膨的話，央行就算願意讓未來通膨上漲超過目標，也未必可以取信於民。前瞻指引的想法就是要找到切實可行的途徑，讓央行對於通膨的承諾變得更具體也更容易理解，或許因此也就更加可信。

粗略地說，前瞻指引就是由央行告訴市場：「因為零利率下限的關係，我們現在也許無法降低利率，但是我們保證在經濟產出和通膨預期變強之前不調高利率，而且之後也不會像平常那樣很快調升利率。」理想狀況下，這樣的保證就是具體指標。這種前瞻指引有時被稱為根據數據的前瞻指引，基本上是針對數據資料的特定反應。另外還有根據時間期程的前瞻指引，例如央行可能說：「我們保證至少六個月不會提高政策利率」或者像是在二〇一五年時許多聯準會官員堅持說：「利率在今年年底才會調升，離開零利率水準。」而且他們的確在二〇一五年的十二月這麼做。[35]

這兩種類型的前瞻指引在現實上的主要問題是，因為央行官員會定期更換，他們的保證就很難博得民眾的信賴，更別提那些監督央行的政客。或許更重要的是，要在任何中期的範圍內預測經濟可能遭遇哪些壓力，實在是不容易。比方說在金融危機之後，決策官員根本沒料到全球實質利率會持續下滑，迫使他們要一再重新評估正常的政策利率應該是怎樣。

其實前瞻指引是想要利用央行在過去二十年來累積的信譽和地位，要求市場相信央行提高未來通膨的保證，也會提供具體指標讓大家判斷央行是否達成目標。但是過去五年來聯準會和市場對未來利率的預期往往落差甚大，表示前瞻指引的效果有限，當然更

---

34 Canzoneri, Henderson, and Rogoff（1983）。

35 對於數據型及期程型前瞻指引的效應討論，參見 Feroli et al.（2016）。

不足以取代無期限負利率政策。36

最後，當我們要比較負利率政策和一些比較無力的政策工具，諸如量化寬鬆和前瞻指引等，必須要知道央行在運用新工具時都需要一定的調整過渡期。任何一種新的政策工具，不管是量化寬鬆或前瞻指引，都需要幾十年的經驗，經濟學界才能真正形成堅實而持久的共同看法。理論確實表明，假如所有必要的準備工作都已完成，負利率才是央行最有效的工具。但是在我們對於所有這些新工具累積出更多經驗之前，還是很難明確地判斷。

36 關於前瞻指引的深入討論，參見 Filardo and Hofmann（2014）。

CHAPTER

9

抬高通膨目標、名目國內生產總值、逃逸條款及財政政策

接下來要說的是，除了無期限負利率政策之外，還有哪些方法可以處理零利率下限的問題。其中能夠最直接替代負利率的，也許就是讓央行提高通膨目標，從先進國家幾乎普遍設定的二%提高到比方說四%。抬高通膨目標之所以可行，是基於這樣的觀點：引發經濟扭曲的重要因素並不是通膨率的平均水準，而是它的波動。理論上而言，只要央行力求政策穩定，任何情況下都能維持在可預期的程度，那麼通膨目標不管是二%、四%甚至二〇%，對實體經濟所能產生的結果也都差不多。這個論點對大多數人來說可能不算常識，這或許是在實務上通膨率高時就是很少像物價低時那麼穩定，而且坦白地說，這個穩定上的差異有很大的政治經濟因素在作祟，不過有好些極受推崇的財經學者仍然積極主張抬高通膨目標。

這個運作的原理是說，如果各項名目利率都已預期通膨較高且加以反映，央行在利率降到零水準之前就不太容易打光子彈（亦即還有降息空間）。現在比較一下我們生活的通膨目標二%的世界，和一個一切都一樣只有通膨目標設定為四%的平行世界。假設大家都相信通膨目標可以切實遵守（聯準會肯定擁有這樣的可信度），這兩個世界的實質利率應該都一樣，因為長期而言，貨幣政策並不會影響實質經濟。但是在通膨目標為四%的世界中，所有利率從隔夜利率到三十年期利率都會高出兩個百分點。所以在那個平行世界中，貨幣當局在利率降到零水準之前還有兩個百分點的調降空間。[1] 不過我們也會發現，那個平行世界的狀況會有點複雜，因為通膨目標為四%的條件下，大家的行為和遵行的社會習慣可能也都不同於二%的世界；此外相對於二%通膨率的狀況，四%條件下的不利可能是比主張抬高者所承認的還多。

在本章最後，我們會簡單介紹財政政策，當然在對抗經濟衰退時，也應該酌情採用財政政策來補充貨幣政策，作為提振衰退的第二道助力。財政政策在裡頭還是要扮演一個角色，雖然它實施起來比較麻煩，時間上會拖得比較久，政治上的分歧也會比較大。如果是在零利率下限時，貨幣政策形同癱瘓的情況下，就更需要財政政策了。不過這不是說，要是零利率下限可以巧妙解決的話，積極調用財政政策就能完全取代貨幣政策。

通膨目標從二%提高到四%

如前所述，調高通膨目標的基本想法來自一個大家都接受的觀念：就長遠而言，貨幣政策對實質利率沒有影響（即名目利率經通膨預期調整）。換句話說，就算是在凱因斯學派的經濟模型中，已被市場充分預期的貨幣政策是「中性」的，特別是長期上大家都已經預期到、也調整過了，平均通膨率就算是不一樣也不會影響實質利率水準。

一九九〇年代初期全球央行的通膨目標幾乎漸漸都設定為二%，但提高目標的想法也不算離經叛道，事實上從那時開始也有許多討論。[2] 後來有許多新興市場和發展中國

---

1 抬高通膨目標的主要訴求是說一般利率水準也會跟著提高，但除此之外還有一個理由可能也很重要。由於工資向下調整的僵固特性，雇主很難裁減任何人的名目工資，因此相對工資也難以改變。但如果通膨水準變得較高的話，事情就好辦啦！因為雇主不必裁減名目工資，即可讓某些工人的實質工資降低相當幅度。他只要提高其他工人的名目工資蓋過通膨率即可。因為通膨率太低使得相對工資難以改變的狀況，可能會導致失業率升高，因為這時候雇主可能更不想召募新工人。事實上有一項突出研究認為，具備溫和通膨率（三%）時，失業率會比零通膨時還低（參見：Akerlof, Dickens, and Perry 1996）。當然，如果是充分適應低通膨的社會，可能會發展出允許靈活調降工資的方法。例如一九九〇年代的日本，工人薪資中「獎金」占了一大部分。公司調降獎金就是變相減薪，但名目工資還是不變。不過也有相反的說法。有些財政學家認為，通膨率較高，即使只有二%，也會大幅加劇稅收扭曲，尤其是對資本所得的課稅（參見 Feldstein 1999）。但正如低通膨社會可能找到方法解決工資調降僵固性，高通膨社會也可能找到減輕通膨扭曲稅收的方法。

家也都設定更高目標，例如韓國和墨西哥的通膨目標即是以三%為中心。

不過我們如要認真看待通膨目標四%的問題，就要先知道這其實是兩個問題，但不幸的是這兩個問題常常在爭論中被混在一起。首先，假設我們有一台時間機器可以回到一九八〇年代中期，並且徹底重新設定整個通膨目標，選擇四%就會比二%好嗎？尤其是我們現在知道零利率下限的限制，四%通膨的經濟表現就會比二%的好嗎？這樣的考驗比現實中要將二%調升為四%來得容易吧，但即使如此，答案也不是很明顯。現在的美國聯準會副主席史丹利・費雪（Stanley Fischer），過去也曾是國際貨幣基金的副總裁，他在高通膨國家擁有豐富的工作經驗。費雪認為，當平均通膨率達到四%時，民眾不但更常變更物價，而且會開始在物價指數上表現出來。[3] 不管是哪個方式，貨幣政策都變得比較沒有效果。如果物價和工資都會被反映到通膨指數裡頭，在這個限制下，貨幣政策什麼效果也不會有。退一步來說，通膨目標四%的時候央行可能是比二%更有降息空間，但可能也更需要這個空間。誠然，我們很難從實務經驗探索這個猜想，因為我們生活的世界就不是四%的通膨率，也不知道工資制定和其他習慣在長期上會如何對應調整。

高通膨的另一個缺點是，它可能在相對物價和工資之間隨機造成更大差距，因為整個經濟體的各種代理機構並不會協調工資和物價變動。通膨率越高時，調整的需求就越大，如此一來，最近剛調整價格的廠商和長久未調動者的差距就會更大。雖然這個效應在計量上的意義仍有爭議[4]，但是很多標準模型都表明，物價扭曲隨著通膨上升而增加，對經濟的負面影響可能相當大。[5] 此外，高通膨的扭曲成本無時不在，不限於經濟衰退期間。

通膨較高還有其他缺點，也都不該輕率忽略。首先，也許最重要的是，對於二%

---

2 關於低通膨目標下的零利率下限問題，參見 Lawrence Summers（1991）、Stanley Fischer（1996）。首先認真研究這個主題的是聯準會經濟學家傑佛瑞·麥迪根（Jeffrey Madigan）和傑佛瑞·富勒（Jeffrey Fuhrer）。他們在一九九四年即針對通膨目標四%可以解決多少零利率下限問題進行計量研究。保羅·克魯曼採納四%通膨目標作為深受通貨緊縮所苦的日本央行的出路（參見 Paul Krugman 1998），後來也建議歐洲央行永遠採用四%做為通膨目標（參見 Krugman 2014）。還有一位深思熟慮之後率先主張四%通膨目標的貨幣經濟學家，參見 Lawrence Ball（2013, 2014）。最突出的四%政策推動，可能要數國際貨幣基金首席經濟學家奧利維爾·布蘭查（Olivier Blanchard），他和幾位學者一起研究，在二〇一〇年主張先進國家應將通膨目標設定為四%，引發各方爭議；參見 Blanchard, Dell'Ariccia, and Mauro 2010。布蘭查及其他共同作者強烈主張，二〇〇〇年代的經驗顯示現行通膨目標大有問題，需要考慮徹底解決的辦法。但是他的說法引起部分央行官員的激烈回應，認為國際貨幣基金不應作此主張。我在二〇〇三年擔任國際貨幣基金首席經濟學家時也碰過同樣反應，當時我在《金融時報》專欄呼籲歐洲央行適度提高通膨目標（參見 Rogoff 2003；https://www.imf.org/external/np/vc/2003/042303.htm）。

3 "Inflation Rate Target Is Questioned as Fed Prepares to Meet," *New York Times*, April 28, 2015。

4 有一篇有趣的論文（參見 Nakamura et al. 2015）對於高通膨導至高價差的概念提出挑戰，它對一九七〇年代美國的高通膨時期進行資料評估而提出質疑。不過在現今網路和條碼使用普及的條件下，重新定價會比四十年前更容易，所以這些結果就算在彼時彼地確實成立，我們也不太清楚換到現今環境中實際上是否仍然適用。

5 研究顯示（參見 Ascaria and Sbordone 2014），在標準的新凱因斯學派模型中，較高通膨目標的物價扭曲成本可能相當大；另參見 Yehoue（2012）and Coibion, Gorodnichenko, and Wieland（2012）。

的通膨率，央行可以視之為等同零通膨。這個道理是說，因為新產品和新財貨的供應源源不絕，央行發布的物價指數通常會誇大通膨壓力，這個偏差比較可能是一%而非二%——不過也沒人可以確定——但總之是距離零水準沒有多遠，大家都不必擔心。必須考慮通膨，對經濟學家可能不算什麼，他們反正一直都在思考物價的問題，但對一般民眾來說可謂大事，大家可不想擔心這個問題。這個反對意見並非杞人憂天，「零通膨」（或幾乎等於「零通膨」）很容易被民眾理解，大家也會覺得央行信守長期承諾，以遊戲理論的術語來說，零通膨——物價穩定——很自然是個「焦點」（focal point）。四%的通膨目標顯得更像是個刻意的選擇（不然為什麼不是三%、五%甚至是八%呢？），因此就算是過了調整適應期，可能還是很難凝聚預期的共識。

然而，改變通膨目標最大的問題是會破壞央行信譽。多年來央行一直告訴大家說二%通膨最棒，那麼現在央行官員要改口：「哎呀，其實四%最棒！整個經濟的債務和工資的核心預期都被我們搞得亂七八糟，真是抱歉啊！是我們的錯！」這種話怎麼說得出口啊！除了會造成混亂甚至引發金融危機之外，大家也不免懷疑央行以後是不是又會顛三倒四，比方說又改成三%或五%。就算是在最好的狀況下，這些調整造成的創傷和不確定可能都需要很多年才能沉澱安定，所以調高通膨目標其實是冒了很大風險，尤其是它在爭取更多降息空間方面似乎不如想像般的有效（如前所述），而且通膨目標較高也更難在長期上凝聚民眾的信任，此外高通膨通常也伴隨著其他嚴重的扭曲效應。

不過我們也不必因此就把四%這個方法丟進學術史的垃圾箱，要是有一天突然大幅增加國防支出，可能又會引發通膨盤旋向上。要是真有那麼一天到來，狀況可就不大好啦。但這會是我們重新考慮通膨目標的機會，以及思考我們真正想要生活在什麼樣的世界。當然，如果負利率可行的話，根本也沒必要提高什麼通膨目標，央行甚至可以緊盯一%的通貨膨脹率，雖然我們之前曾討論過維持二%比較好。

設定名目國內生產總值的目標

讓央行改變目標的另一套想法是不僅做計量上的調整，還要有性質上的變化，例如設定名目國內生產總值的目標，這是諾貝爾獎得主詹姆斯・米德（James Meade）在一九七七年首先提出的想法（不過他採用不同的術語）。[6] 明白地說，名目國內生產總值就是以現行美元幣值計算的國內生產總值，所以名目國內生產總值的成長就同時包含了通貨膨脹和實質產出成長的目標。這套想法有兩個層面：首先，從長遠來看，當大家都適應

6 參見 Meade (1978)。傑佛瑞・法蘭克（Jeffrey Frankel）對此議題做出精彩結論，並檢討它在學術史上的演變，參見"The Death of Inflation Targeting," VoxEU.org, June 19, 2012；http://www.voxeu.org/article /inflation-targeting-dead-long-live-nominal-gdp-targeting。

新目標以後，這種方法具備提供自動穩定的優點。比方說，如果產出低於趨勢，那麼貨幣政策就必須藉由提高通膨來彌補實質成長的下降。第二，有鑑於貨幣政策難以顯著影響實質經濟的長期成長趨勢，名目國內生產總值目標與穩定的長期通膨預期必定一致。

這是個有趣的想法，事實上我三十年前的論文也談過，並引入通膨目標的整體思考。[7]我的論文承認名目國內生產總值目標的穩定優勢，但認為可能導致央行面臨直接的政治壓力，設定出不切實際且難以持續的產出水準。因此，名目國內生產總值目標可能帶來通膨上升的偏差，造成經濟產出動蕩過大，也可能讓央行難以維持超然獨立的地位。另一個根本問題是說，國內生產總值是一個非常不完美的衡量變數，政府的統計數字時常在修正，有時候甚至拖了好幾年才修正，而且修正幅度還挺大的。[8]例如英國從一九五五年到一九九五年期間，經歷過幾次技術性衰退（技術性衰退的定義係指連續兩季國內生產總值減少），如果使用一九九六年公布的官方數字來看是十次，要是改用二〇一二年的數字則變成只有七次。[9]（注意，我們是在計算一九九六年以前的衰退喔，或者說試著算出幾次。）像這種測量上的困難，也是反對央行設定名目國內生產總值目標的重要理由。

就跟調升通膨目標為四%一樣，改變名目國內生產總值目標也不容易向市場解釋清楚，過渡期間反而可能造成長期動蕩。還有其他理由可能帶來質疑：大多數民眾不曉得名目國內生產總值是什麼，這會讓貨幣政策甚至比通膨或失業率目標更難理解，因為光是那兩樣大家就覺得夠麻煩啦！當然市場最後可能還是會理解和適應，但就是需要花很長的時間。

解開通膨目標的死板架構

正如我們所看到的，要判斷零利率下限是不是大問題，關鍵在於央行能夠透過未來通膨預期操縱實質利率到什麼程度，而這又取決於央行承諾的可信度。問題是，央行在面對零利率下限時做不到這一點，或者說至少沒有太大效果。當然，有一部分是因為央行缺乏有效傳遞通膨承諾的工具；要是允許負利率的話，就沒有這個問題。但是這問題有一部分也可能在於，一九八〇年代中期以來各國央行太熱衷於執行通膨目標，而且此後的一切制度設置都以儘量壓低通膨為目標。當時建立的新架構就是為了不再重蹈一九七〇年代的高通膨覆轍，反而對於框架之外的低通膨問題沒有足夠重視。因此即使在

7 Rogoff（1985）。

8 關於即時測量國內生產總值的複雜性，參見 Landefeld et al.（2008）。他指出要進行更加準確的估算，必須每五年進行一次全面的經濟普查。國內生產總值的期中估算，必須根據一些為其他目的收集的經濟數據來做統計推斷（因此未必符合國內生產總值的會計需求），而且這些數據收集的頻率也各自不同。

9 Berkes and Williamson（2015, table 2）。

經歷了二〇〇八年金融危機之後，經濟陷入不尋常的長期超低通膨狀況下，主要國家央行還是沒有一個願意出來承認，讓通膨適當升溫幾年不是一件壞事。[10]反而是通膨崩潰後，各國央行大都表示滿意，只說要讓通膨回升至二％還需加把勁。

例如二〇一二年美國聯準會選擇考慮結束量化寬鬆的時機，最後選定以通膨上限二．五％為觸發目標。為什麼不選三％，或更好是四％呢？日本央行在二〇一三年四月採取激進貨幣刺激計畫時，也從來沒有討論過讓通膨大幅上升的可能；其他央行包括英國央行也都明確表示，他們的目標就是避免任何明顯的過度通膨。這個問題與第八章說的把高爾夫球打出沙坑一樣，央行必須允許通貨過度膨脹一點，經濟才有足夠動力脫離零利率下限；換句話說，市場了解聯準會對通膨的控制並不完全，所以觸及目標才會設得那麼低，讓市場知道央行寧可失之過低，也不願見到通膨太高。

在金融危機之後暫時提高通膨目標，可能會是有力的工具。如果能夠早一點做到的話，特別是配合大型的財政刺激一起實施，較高通膨目標也許就能幫助經濟維持足夠動力，許多國家也就不會陷入流動性陷阱。較高通膨可以降低實質利率來刺激需求，並減輕債務—通貨緊縮的不利效應，對整個經濟都有助益；而且通膨也不必一直維持高檔，關鍵在於要對危機作出快速反應。[11]

的確，探討零利率下限的研究論文中有一大部分都採取無法承諾更高通膨的看法，就算是在必要的時候，也是個棘手的信賴問題。這種看法似乎很強烈，也呼應了一九八〇年代的觀點，說是央行永遠無法讓民眾相信它們不會抬高物價。事實上，當時許多國家所經歷的極端困難，可能都讓大家相信制度設計上的一些缺陷幾乎都會在某些時候被修正。本書附錄有一小部分關於通膨目標研究文獻的發展和危機前那種必勝信念的問題，對於信賴感和靈活度之間的平衡，央行原本以為自己已經解決這個問題，但現在看來其實還差得很遠。在上一場打擊通膨的戰爭中，央行或許是太過深入，反而使得整個制度陷於僵化。

擇機使用財政政策和無人機撒錢

當經濟受制於零利率下限時，就很適合採用激進的財政政策。但大家也要區分清楚，這種機會主義式的財政政策（或許有人會說是太過活躍）跟平常的財政政策不一樣，後者是在沒有負利率限制，貨幣政策完全可以發揮穩定功能時也適合運用。

使用機會式財政政策逃避零利率下限的基本思路很簡單，但根據我們假設的僵化

10 關於央行在危機初期應該引導通膨溫和上升的討論，參見 Rogoff（2008）。

11 主動提高通貨膨脹目標和物價水準的差別，是央行不會等到通膨大幅降低才採取行動，參見 Eggertsson and Woodford（2003）及 Evans（2010）。

性質和缺陷，還是有幾種變化形式。12 一般來說，最適政策是同時使用財政政策和貨幣政策，但是在進行相關討論和爭辯時，有些該注意的事項常常就因此忽略了。首先是經典的凱因斯學派財政刺激模型，在零利率限制下形同封閉經濟，忽視了一部分財政刺激可能在國外浪費掉的事實。封閉經濟正是凱因斯最精彩的簡化假設，忽視了整個世界的其他部分，這個假設雖然在進行分析時顯得十分漂亮，可是就算是對美國來說也很不現實。開放經濟的溢出效應表示，如果要讓財政刺激政策充分發揮作用，各國之間可能需要採取協調一致的行動。但是經驗顯示，這是說得容易做來難，尤其是其中有些國家對於凱因斯學派模式沒什麼信心的時候。第二點是財政政策能夠發揮的效果，對於預期財政刺激係暫時或永久相當敏感；如果是永久性的改變，就表示未來可能會增稅，那麼就會排擠民間消費。更準確地說，如果大家預期利率脫離零水準之後就會被撤回的財政刺激措施，即可能對經濟生產產生很大的乘數效果；但若是利率脫離零水準之後仍持續的財政刺激措施，能發揮的影響就會小得多。這個區別很重要，因為在實務上，可能很難讓大家相信某個新的財政方案只是暫時，如果大家不相信該方案會在適當時機撤回，刺激的影響效果可能就相當有限。13

直接由央行印鈔票給消費者用，也是讓人關注的想法。柏南克在二〇〇二年擔任聯準會委員時，曾建議日本這麼做來解決通貨緊縮問題。結果好心沒好報，有些批評家開始戲稱他為「直升機阿班」（Helicopter Ben），因為他對日本的建議正是移用傅利曼說的從直升機撒錢，但最近這個想法又再度盛行。英國金融服務管理局前主席阿德爾・特納（Adair Turner）在他二〇一五年討論債務的著作中，也曾主張由央行提供移轉支付，而媒體專欄和網路部落客也常常談到直升機撒錢作為提振經濟的靈藥。[14]這個想法基本上是沒什麼錯[15]，但我們也要先了解，靠直升機撒錢並不是讓總體經濟穩定的新方法。因為對於直升機撒錢有這麼多混亂的說法，所以我們值得在此暫停一下。

如果經濟不是處於零利率下限，直升機撒錢就等於由財政部向每個家庭（或個人）

---

12 有許多論文都討論到零利率下限的財政政策理論，包括：Christiano, Eichenbaum, and Rebelo（2011）；Eggertsson and Krugman（2012）。雖然理論上要解釋財政乘數在零利率水準會比較高，但實際上到底高出多少則是眾說紛紜。此一乘數難以估算的原因之一，是它可能會隨著時間而改變。例如有優秀的實證派總體經濟學家研究發現，在金融危機正嚴重的時候，財政乘數相當高，大約是一・六倍（表示政府支出增加一美元會刺激民間支出，提高產出超過一美元）。但是到二〇一一年時，這個乘數卻已大幅下降到〇・九倍（表示民間支出受到小量的排擠），這也許可以解釋美國財政緊縮對於經濟成長並未發揮效果的悲觀看法（參見Christiano, Eichenbaum, and Trabandt 2014）。另一個原因當然是還有其他因素在發揮作用，正如英國經驗所顯示的那樣。

13 參見Christiano, Eichenbaum, and Rebelo（2011）。由於預期未來增稅的阻力較大，而對於實質利率上漲的壓力較小，所以在刺激經濟逃離零利率下限影響時，永久性財政刺激措施不如暫時性的有效。

14 Turner（2015）；計量估算參見Galí（2014）。

15 值得注意的是，如果「李嘉圖等價」成立（如第八章所述），直升機撒錢在零利率限制下也發揮不了作用，民眾也會認為未來要加稅償還公債，他們獲得的好處也會就此抵消。我會在第十二章再次提醒讀者這個限制。但本章稍後要談的無人機撒錢（drone money）還是會有點效果，因為這是把富人的錢轉給窮人。

提供五百元的支票一樣，這筆錢是透過發行債券來支付，再讓聯準會利用標準的公開市場操作全額收購這些債券。在影響方面，民間部門因為現金增加而獲得更多財富，但債券並沒有增加。如果經濟處於零利率限制之下，唯一差別就是央行會使用量化寬鬆來吸收這些新債務。直升機撒錢只能伴隨其他制度上的改變，才能夠擴大選擇。例如直升機撒錢伴隨著央行通膨目標偏好的改變，那麼當然會有附加效果；同樣地如果直升機撒錢伴隨著新立法，以某種方式幫助央行在以後進行通膨融資，也會產生重大改變。在這兩種情況下，直升機撒錢都只是一種達到政策變革的小技巧，否則在政治上是行不通的，這或許是利用央行維持保守的信譽，幫助財政政策更加順遂。這麼說的話，這裡頭有明顯優劣權衡必須慎重考慮。16

如果央行要利用它的信譽，今天的技術還可以提供另一個類比：「無人機撒錢」。政府不必靠直升機不加選擇地撒錢，而是利用無人機針對低收入戶來送錢。以凱因斯學派的觀點來說，設定目標的轉移支付可能會有更大效果，因為大部分的錢都會被花掉而不是存起來，如果我們同時想刺激需求又希望可以解決分配不均的現象，這種針對性質的轉移支付就特別有意義。

總而言之，財政穩定政策可能是個很棒的點子，但央行要是可以採用負利率政策，假設一切條件都已到位，那麼它就站在更好的起跑點。這一步就能改變整個氣氛，不必讓財政政策只是作為替代貨幣政策的次佳選擇，讓決策者可以在正常狀況下根據需求、效率和所得分配來評估財政政策。但是要小心任何想要避開零利率下限的陰謀詭計。想要擴大政策選擇，還是必須做出更加根本性的改變才行。

實施消費稅

為了論述完整，這一節要簡單討論馬丁・費德斯坦（Martin Feldstein）提出的，在零利率限制時運用稅制來刺激零售物價與需求的建議：

第一個選擇是會增加消費支出。一段時間以來日本政府即表示希望減少對所得稅

16 為了更深入考慮直升機撒錢和其他政府政策之間的對等性，最簡單的方式就是從央行不改變通膨目標開始。我們先從傅利曼的的直升機實驗談起，這是直接向每個家戶提供現金。如果央行不改變通膨目標，它以後就要出售債券來買回任何可能引發通膨的貨幣供給注入，當這一切達於均衡的時候，貨幣供給增加，民眾持有的政府債券也增加。（確切結果當然是取決於各種因素，但是我們在解釋等價結果時並不需要逐一深論。）

如果是由政府發行債券來轉移支付，不靠央行合作來發動呢？結果會有什麼不同嗎？不會有什麼不同，因為所有變數，包括經濟產出、通貨膨脹、貨幣和民眾持有的政府債券也都一樣，最後結果當然也相同。當債券增加、經濟產出也增加，設定通膨目標的央行就要面臨壓低物價、抬高利率的壓力（因為政府債券供給也增加）。央行就不得不發行貨幣（即銀行準備，其中有一些可能轉換為紙幣）來吸收債務，直到吸收進來的債務和直升機撒出去的錢一樣多才能達到均衡！引入零利率下限也完全無法斷開直升機撒錢和其他政府政策組合之間的等價性質。

的依賴，增加對增值稅的依賴。日本政府現在就可以宣布，現行五％的增值稅每季調升一％，同時降低所得稅率，讓稅收保持不變，這樣持續數年，直到增值稅達到二〇％。這種歲收中立政策將意味著消費物價每年上漲四％。17

費德斯坦這個辦法的核心是，它造成的通膨預期是反映在消費者面對的稅後價格，而不會對生產者物價帶來通膨扭曲，如果是央行承諾的通膨目標就難以避免後者的情況。原則上，財政造成的通貨膨脹是一種可行做法，但後來研究發現需要處理一些細微差異，包括針對勞動所得課稅的抵消必須仔細校準。另外在實務上，零利率下限的束縛會延續多久，誰都不知道，因此當零利率約束不再時，增加銷售稅、裁減所得稅的提案需要一套更複雜的版本。18 對於這套方法最嚴正的反對理由也許是說，現實世界的財政政策總是涉及重分配的問題；比方說，銷售稅和所得稅所影響到的，是各自不同的群體，而實際稅率反映出政治上的均衡，並不單單是個經濟問題。因此在實際上，其中牽涉的任何必要承諾都可能非常難以實現，而使得整套政策失效。

17 Feldstein（2002, p. 8）。

18 學者後來大幅改進費德斯坦的想法，並以標準的新凱因斯學派模型進行量化分析，參見 Correia et al.（2013）。費德斯坦的想法在某些方面和「財政貶值」（fiscal devaluation）密切相關，這是提高增值稅、降低就業稅收以鼓勵就業，參見 Farhi, Gopinath, and Itskhoki（2013）。

CHAPTER 10

負利率的其他途徑

要實施負利率，是否一定要淘汰紙幣才行呢？簡單的回答是「否」。實際上還有一些可行的選擇——原則上也能相互合併採用——各有其優缺點，所以我們必須討論一下這些選項。

第一個點子是央行只是稍稍跨入負利率領域，希望這個幅度不大的懲罰性利率不致引發資金逃向現金，也希望不會有其他技術問題干擾市場的正常運作——現在就有幾個國家的央行這麼做，還在勉力而行。第二個點子，是一個多世紀前德國經濟學家西爾維奧．格塞爾提出的，讓民眾為他們所持有的現金定期繳納小額稅金。雖然這個方法在他提出的當時似乎不可行，但是在大蕭條期間也的確有人試過了，而且感謝現代科技的發展，如果現在要實施的話，障礙應該是少了很多。[1] 第三個方法是忽必烈汗—艾斯勒—

鮑伊特—金伯爾（Kublai Khan-Eisler-Buiter-Kimball）雙重貨幣模式，針對批發現金存款轉移為央行的電子銀行準備時收取費用（該費用依時間而變動）。這筆費用會在電子貨幣和紙幣之間創造價差，而央行政策即可針對電子貨幣的利率和它與紙幣的兌換率來施以調控。聽起來好像很複雜，其實不然，事實上這個方法非常巧妙。配合充分的制度和法規準備，針對批發現金存款收取費用確實可行，不管是單獨施行或者是作為逐步淘汰多數紙幣的一部分，都是最好的長期解決方案。

現在按照概念的複雜程度依序介紹這些辦法，特別是看看這些方法的一些變化怎麼激發出下一個點子。

沒有重大制度改革時的負政策利率

在目前制度和法規條件下，縱使央行的名目政策利率可以調降到零以下，也沒人曉得可以降低到什麼程度，是負一％、負一．二五％，甚至負二％嗎？沒有一家央行想要如此艱難地第一個找出答案。主要問題是負利率可能迫使資金從銀行帳戶和國庫券逃向現金，造成金融體系的嚴重混亂，最後讓利率再也沒有調降空間。中央銀行最緊迫的問題不在於現金持有人可能相對得到補貼[2]，而是央行和執法機構都無法準備好現金來應付前所未見的現金需求，這個資金大逃亡很可能嚴重阻礙貨幣的正常傳送機制。事實上投資人要是把資金從金融體系中提領出來換成紙幣，也沒有借款人可以靠著負利率獲得利益。

二〇〇八年金融危機高峰期許多國家出現溫和且為時短暫的現金擠兌潮，金融體系也都順利處理了。[3]但是短期政府公債的額數可是遠遠大於現金量，因此要是政策利率都降低到負的程度，這個奔逃動能勢必是大到空前未有。

當負利率越來越低時，我們不知道金融體系中是否有其他部分會造成摩擦，阻礙負利率政策發揮功效，也不曉得此後還會出現什麼絕對下限。比方說，銀行的負利率費用如果不能順利轉嫁給零售客戶，或者是因為法規或制度慣例，貸款契約的擬訂無法配合負利率，那麼這套貨幣政策就無法發揮正常效果。

因為央行基本上只面對金融機構，不跟零售客戶打交道，所以傳遞方面就可能會出問題。最早實施負利率的國家（例如丹麥、瑞士和瑞典），一般的經驗是說，民間銀行確實可以將負利率費用轉嫁給大型客戶（包括大企業、保險公司和退休基金等），不會造成

---

1 Gesell（1916）。

2 一篇有趣的論文（Rognlie 2016）強調現金持有人形同獲得補貼才是其中的權衡重點。然而，資金從負利率債券大規模轉換為紙幣的外部實際問題，還有對於貸款的潛在影響可能更重要。

3 學者指出，二〇〇八年貨幣存款比率一度飆升，顯示那次的恐慌頗為短暫，參見 Ashworth and Goodhart（2015）。

多大驚擾，但是他們還不敢向一般的零售客戶收取負利率，至少不敢明目張膽這麼幹。在這個背景下，銀行要用什麼方法回收成本？我猜可能是轉嫁給其他向客戶收取的服務費，或者打進貸款成本裡頭。4

瑞士央行在二〇一五年一月調降政策利率至負〇．七五％，就是一個很好的例子。現在各國貨幣當局都密切關注其發展，但截至目前為止，並未發生現金擠兌的現象。誠然，許多退休基金和金融業者都已經在認真研究囤積大量現金的計畫，但大多數的結論似乎是認為，雖然目前利率是負〇．七五％，囤積大量現金仍是得不償失，成本太高。

就算是很有效率的大型廠商，以千元瑞士法郎的大鈔來囤積，在儲存、處理和保險等各方面的費用還是非常高昂。金融機構如果要從央行提領，比方說十億瑞士法郎的話，那就需要派裝甲車來運載，而且沿途的監控和保險都不能馬虎。像這樣長途運送大量現金，連警衛都要派警衛守著才行，而瑞士的人力可不便宜。一旦移轉完成，這些紙幣要囤放在護衛森嚴、高科技管理、濕度調節的瑞士金庫，也都需要花錢。除了這麼多的關心和保護之外，金融機構幾乎都會被要求針對火災、盜竊等意外進行保險，過去對於這些儲存和保險費用的估算，是本金的〇．五％左右。另一個問題是，我們其實很難確定負利率會實施多久，如此一來，把錢從央行轉出來囤積的固定成本，也就很難根據時間來進行攤銷。

但是現在也不曉得要是時間一久，民間部門是否會找到什麼好方法來降低儲存貨幣的成本，事實上瑞士人就很擅長利用珍貴名畫和黃金來儲存價值。政府可以透過立法禁止，或針對特定金額以上課以稅金，來阻止民眾大規模囤積貨幣，但是這種方法絕對無法嚇阻那些對於囤積大筆現金非常熟練的罪犯和逃稅者，只能讓金融業者和退休基金大幅減少現金持有。更不必說，就算這樣立法禁止的確可行（很多國家可是行不通的），也無法防止那些剛好在限額以下的小額囤積。

為了進一步阻止銀行在金庫囤積大量紙鈔，並提供銀行資產負債表的緩衝，瑞士央行和日本央行都採用分段式的負利率。例如日本央行的做法（二〇一六年一月）是對銀行法定準備（這是針對存款一定要有的準備）施以零利率，而在實施負利率之前持有的超額準備為〇．一％，但在此之後新增的準備則是負〇．一％。原則上來說，這套政策可以強化未來量化寬鬆政策的效果，因為銀行會有更大誘因去進行放貸，而不是把錢轉存央行被課徵負利率。分段式利率的優點是可以緩衝負利率對銀行資產負債表的過大衝擊，同時也可以鼓勵它們不要把準備轉換為紙幣，但是利率如果低於零水準過大，這套辦法還是無法處理數額極為龐大的國庫券問題。[5] 我們在第六章就曾說過，日本的負債淨額已經超過國內生產總值的一二〇％。[6]

4 如果負利率的實施路徑都已經準備好了，銀行就必須把它們轉嫁給大額零售客戶，但正如第七章所言，央行也可以採取行動來保護小額帳戶。

資金從銀行帳戶和國庫券轉為現金，是實施負利率的主要關切，此外也還有其他問題需要考量。早期的溫和負利率實驗顯示其中還有別的潛在併發症，這些其他問題並不一定會阻止利率低於零，但是它們確實可能造成必須處理的重大扭曲，特別是利率如果一直維持在水面之下而且很深的話。7 這個基本問題是說，借錢的人發行債券，後續的支付一向就是借款人流向放貸者，而社會長久以來就是根據這個流程建立各種社會慣例、法律和金融體系。不過這些障礙中的大多數都只是概念上的小問題，在長期上很容易解決。

有一個很快就會出現的實際問題是，許多銀行電腦系統的設計從沒想過利率會低於零。對於熟悉現代資料庫程式的年輕人來說，這聽起來可能很好笑吧，但是金融業者通常避免軟體系統太常更動，因此有些系統的確是非常老舊。

這可能讓人想起本世紀初出現的電腦Y2K千禧蟲危機，在時序即將進入二〇〇〇年一月一日之前，全球各地的工程師為了修改軟體忙得焦頭爛額，因為以前許多電腦系統的年代定義只有最後兩位數，而不是四位數，所以無法區別二〇〇〇年和一九〇〇年。（這狀況有點像羅馬尼亞體操選手納迪婭．柯曼妮奇在一九七六年奧運會上首度獲得滿分「一〇．〇〇」，但記分板上對她偉大的表現竟然只顯現「一．〇〇」，讓現場觀眾一度茫然靜默。這是因為記分板就只有三位數，而不是四位數，它的瑞士設計師從沒想過有人可以獲得滿分。）

從某種意義上說，負利率的Y2K已經來過又走了。丹麥央行在二〇一二年七月開始實施負利率時，許多民間金融機構被迫採取手動方式來處理負利率交易，因為它們的電腦系統根本毫無準備。當時這件事不只是影響了丹麥的銀行，連瑞典和其他以丹麥貨幣和債券進行中介交易的銀行都受到影響。這個事情當然是會有些花費，也帶來一些不便，不過北歐國家的銀行總之是克服萬難，現在電腦系統都調整好了。

同樣重要的是，管理債券支付的法規也從沒想過，在某些時候息票（coupon）可能會是負的。幸運的是，債券要支付負息票的原理並不複雜。對於固定利率債券的負收益，可以重新設計為放款人直接付錢給借款方，或者是最後從本金扣除。如果是浮動利

5 日本央行在二〇一六年一月對於將現有準備轉換為現金的銀行施以懲罰，原先享有正利率的初始配額（即一月公告前的準備數額）也要扣除同樣金額。有些評論家認為日本央行這套政策既可懲罰銀行將準備轉換為現金，又可以保護它們的資產負債表，基本上可說是解決了零利率下限的問題。不幸的是，這樣的解讀方式讓人深感困惑。在央行必須關切的負利率狀況中，銀行準備只能說是冰山的一角而已，真正的問題是負利率太低的話，會導致資金從短期政府債券轉為現金。即使經過多年來量化寬鬆的收購，國庫券總額還是比銀行準備大上一個級數。原則上來說，央行也可以簡單地透過收取現金轉換費用來解決國庫券問題，但這基本上就是一種較差的「忽必烈汗—艾斯勒—鮑伊特—金伯爾」模式，本章稍後會深入探討。

6 International Monetary Fund（2016）。

7 相關討論詳見 Alsterlind et al.（2015），a Riksbank commentary。

率債券則是比較複雜一點，事實上最早實施負利率的國家就很快碰上這個問題，但解決方式也是一樣的，放貸方可以直接付錢，或是最後從本金扣除那些金額。這看起來好像很複雜，其實不然。最早的時候，在瑞典，司法體系也一度不知道該怎麼處理這個問題，不過最後還是找到一個解決辦法。[8]歐元區在二〇一四年六月第一次實施非常溫和的負利率（負〇．一％）時，也有人擔心會干擾市場交換機制，但也一樣沒出現什麼重大問題，因為歐洲市場的規模和流動性都很大，所以各國央行都特別關注具備強大示範作用的歐元區（輕微）負利率經驗。

不過這些早期經驗都還不算是自由負利率政策的真正考驗，為了徹底擺脫通貨緊縮，央行可以光明正大向市場宣示「不惜任何代價」，或者只能畏畏縮縮輕嚐淺酌負利率，這兩種態度是完全不同的。如果希望負利率政策可以對通膨預期和動能發揮決定性作用，那我們需要的是一個火箭筒，不是玩具水槍。[9]總而言之，雖然貨幣政策在負利率下如何運作無涉基本概念問題，各國還是需要完善基礎工作才能讓它充分發揮效果，我們會在第十一詳細討論這個問題。

我們現在來看兩種在原則上可以讓央行更深入負利率領域的方法。

西爾維奧．格塞爾的「印花稅」

有種方法就是真的讓持有紙幣的人付利息。這個支付負利率的想法最早是德國經濟學家在十九世紀末、二十世紀初的幾篇論文中提出。[10] 西爾維奧．格塞爾是一位商人、經濟學家兼社運人士，他認為利率如果可以暫時壓到非常低，甚至是負的，一定可以刺激經濟成長。關於「貨幣長期而言是中立」這一點，我們無法確定格塞爾是否了解，在正常情況下，貨幣過度擴張會拉抬通膨預期，最後必然帶來痛苦的反撲。不過格塞爾絕對知道名目利率的零利率下限是怎麼回事，他完全跳脫框架的創意是提出「印花貨幣」（stamp money）的點子，持有紙鈔的人必須定期購買印花貼在鈔票後面，才能讓它維持價值。要人們為了保持鈔票價值必須定期購買印花，貼在鈔票後面，這就等於讓他們支付負利息。

在大蕭條時期，凱因斯和歐文．費雪等重要思想家對格塞爾的觀點都非常欣賞。他們認識到負利率可能是拉抬全球經濟，擺脫通貨緊縮的有力工具，特別是費雪非常著迷

8 參見 Alsterlind et al.（2015）。

9 長期停滯和風險厭惡升高，可能造成隔夜存款的實質利率在一段較長的時間內低於負二．〇以下，在這種情況下政策利率可能也是如此，不過這可以暫時調升通膨目標來解決，如第九章所述。

10 詳論參見 Ilgmann and Menner（2011）。

於這套辦法。他在一九三三年還寫了一本關於印花稅的小冊子，不過到最後，經過痛苦的抉擇，格塞爾的想法因為不切實際而遭到否決，這時候全球也發現另一個方法（就是放棄金本位）。凱因斯在他的大部頭著作《一般理論》中以長篇幅討論格塞爾的看法，這一部分非常值得閱讀，也能看出大蕭條正嚴重的時候，這套想法的重要性。凱因斯稱讚格塞爾是「被過分忽視的先知……其著作包含深刻洞察」，但他總結說：

印花貨幣背後的概念很完整，在適當規模上說不定可以試試，但實際做起來，會碰到許多格塞爾沒碰過的困難。特別是他並不曉得貨幣並不是唯一擁有流動性的媒介，跟其他媒介比起來只是程度上的差異，也正是因為它的流動性特別大才顯得重要。因此，如果剝奪了紙鈔的流動性，一大堆媒介就會取代它的位置，像是銀行票券、即期借據、外國貨幣、珠寶和貴金屬等等。11

在大蕭條期間曾進行過一些負利率的小實驗，其中最具啟發的也許是在奧地利沃格爾（Wörgl, Austria）發行的印花貨幣，這是個居民只有兩千人的小鎮。鎮民每個月都要花面額一％的錢來購買印花，讓紙鈔可以維持價值——那些紙鈔的面額是一先令到十先令不等。這個實驗只進行了一年多，後來奧地利政府就下令廢除印花貨幣。美國一些小鎮也在大蕭條期間試驗過印花貨幣，加拿大的亞伯達省在一九三六年也玩過。[12]

現在的各位聽到這個想法可能覺得很可笑，不過像我這種年紀的人應該會記得，像我媽媽以前還很熱衷收集超市給的「綠色印花」（Green Stamps），那是一種鼓勵顧客消費的行銷手法。雖然那些小印花票還要貼進一本小冊子裡頭很麻煩，但我們可是不辭辛勞，而且我們認識的許多家庭也都會這麼做。所以要是從文化的角度來看，格塞爾提議的印花貨幣放在今天也不是那麼異想天開——當然啦，這個建議確實是不太切合實際。正如凱因斯所說的，印花貨幣的問題就在於它會嚴重損害貨幣的流動性。

這套方法還有其他變化，例如發行有期限的貨幣，到期後再打折兌換新鈔。當然中世紀領主定期回收硬幣，再釋出貴金屬含量較少的貨幣，就是一種對貨幣課稅的方法。另一個常見的做法甚至更像格塞爾抽稅，就是大家交出硬幣，扣下一部分再還給他們，比方說交出四個拿回三個。[13]

還有很多方式可以實施格塞爾粗糙的抽稅法。我哈佛的同事麥金（N. Gregory

11 Keynes（1936, ch. 23, sec. VI, pp. 357–58）。
12 詳見 Fisher（1933）、Champ（2008）及 Gatch（2009）。
13 詳見 Svensson and Westermark（2015）。

Mankiw）就提出一個不太可能做到（可是很有啟發性）的方法，就是利用抽籤的方式——他說這點子是他的研究生想到的。麥金建議說，央行可以根據流通紙鈔上的序號進行抽籤，抽中的紙鈔就宣布失效。問題是，要是抽過幾十次以後，那麼長的序號還得跟官方記錄加以比對才能確定鈔票能不能用，實在是很不方便，貨幣流動性反而會因此減損。

對於格塞爾印花稅該怎麼課徵的建議，也許里奇蒙聯邦準備銀行經濟學家馬文·古佛蘭（Marvin Goodfriend）是第一個提出模糊想法的人，他建議在紙鈔上嵌入磁條。[14]當鈔票回到銀行時，就會有一台機器專門用來識別每張鈔票，根據它的流通時間來計算稅款。這是由銀行負起識別鈔票和收取稅款的責任，由此而衍生的費用猜想應該也是會轉嫁給銀行客戶吧。重要的是，這種磁條技術也可以用來支付鈔票的正利息，雖然這不是古佛蘭原本設想的重點。

目前看來古佛蘭的建議還是不可行，但是時間可能也不會太遠，至少就經濟上來說是可以的。事實上，地下經濟圈每隔一陣子就會謠傳，說政府準備在鈔票上嵌入主動發送訊號的無線射頻辨識（RFID）晶片，可以在機場和什麼地方偵測到一大袋的現金，讓那些人非常恐慌。我們在網路上可以找到一些利用微波爐燒掉鈔票晶片的影片。這是說，鈔票裡頭要是真的安裝辨識晶片，微波爐可能會在鈔票上燒出一個洞，但總比一大袋非法現金被查獲要好吧。事實上現在的美鈔還沒有嵌入什麼晶片，不過像紙一樣薄的晶片也的確正在開發中，如果政府真的想這麼做的話，這一天是可能到來的。15

由於現在的點鈔機技術越來越好，可以在非常快的速度下掃描序號，而且成本非常低，所以鈔票大概也不必嵌入什麼晶片（或磁條），有些精密的點鈔機即擁有這樣的掃描技術，現在有許多銀行和司法機關都已開始使用（如第三章所述）。這種點鈔掃描特別適用於高科技的塑膠聚合物貨幣，因為它不容易像紙一樣皺摺彎曲。到時候如果成本再降低，一般的商店收銀機也可以配備這種序號掃描器。

格塞爾的辦法雖然在技術上有可能實現，但其實不算頂好，因為當鈔票在銀行體系之外流通時，零售業者還是要能夠算出它要承擔多少折扣。剛發行的新鈔當然就是面額上的價值，但那些一直沒進銀行體系的鈔票可能就要打很大的折扣。即使這個問題可以解決，那也傷害到鈔票的流動性和同質性，而這些都是優良貨幣的基礎，所以格塞爾這套辦法就算可以靠科技付諸實現，也還是會碰上凱因斯批評的問題。

順便說一下，要是零售業收銀機可以用很低成本來辨識鈔票序號，交易就等於蓋上時間戳記，那麼貨幣的匿名性質也會受到很大影響。因為政府可以把記錄時間的監視攝

---

14 參見 Goodfriend（2000）。對此建議的支持，參見 Buiter（2003）；Buiter and Panigirtzoglou（2003）。

15 "New $100 Bill and RFID Microwave Test," 參見 https://www.youtube.com/watch?v=Kn5aqb-mN3Q。亦可見於 "Are You Ready for RFID Chips Built into Your Money and Documents," *Kurzweil Accelerating Intelligence*, May 7, 2013。

影照片與交易相互比對，或者政府可以規定零售商要求現金客戶在記錄鈔票序號的收據上簽名。[16]

格塞爾的想法很聰明，但還不是完整的解決辦法，要完全解決問題，還需要更大的進步。

羅伯・艾斯勒的雙重貨幣體系：忽必烈汗—艾斯勒—鮑伊特—金伯爾方法

那麼關鍵問題就是個別鈔票如何根據流通時間的長短來課稅，而且還能讓所有鈔票在同時間完全同質化。大蕭條時代的經濟學家羅伯特・艾斯勒（Robert Eisler, 1933）首先提出一個聰明的解決辦法；後來又有一些經濟學家對此重新研究，大幅改善這套方法，這些學者包括史蒂芬・戴維斯（Stephen Davies）、威廉・鮑伊特（Willem Buiter）、魯奇爾・阿加瓦爾（Ruchir Agarwal）以及麥爾斯・金伯爾（Miles Kimball）等。[17]這個方法很有趣，應該獲得重視，雖然最後的修正版本（由阿加瓦爾和金伯爾完成）實際上很簡單，但簡單介紹一下它的思考演變對大家都會有幫助，可以更容易理解它的基本要素及運作原理。

毫無疑問地，現在最早討論這個方法的先驅者是威廉・鮑伊特（Willem Buiter），他是學術界備受讚譽的經濟學家，以其直言坦率的政策立場和跳脫框架的思考而聞名。

不過鮑伊特應該感謝史蒂芬．戴維斯跟他討論過這個問題，並且指出艾斯勒對格塞爾印花稅造成貨幣不同質曾提出解決辦法。[18]艾斯勒是個歷史學家，他說他的想法是受到一七四七年殖民時代的通貨膨脹時期，麻薩諸塞灣殖民地使用的「標準物價表」（tabular standard）的啟發。[19]這是不追蹤個別鈔票分開計稅，就能巧妙地對紙鈔施以名目負利息的辦法。不必查看鈔票後面有沒有貼印花，也不需要使用電子儀器來查看個別鈔票要扣除多少稅額。

羅伯．艾斯勒（Robert Eisler）最早在一九三三提出的構想是在金本位架構下，但他對通貨膨脹的理解並不完全正確，不過他這個構想的關鍵概念是對的。他的高明見解是說，國家的貨幣基本上不是只有一種，而是兩種：一種是銀行體系的會計帳目貨幣，另一種是銀行外頭使用的紙幣。那個在銀行間用於會計處理的貨幣，艾斯勒稱之為「銀行貨幣」（money banco），他故意用一個義大利名字來挖苦那些趾高氣昂的倫敦銀行家。銀行貨幣具有大多數正常貨幣的功能：它是計帳單位，可以用來納稅，可以清償任何種類的債務（即法定貨幣），也是金融交易的清算單位。從任何方面來看，它就是錢，只是不

16 如果零售店設置攝影機監看收銀機，且鈔票又被記錄序號和時間戳記，政府就可能追出鈔票的持有人。

17 Eisler（1933）、Davies（2004）、Buiter（2005, 2009）及 Agarwal and Kimball（2015）。

18 Buiter（2005, 2007）。

19 Eisler（1933, p. 232）。

具實體，銀行貨幣就是簿記上的一個數字，當然那時候的簿記就真的是有一個紙本的帳冊，不是現在的電子帳本。而政府另外發行的紙鈔，也就是「現金」，則用於一般零售交易，但這不是計帳單位，而且最重要的是，現金和銀行貨幣之間還有個兌換率，兩者未必等值。

其實艾斯勒的構想跟我們今天的狀況並不是很遙遠，事實上現代的央行，比方說在聯準會資產負債表的記錄上，就是發行了兩種貨幣。一種是儲存在銀行金庫中的紙鈔，由廣大民眾所持有；另一種是電子貨幣（虛擬貨幣），由銀行存在央行裡頭。從各方面來看，銀行的電子準備都是貨幣供給的一部分，而且是合法經濟體系中最重要的。銀行的電子準備（我好想把它重新命名為「銀行虛擬貨幣」啊）跟紙幣不一樣，可以根據央行政策來支付正利息或負利息。現在的金融世界與艾斯勒那個世界的巨大差別是，電子貨幣和紙幣的交易，現在的央行隨時都能維持一比一的等值，但在艾斯勒構想的世界裡頭，萬一利率是負的話，情況即非如此。

鮑伊特對艾斯勒構想的修正，是從央行撤回所有流通貨幣開始（比方說，所有的歐元），用一種新貨幣代替，他稱之為「維姆幣」（WIM），這是向歐洲央行第一任總裁，也是他同宗的荷蘭人維姆．杜森伯格（Wim Duisenberg）致意。原本的電子歐元則不受影響（包括銀行準備、銀行帳戶等），所有的法律契約都可以繼續用電子歐元持有。（鮑伊特當然知道這個假設非同小可，因為民間人士可以約定用任何一種媒介來訂約交易，不過我們現在不討論這個。）首先，維姆幣和歐元是等值兌換，但之後每個期間的兌換率則是由歐洲央行設定，這也是為電子貨幣和紙幣之間的兌換率設定路徑。

在鮑伊特的設定中，歐洲央行有三個工具：歐元準備的利率（可以是正值或負值）、即期現金匯率（銀行交易維姆幣現鈔和歐洲央行電子歐元的兌換率）和遠期匯率（歐洲央行對約定期限的維姆幣兌換率，比方說一個月後）。當然啦，指定維姆幣今天可以兌換多少歐元、明天又能兌換多少歐元，這就等於是指定這兩個期間的維姆幣名目利率，所以就本質上來說，央行只有兩個獨立工具。比方說維姆幣今天是一元兌換一歐元，一年後變成兌換〇．九五歐元，那就等於是是向維姆幣課以五％的利率。

現在我們準備好來看這套戲法囉。（我要向專業魔術師道歉，我知道他們比較喜歡說是「效果」，因為「戲法」這個詞聽起來有點瞧不起人的樣子，但艾斯勒的戲法真是最厲害的魔術。）顯然，現在要對電子歐元收取高額的負利率不會再有什麼困難啦，比方說每年五％都沒問題。而且這些帳戶都已電子化，要抽稅只是小事一樁。不過如此一來，會不會大家都把電子歐元轉換成維姆紙幣啊？如果央行將維姆幣兌歐元的匯價每年也同時調降五％，大家就逃不掉啦。其實這個兌換率的降幅也未必要完全一致，因為我們在前面也說過，囤積現金需要付出不少成本，而且不同交易的方式也會讓它的利率跟電子貨幣稍有不同。

在這種情況下，金融機構要是去央行以紙鈔兌換電子貨幣時，就會被央行抽稅。央行就根據它對維姆幣設定的貶值計畫來徵收稅額。這個方法跟古佛蘭構想的根本差異，就是可以讓所有紙幣的折扣率都完全一樣。零售業的從業人員只需要知道該國兩種貨幣的兌換率就夠了。只要我們可以接受國家有兩種不同的貨幣，即電子貨幣和紙幣，鮑伊特—艾斯勒的解決方法就比格塞爾的簡單多了。

對於必須處理電子貨幣和紙幣稅額的商家和銀行來說，這樣做真的不會覺得不方便嗎？有一個答案是說，如果負利率的期限不太長，而且幅度也不太大，那麼商家很可能會自己吸收掉那個稅額，就像它們現在會吸收信用卡費用一樣。況且這個兌換率既然是央行設定，也就很容易確認，所有使用電子收銀機來計算稅額也只是小菜一碟。

原則上，鮑伊特—艾斯勒雙重貨幣制可以在保留現金的同時，輕鬆地消除零利率下限，雖然我們在第一部分談到現金有許多的弊大於利，但這裡頭還是有一個重要條件。如果可以對電子歐元實施負利率的話，要讓貨幣政策充分發揮效果，最重要的是要有很大一部分的私人契約係以電子歐元計價，而不是維姆幣。以維姆幣計價的債券還是會受到零利下限的約束，如果經濟體系中有相當大的部分還是在使用維姆幣，那麼貨幣當局還是要顧慮維姆幣的通膨水準。這狀況就像是對美國來說，匯率變動對於進出口物價的影響非常短暫，因為不管是進口品或出口品，絕大多數就是以美元計價。[20]

史蒂芬．戴維斯在他最早的討論中建議由政府強制規定，契約計帳單位必須以電子歐元為準。不過對大多數國家來說，政府在這方面的法定權力相當有限。[21]它能做的只是規定所有政府債務和支付僱員、供應商都以電子歐元完成，並且以電子歐元來徵稅。以遊戲理論的術語來說，這種做法可能有助於讓電子歐元計價成為民間契約的「焦點」，但如果有許多民間交易都以維姆紙幣進行，那麼維姆幣就可能成為許多民間金融契約的「焦點」，零利率下限也就難以避免。當然也可以透過法規的改變，來強化政府指定契約計帳單位的能力，但這種極端做法很可能衍生許多問題。我是覺得，這個指定計帳單位的問題不致於造成運作癱瘓，但總之是個風險，很可能讓雙重貨幣制的效果略有減損，不像單純地淘汰（大多數）紙幣那麼有效。

鮑伊特研究的重要性在於他仔細耙梳艾斯勒構想的理論基礎，之後又經過經濟學家麥爾斯．金伯爾的倡導獲得更大助力，金伯爾也針對它的實施加以修正改良，並且和魯奇爾．阿加瓦爾以此主題撰寫研究報告。[22]

阿加瓦爾和金伯爾的構想雖然只是從理論角度對鮑伊特做了一個很小的調整，卻讓整個方法看起來更簡單，也比較不會讓人覺得討厭。首先，阿加瓦爾和金伯爾都沒有想要淘汰紙幣。第二，對於紙幣折扣的執行，他們的方法和鮑伊特略有不同，但更容易向

---

20 研究顯示（Gopinath 2015）美國貿易商品，包括進口和出口，以美元計價的比例非常高。
21 Davies（2004）。
22 金伯爾把他的重要觀點都寫成正式論文，對此主題的研究極有幫助，因為光是部落格的引用沒什麼用。參見：Agarwal and Kimball（2015）。

民眾解釋。他們不採用遠期兌換率，而是讓央行（或具同等身分的貨幣機關）宣布紙幣的利率只有在銀行將貨幣帶到央行時才會收取。所以民眾將貨幣帶到民間銀行的存款櫃台時只需依照兌換率付款，而民間銀行也不需隨時徵收稅款轉交政府。這也是阿加瓦爾—金伯爾的修正版與鮑伊特版本基本上相同，但操作上更容易說明的例子。

阿加瓦爾—金伯爾也處理了鮑伊特—艾斯勒方法在實行時很可能會出現的重要問題。假設電子歐元利率一年後為負三%，在通貨緊縮解決後，央行準備再次將利率調升回零以上。在此之前，央行的紙幣和電子貨幣兌換大致是打了三%的折扣，一旦負利率的緊急狀況已經解除，可能就想要把紙幣和電子貨幣的兌換率調回一比一；但政府也可以不調回來，讓紙幣兌換率停留在〇．九七，持續壓低當做是徵收發行收益的一種辦法。不過這表示透過支付系統讓兌換率回升到一比一肯定是很方便，特別是在負利率時期其實為時甚短且間隔甚長的狀況下；而在金融情勢正常的時期，紙幣和電子貨幣幾乎就是沒什麼區別，誰也不必擔心這個。

不過要把紙幣調回一比一平價，其實不是那麼容易。央行如果調升紙幣平價太快，比方說在六個月以內完成，表示紙幣會有六%的利息，如此一來可就跟貨幣政策目標犯沖。所以這個兌換率的回升要更緩慢才行。有人可能認為央行調升紙幣平價可以採用出其不意的手段，突然一次調足。但不幸的是，大家都會猜測央行什麼時候會這麼做，反而在央行努力維持低利率時就引發許多嚴重問題。像這種調升平價的困難，可以反映出有許多實際問題看似不明顯，但絕對需要謹慎協商和處理，無須過度實驗最是理想。這個問題說來雖然小，至少跟利率十年來卡在零利率下限相比的確是不大，但也更進一步證實淘汰紙幣才是最簡單的長期解決方案。

我知道一個國家有兩種貨幣一定會讓許多讀者暈頭轉向，兩種貨幣之間還需要個兌換率，這種制度一定會出現很多複雜的情況，不過我們也不能誇大其中在法律或觀念上會產生多大障礙，事實上在二戰之後大多數先進國家都曾經實施過一些甚至更複雜的制度。在一九五〇年代甚至到了一九六〇年代中，大多數歐洲國家都採用複雜的多種匯率制度，結果大家還不是適應了。（從技術上來說，美國在一八六〇年代的內戰和後來的重建時期就擁有兩種貨幣，而且這兩種貨幣之間就有個兌換率。俗稱「綠背」的美元紙鈔幾乎是通行無阻，但是當時聯邦政府的主要收入來源——關稅——卻必須以黃金支付。這個制度之所以如此的一個原因是要維持強勢貨幣的穩定流入，才能在美元紙鈔陷於高通膨的當時壓低債券利率，因為政府也是以黃金來清償債務。）[23]

如果這套方法的好處大到足以克服政治障礙，那麼原則上，艾斯勒的方法可以很快實施，雖然歐元區各國在法律上並未統一，可能比美國、日本、加拿大或英國等國家面臨更大挑戰。

23 謝謝麥克斯．哈里斯（Max Harris）提供我這個例子。

本章的結論是，各國在不淘汰紙幣的情況下，完全可能也完全可以打破零利率下限，就像不實施負利率的國家也可以淘汰紙幣。艾斯勒—鮑伊特—金伯爾的方法尤其值得大家認真重視，知道它的確是個可行的選擇，就算是整個社會要轉變為現金較少的環境，這套方法都能成為過渡程序的一部分。

另外值得注意的是，艾斯勒—鮑伊特—金伯爾的建議和第二章說的忽必烈汗雙幣模式可謂係出同源，後者在繳稅時也要在「銀行」（蒙古金庫）將紙幣轉換成白銀。各位讀者可能還記得，「大汗」（馬可波羅說的）發行紙鈔是給他底下的人使用。一張鈔票就等於一盎司白銀，這是記帳單位，也是政府高層的交換媒介。不過商人如果要兌換成實體白銀（等於是今天的銀行貨幣），就必須用兩張鈔票才能換到一盎司實銀，貨幣歷史學家高登．圖洛克（Gordon Tullock）曾說這個做法相當獨特。24 因此這個可以稱為「忽必烈汗—艾斯勒—鮑伊特—金伯爾」的方法就等於是在央行轉換現金時要支付費用。

最後要說的是，如果紙幣只是部分淘汰（例如根據第七章提出的淘汰計畫，保留五元和十元紙鈔），零利率下限仍會有某種程度的存在，雖然跟大鈔相比這個阻力會低得多，因為運送、處理和儲存成本會增加很多。在這種情況下，零利率下限的約束可能也已經降得夠低，讓負利率有相當大的運作空間，因此不致成為真正的障礙；萬一還是的話，也有幾個方法可以解決，包括這套忽必烈汗—艾斯勒—鮑伊特—金伯爾的構想（如果此時貨幣角色已經邊緣化那就更容易了），或者如前所述，政府可以限制現金交易，進一步降低貨幣的流動性。第七章提出的長期解決方案，也就是最後只剩下具備重量的硬幣流通，才能完全解決這個問題。

24 Tullock（1957, p. 401）。

CHAPTER 11

負政策利率的其他缺點

事實上負利率到現在還是一個實驗性質的政策，理論上雖然可以發揮神奇效果，但沒有人知道實際運作時會出現什麼問題，尤其是非常低的負利率。即使解決了現金囤積的問題，可能是透過淘汰紙幣，或是採用第十章討論的高明辦法，還是可能會出現複雜狀況，從稅務問題、法規障礙到金融穩定等等都可能發生。[1]

制定政策的官方過度涉入負利率領域可能造成的各種摩擦，讓大家都很擔心狀況可能變得更糟。這其實就像我們站在沙灘上，慢慢地走進海裡，一開始，腳底下還踩著沙灘，海水的阻水也不大；但我們慢慢深入之後，水的浮力開始變大，行動就變得更困

1　有研究專文（McAndrews 2015）列出負利率可能引發的多種問題。

難。這時腳下可能已經不是沙子，也許會踩到尖銳的岩石、藤壺甚至是水母，而且我們從水面上也很難看清楚，難以避開這些東西。要是再繼續前進，這位無所畏懼的游客可能會被洋流捲走，或是碰上潛伏海面下的鯊魚。這個比喻是想說明，雖然有幾個央行已經成功涉足負利率水域，但如果過度深入的話，情況可能變得更複雜也更危險。

這個海灘的比喻也許聽來相當可怕，但其中的教訓應該是學會游泳大有好處，也就是說，學會適應偶而出現的負利率也是很有助益。我們在這一章要討論各方對負利率的憂慮，但最後結論是說，這些讓人擔心的摩擦大都很表層，大部分都很容易處理，只要過渡時間夠長。

金融穩定與負利率

過去二十年來關於貨幣理論的辯論核心之一，是央行在設定利率時，對於穩定經濟產出和通膨的特別關注應該到什麼程度，而利率政策對於更廣泛的金融穩定的考量又該到什麼程度。許多金融學家認為，由於投資心理上的缺陷和市場的不完美，長期過度寬鬆的貨幣政策，不管是超低利率、量化寬鬆或者兩者兼具，無疑都會導致整個體系規模的投機過盛。那些原本就擔心量化寬鬆或利率長期逼近於零的人，要是碰上極低的負利率大概只會更憂慮吧。

這場辯論可說由來已久，至少可以追溯到一九九○年代，當時聯準會主席還是葛林斯潘的時候。其中的經典觀點就在柏南克（葛林斯潘之後的聯準會主席）和馬克．格特勒（Mark Gertler）著名的一九九九年傑克森霍爾年會報告，該報告指出貨幣當局對於金融穩定風險的考量，只有在這些風險可能影響央行主要目標變數，即通膨和經濟產出時才屬適當。[2]它的理由是說，貨幣當局在預測資產價格方面並不會比市場更高明，所以也沒有特別的方法可以判斷房價或股價大漲是不是泡沫行情；而且也很難判斷資產價格高漲後，到底有多少會滲入實質經濟活動裡頭。央行能做的只是儘量維持通膨穩定，萬一景氣爆了，就負責清理戰場。國際清算銀行經濟學家威廉．懷特（William White）等學者則提出另一種觀點，認為舉債融資造成的泡沫行情是可以預測的問題，因此貨幣當局要是看到資產價格大漲伴隨著民間債務激增，那就應該要小心了。（必須要說的是，理論上認為寬鬆貨幣政策必定代表更大的總體風險，並不像大家說的那樣明確。當央行降低政策利率時，雖然風險貸款的需求會變大，但放款供給也會同時減少，因此對於風險融資的總體影響其實不太明確。）[3]

這個「不沾鍋」的經典做法，在系統性金融危機風險的管理方面，到現在也還

2　參見 Bernanke and Gertler（1999）以及同書中魯迪格．東布許（Rudiger Dornbusch）和其他人的討論。另參見 Bernanke and Gertler（2001）；Mishkin（2007）；Svensson（2010）。

沒有定論。柏南克曾經強調說，處理債務積累的正確藥方是所謂的「宏觀審慎監管」（macroprudential regulation），例如限制房貸的成數。[4] 但這說來容易做來難，經過多年的長期繁榮以後，監管機關就會面對強大的政治經濟壓力，要求放鬆管制，因為市場本身似乎自行運作得很順利。然而正如卡門．雷因哈特（Carmen Reinhart）和我在二〇〇九年討論八世紀以來金融危機的那本書中所強調的，長期繁榮的經濟景氣在邁向結束時，風險就會開始變大。[5]

除此之外，制定良好的金融監管並不容易，也難以避免重大遺漏，特別是私營部門會一直不斷地鑽漏洞。對於運用利率政策來打消債務促成的資產價格泡沫，也許當數聯準會前理事傑若米．史坦因（Jeremy Stein）說得最好，他說利率政策跟宏觀審慎監管不一樣，利率政策才能深入金融體系的「縫隙」。而柏南克—葛林斯潘對此批評的回答是，在真正的資產價格繁榮時期，小小的利率變動不會讓泡沫爆裂。我們可以說，就算是讓泡沫先洩出一點蒸氣，也會讓事後的清理更容易，但他們太低估這種可能性了。

例如柏南克和葛林斯潘都以英國為例，指出小幅加息不會有多大幫助，當狂熱行情進入二〇〇八年的時候，英國央行曾經預先稍稍調升利率，以冷卻房地產泡沫，當時熱潮除了席捲住宅之外，也包括部分商用房地產，如帶狀購物商場等建築。柏南克和葛林斯潘說得沒錯，調升利率並沒有讓英國擺脫金融危機，但我們也很難說後來的清理成本有無因此減輕；而且用這種跨國例子做比較，其實是蠻困難的。單論金融部門的產值比例，英國是高於美國（二〇〇八年時分別為一〇%和八%）[6]，在歐元區債務危機中，因為銀行業務和貿易關係的緊密，英國所面對的風險也遠遠超過美國。相較之下，由於土地使用的限制，尤其是在倫敦周邊地區曾因此造成長期房屋短缺，英國房地產泡沫爆裂也不像美國那麼慘，所以我們很難確定地說，危機前適度調升利率沒有用，這其中的因果關係很難釐清。

任何關注量化寬鬆辯論的人，都會發現跟上述差不多的說法，畢竟對於負利率而言，它只是個比較差的替代品。讓大家擔心的狀況是，量化寬鬆也會普遍抬高資產價格，要是行情走得太高也拖得太久，就可能出現擴及整個金融體系的風險。雖然我認為量化寬鬆的風險在大多數國家都已證實，但經濟學家到現在也還沒完全搞清楚，它實際上是怎麼發生的，這是我在第八章特別談過的問題。

---

3 儘管大多數人都認為，降低貨幣政策利率會導致更高的系統性金融風險，但就理論上來看，其實還是很不明確，Emmanuel Farhi and Ivan Werning（2016）提供了嚴格的理論模型可以為證。簡單來說，他們的觀點是，雖然風險貸款的興趣可能會隨著利率下降而增加，但放款供給可能減少，因此對於未償付風險貸款的淨增量影響並不明顯。所以認為寬鬆貨幣政策是投機泡沫驅動力的尋常觀點，並不能正確理解為利率與風險貸款同時變動的潛在因素。

4 參見 Rolnick（2004）柏南克專訪。

5 Reinhart and Rogoff（2009）

6 Philippon（2015）研究指出，要衡量金融業對國內生產總值有多大貢獻很困難。

我猜負利率期間伴隨的風險，應該也會跟傳統寬鬆貨幣政策的風險很像。要是所有制度上的障礙都已排除，利率從負一％降為負二％的風險，大概也是跟利率從二％降為一％時一樣，現在還找不到什麼讓人信服的理由證明會有所不同。而過去瑞典、丹麥、瑞士和歐元區的負利率經驗，也讓人覺得金融穩定並沒有什麼太大的中斷（不過日本狀況比較不確定），雖然大額鈔票和其他障礙一直對這些努力造成嚴重限制。

當然要是金融監管能夠加強的話，不管有沒有負利率，整體狀況都會更好。雖然二〇〇八年金融危機以後金融監管確實強化了，但後續仍有很大的進步空間，也許最棒的構想是要求銀行要增加股本，但是這個辯論並沒有轉向零利率下限的問題。

我們也要記得，極低負利率的前提，就是為了讓經濟獲得渦輪推升力才能一舉脫離通貨緊縮的衰退。要是真的可以「不計任何代價」採取負利率，在極短的時間內實施超寬鬆貨幣政策，對於金融穩定的影響想必會比利率在零水準低迷七八年來得輕微許多，後者的情況有許多國家都已嚐過。[7] 在某種程度上，有些關於金融穩定的顧慮其實是說反了：要是央行可以運用負利率讓經濟迅速脫離通貨緊縮（低利率停滯），就可以讓經濟早日恢復正常，金融動盪的風險反而會因此降低而非升高。

負利率的技術問題

除了金融穩定的問題以外，大多數反對貨幣負利率的意見，都涉及一些可能會有的漏洞和技術性困難。我們在第十章已討論過一些，包括更新電腦老舊系統才能配合負利率的要求，此外還有許多其他問題。

例如在美國的個體經營者要按季納稅，要是利率為負的，民眾可能蓄意多繳，以後以原金額退稅就不會損失利息。的確是可能有人這麼幹，但也是小事一樁，不難處理。

擔心億萬富翁可能借一億美元，多繳稅款等著退稅來「套利」，這實在有點誇張：當然如果負利率連續幾年低到負四％，這種不太可能狀況都出現的話，那才會是個問題。如果真有這種事情發生，政府很容易就能做出調整，遏止套利。目前的稅法規定，溢繳稅款的利率是根據短期借款利率來調整，基本上也沒理由說財政部不能把這個利率調為負的。[8] 我們也要先記住，負利率政策的主要目標是讓總體經濟恢復穩定，不是想要增

---

7 是的，如果長期停滯表示實質政策利率均衡必須在負二%以下連續數年（表示名目利率低於零），這句話就需要大幅改寫，但到了這種時候，這問題也就不是長期狀況的核心了。

8 參見 Chris Kimball and Miles Kimball, "However Low Interest Rates Might Go, the IRS Will Never Act Like a Bank," Quartz blog, April 15, 2015，可見於 http://qz.com/383737/however-low-interest-rates-might-go-the-irs -will-never-act-like-a-bank/。

加收益。況且大家應該也會覺得，退稅金額如果非常高的話，被查帳的風險也會很大，這樣的擔心大概就足以阻止億萬富翁來套利啦。除此之外，到底什麼時候退稅也是國稅局說了算，所以那筆溢繳稅款就不是完全流動的資產。有很多方法可以解決溢繳稅款的問題，這不算是個嚴重障礙。

我們在第十章討論過債券發行者在負利率時可能碰上的複雜狀況，以及該如何解決。與此相關的是，現在利率交換（interest rate swap）市場也是金融生態系統的重要成員，這是讓企業對沖利率風險的地方。如果利率是負的話，這些市場的機構和相關法規都需要重整，不過歐洲之前的經驗也再次顯示，這個問題並不像有些人擔心的那麼嚴重。

有人擔心在負利率的時候，由支票收受者決定何時兌現的習慣，可能會造成問題。這意思是說，比方你開支票給我，我可能會一直等、一直等，等到我需要用錢時才去兌現，強迫你在那段時間幫我付利息。但這也一樣是個小問題，首先，如果使用電子支付就根本沒這個問題。第二，更重要的是，只要加註「三十天後失效」，就能簡單解決啦！民眾可以在他們的支票上頭加列時間限制，很多公司早就這麼做了。與此類似的另一個問題是，有很多契約允許提前償還債務，利率如果是負的話，這個算法可能要改變。但這也是個小問題，例如可以加列預付款罰則來處理，有些抵押貸款就是這樣，這並沒有什麼法規上的障礙，幾乎所有私人儲蓄工具都可以比照辦理。比方說，針對預付卡，銀行可以增加每月服務費或其他機制來確保負利率生效。

負利率會妨礙金融中介機構的正常營運嗎？如第十章所述，要是銀行不能將負利率轉嫁給存款戶，可能就必須對貸款增加收費，如此一來，負利率效應就無法深入實質經濟層面。要轉嫁給那些比較大型的客戶，可能不會有什麼問題，而小客戶的話，央行可以針對個人設定一定的豁免額度，因此轉嫁的問題只要有適當時間可以處理，應該也不會太困難。當然，這要讓法律和金融專家仔細審查負利率的各個方面，才能讓過渡期盡可能地順利。

最後，在考量這些障礙的時候，也必須要先記住，採用短期負政策利率有一部分是想要提升目前及未來的通膨預期，藉此拉抬長期利率，讓殖利率曲線向上傾斜。即使預期未來一年甚至兩年短期利率還是負的，只要央行看來像是決心提升通膨，大家就不會認為名目利率會長期低落。當然我們也很難確定央行必須採取多大的動作，才能改變通貨緊縮的預期，特別是負利率是一個新工具，或許要多使點力道才行；不過有這麼威力強大的工具在手，央行應該可以很快地調轉預期心理。

CHAPTER

12

負利率是否違反誠信與脫離規則模式體系

這時候有些讀者可能會問：我們真的要給政府「對貨幣課稅」的權力嗎？通貨緊縮和嚴重衰退時，也許負利率真的很有用，但我們真的能相信這個很缺錢的政府不會在平常時候濫用這項特權嗎？我們難道不應該擔心，政府可能覺得有此需要或是缺錢償還高額負債時，就可能會使出負利率嗎？負利率到底是一種課稅手段，還是總體經濟穩定政策的副產品，這真是有得吵了。但不管是哪一種，很多人都會把負利率視為政府破壞誠信，畢竟人民是因為相信政府才賦予它發行貨幣的壟斷權力。

把名目負利率當做邪惡、可怕、難以忍受，就像是敵視溫和的通膨一樣，經濟學家說這種狀況叫做「貨幣幻覺」。理論上來說，持有貨幣的人不應該偏愛一個通膨率為二%、貨幣零利率的世界，而討厭通膨率為零但利率為負二%。因為這兩種狀況，貨幣的實質報酬率都是負二%啊！（為了簡化表述，我刻意忽略其中不同的課稅意涵。）表面上負二%的報酬率真的是很糟，但如果是跟一九七〇年代的高通膨相比，當時持有貨幣的人等於是領受雙位數的負利率，只有負二%實在是好太多啦。

為了減輕貨幣幻覺引發民粹抗議負利率的顧慮，並避免擴大分配不均，負利率也沒有什麼理由一定要轉嫁給小型存款戶。我們之前也說過，政府可以針對平均餘額設定每日豁免額度，例如允許每人登記一個帳戶，得以享有一千或兩千美元以內免除負利率的福利。央行可以提供銀行必要的大額補貼。各位莫忘初衷，負利率是為了刺激陷入困境的經濟，並不是藉此創造收益。

如果是擔心負利率會使政府太容易膨脹貨幣，那麼簡單地討論一下現代貨幣史，也許可以平息這個憂慮。很明白的事實是，如果央行想要貶值貨幣，它早就擁有所有工具，而且很快就能辦到。就算是受限於零利率下限的經濟體系，政府如果不惜一切代價要創造通膨，也能專斷獨行地印鈔票來彌補政府巨額赤字（但民眾要是很擔心巨額赤字可能讓政府在未來加稅，那麼這種印鈔票赤字在零利率限制下也不會有什麼效果；參見第八章所說的「俄羅斯娃娃」）。[1]

已開發國家現在的年輕人都沒經歷過嚴重通膨，但我們翻閱歷史，幾乎不必太費力就能找到鮮明的例子。晚近的一九七〇年代經濟先進國家曾遭兩位數通膨肆虐，美國在一九八〇年為一三%，日本在一九七四年更是高達二三%。[2] 甚至到了一九九二年，全球還有四十四個國家通膨率高於四〇%。[3]

當然四〇%跟一年二〇〇〇%甚至更高的惡性通貨膨脹相比，實在也不算什麼。表12-1顯示一九七〇年至二〇〇一年，現代新興市場幣值的惡性通膨現象。剛果在這段期間經歷三次惡性通膨（或接近惡性通膨），排名第一；巴西則有兩次。以剛果的例子來說，累計通膨率幾乎是百分之一萬兆（按剛果幣兌美元匯率的貶值來計算）。

史上最出名的惡性通膨當數第一次世界大戰之後的德國，一九二三年物價狂飆百分之二百二十億。曾有報導指出，當時到了發薪日，就會有孩子騎腳踏車守在工廠大門口等爸爸領錢出來，馬上騎車到鎮上搶購東西，免得那些錢很快就會變成廢紙。二十一世紀的通膨記錄大概是辛巴威吧，二〇〇八年通膨率高達二四〇〇〇%，最嚴重時甚至又高出好幾倍。[4]（我那時候有一位研究生是辛巴威來的，她說她搞不懂官方怎麼還能編出物

---

1 如果李嘉圖等價成立（Barro 1974），民眾對舉債轉移支付也不會有反應，因為未來的增稅也會抵消轉移支付的所有好處。在這種情況下，只是簡單地印鈔票來供應預算赤字也是毫無作用，因為利率為零時現金和債券是一樣的東西。正如第八章所說的，雖然這是個極端的例子，也足以讓那些認為赤字可以發揮刺激效果的誇大說法稍微冷靜一下。

2 參見 Reinhart and Rogoff（2009），*This Time Is Different*（http://scholar .harvard.edu/rogoff/time-different%E2%80%94data-files）。研究顯示，在較長的歷史過程中，大多數發達經濟體都曾經歷高通膨的衝擊，雖然未必是惡性通貨膨脹，參見 Reinhart and Rogoff（2009）。

3 參見 Rogoff（2004）。

表12-1：相對美元的幣值累計變化，
1970年1月至2001年12月

國家	累計百分比變化
剛果民主共和國	9,924,011,976,047,800
巴西	124,316,767,667,574
阿根廷	2,855,714,286,430
土耳其	7,500,585
墨西哥	77,249
印尼	2,798

資料來源：Reinhart and Rogoff（2002, table A1）

價指數，因為商店裡頭明明就沒東西可買啊。）當然就算到了現在，還有很多國家的通膨很嚴重。國際貨幣基金就已經發布預測，治理混亂的委內瑞拉通膨率將會超過一〇〇〇%，而且這個預期可能還是太樂觀了。

以上說的這些嚴重通膨都跟負利率無關啊！管不住金融膨脹胃口的政府，一旦擁有印鈔票的權力也就管不住自己。

印鈔票造成通膨可能帶來的變化，再怎麼說都不誇大。大家說起英國的亨利八世，應該是想到他曾經砍下幾個王后的頭，但貨幣史學家對他的認識則是他對造幣偷斤減兩，從一五四一年到一五四七年一便士的白銀含量減少了六七%，貶值幅度驚人甚至為禍不輕。[5]各位可以想像一下，要是讓他發現紙鈔其樂無窮的話，會發生什麼事。

在現代經濟體中，政府會想要搞通膨的真正原因是想要賴債不還，而不是想從貨幣抽通膨稅。

先進國家的貨幣供給量其實只占國內生產總值的五％到一〇％而已，但政府債務淨額則高出許多，歐元區國家占國內生產總值的七〇％，七大工業國更是高達八三％。[6] 要是可以實施負利率的話，政府會不會把通膨微調當做是賴債不還的後門呢？這有可能發生，但是先進國要靠這個方法賴掉大部分債務，也不像大家所想的這麼容易。最基本的問題是，要讓通膨全面燒起來需要時間，因為商品市場和勞動市場的調整速度比金融市場要慢得多。這個時間上的差異，讓政府很難運用貨幣政策來賴債不還。這不像政府只要印鈔票，就可以透過通膨精確地打消債務，如果政府想要開始大搞通膨，投資人會在通膨真正上升之前，就開始收取溢價；換句話說，商品市場的緩慢調整正適合針對短期刺激的貨幣政策，因為物價和工資的調整都需要時間。但是政府債務中如果很大部分是短期債券，而且以債養債過程中利率時常變動的話，想要用這種辦法來打消高額負債就沒什麼用。只要政府受制於市場利率，除非債券大都屬於長期債務，否則它的選擇相當有限；如果負債以長期債務居多，政府就有時間慢慢加溫通膨，有效打消一大部分債務（以實質價值計算）。

4　參見 Reinhart and Rogoff（2009）*This Time Is Different* 資料（http://scholar.harvard.edu/rogoff/time-different%E2%80%94data-files）。

5　Reinhart and Rogoff（2009, ch. 11, fig. 2 data）。

6　參見 International Monetary Fund（2015, p. 28）。「七大工業國」（G7）是一個非正式的工業國團體。

政府如果想用通膨政策來降低私人債務的價值，基本道理也是一樣的。貨幣寬鬆對債務人有利，對債權人不利，這是不容否認的。但是如果想要獲得極大成效，通膨率就必須突然且大幅升高，但是如此一來又會破壞整個金融體系，弄巧成拙。財政非常困難的發展中國家，如果金融體系規模很小的話，是可以考慮這樣的優劣取捨（如表12-1所示），但現代先進國家可不能這麼做，雖然它們有很多在二次大戰之後都馬上體驗到極高的通膨壓力。7

先進國政府的確有一種辦法可以賴掉一些負債，這個辦法有時被稱為「金融抑制」（financial repression）。在這種狀況中，金融抑制就是指政府不付市場利率，強迫私人部門吞下這些債務。如果通膨率較低時，這種方法很難快速進行，但通膨率要是高達八%，政府強迫銀行、保險公司和退休基金持有這些根本賣不掉的債券，但利率只有二%，那麼在金融抑制下政府債務的實質價值就會很快地下降。各位要是覺得這種事情不會發生的話，不妨再想一想：二次大戰之後，先進國家努力降低債務相對收入的比例，很大一部分是依靠控制利率和通膨率。8 大家普遍以為先進國家打消債務是透過高成長，其實是忽視了政府利用金融抑制，偷偷地向政府債務持有人課稅。

確實，現有的研究文獻還沒包括政府可以設定負利率的狀況，要是多了這個選項，結果到底會有什麼差別，到現在還是沒有答案。乍看之下，答案似乎是否定。政府印鈔票（增加貨幣供給）和調降利率（降低貨幣需求）都將造成初期的供給過剩，最後導致物價上揚。（如果出現短期的名目物價僵化，也會出現短期的產出和就業效應。）這兩種方法都會對政府債券的實質價值產生不利影響，它們的作用雖然表面上看來是一樣，不過我們在此無法進行更深入的探討。顯然當利率為負時，政府可以利用貨幣來賴債，但是債券總額大了許多，這才是主要問題。

大家最關心的可能是說，如果允許負利率的話，政府會不會更想進行嚴厲的金融抑制。金融抑制的經典做法是，政府設定的利率雖然是正數，但透過通貨膨脹，強迫那些受到束約的儲蓄戶承擔實質負利率。現在如果名目利率都能設定為負的，政府的確可以在沒有任何通膨的情況下，透過金融抑制來搜刮利益。是的，缺錢的政府要是碰上這種誘惑的確是個問題，而且很可能導致嚴重扭曲。然而現代發達經濟體在必要的金融監管和扭曲的金融抑制之間，大致上都已經達到平衡，負利率的實施似乎也不可能造成決定性地傾斜，但這的確是個需要密切注意的問題。比較好的說法是堅持中央銀行的目標是有效利用負利率，讓經濟迅速恢復正常，利率回到零水準之上。

總而言之，現代中央銀行已經學會透過超然獨立、透明運作，目標設定和對外溝通

7 學者曾針對現代經濟體利用通膨降低債務實質價值的難度進行量化研究，認為債務結構轉為較短期是致力於降低通膨的一種方式。參見 Missale and Blanchard（1994）。

8 以金融抑制為主題的研究，參見 Reinhart and Sbrancia（2015）；Reinhart and Rogoff（2009）。

等有關的各種創新，有效遏止通膨預期。最後，在任何現代貨幣制度中，民眾都必須相信央行的意圖。如果央行宣布目標是通膨率二％，民眾相信它一定會以有效方式運作，努力達成目標。從這個角度來看，根據貨幣支付利息（不管是正或負）的可能性，應該被視為央行工具的一種改進，而管制其行動的政治經濟學不會有根本上的改變。

我們不否認，有些人會認為負利率是不道德的，但光說他們是貨幣幻覺的犧牲品，大概也無法說服他們。而且有些人對通膨的感覺也非常強烈，原則上負利率可以讓經濟不受零利率下限的約束，達到非常低的通膨水準。對於政府欠債不還，現代政府也已經有很多工具可以透過金融抑制賴掉部分債務，負利率的確讓政府多了許多選擇，必須小心提防政府的濫用也的確很重要，但是經濟陷於嚴重衰退時，負利率提供打破零利率下限的能力，讓貨幣政策在平常的景氣衰退中可以發揮完全的效能，與此相比，提防濫用似乎只是微小的代價。不過還是有很多人擔心負利率可能造成貨幣政策不穩，我們下一節就要深入討論這個問題。

負利率會破壞規則模式的貨幣體系嗎？

到目前為止，我們研究了一些與負利率有關的內部問題，亦即是否構成違反誠信的問題，以及轉向負利率是不是會變成超高通膨新時代的前兆。我們接下來討論是，允許負利率會不會讓貨幣當局難以維持有效的規則模式貨幣體系。其實就算不能實施負利率，過去在金融危機期間，對於規則和權宜措施之間的辯論就已相當激烈；這種意見分歧反映出的真正問題是說，在面對意外狀況和難以納入規則處理的事件時，央行需要保留多少彈性才能靈活反應。貨幣政策的靈活度相對於它帶有的承諾性質的這個主題，其實已經遠遠超過本書所要討論的範圍，但大家都很關心這個問題，而且它正是因為負利率議題而被放大，所以我們也必須在此討論。

自從二〇〇一年以來，尤是二〇〇八年金融危機以來，包括約翰・泰勒（John Taylor）、艾倫・梅爾策（Allan Meltzer）等重要貨幣學者，對央行設定利率太低且維持太久，都提出強烈批評，認為央行運作已經脫離規則模式的貨幣體系。實際上對於政府在貨幣政策上是否應該擁有自由裁量的權力，一直以來都是引發爭議的主題。偉大的貨幣學派經濟學家傅利曼在他和安德魯・史華茲（Andrew Schwartz）的權威著作《美國貨幣史》（*A Monetary History of the United States*）中指出，基礎貨幣、通貨膨脹和經濟成長之間存有穩定的長期關係。[9] 傅利曼認為，確保穩定成長和通貨膨脹的最佳方式，就是讓貨幣供給量保持在穩定且可預測的成長軌道上。

傅利曼完全理解，貨幣政策是經濟穩定的有力工具，但他認為央行既無能又喜歡

9 Friedman and Schwartz（1963）。

搞通膨，所以大家要是把整套的凱因斯學派貨幣政策的概念全忘了的話，日子才會過得簡單又美好。此外，他認為保障被動型貨幣政策的最佳途徑，就是把永續擴張貨幣的固定速率直接寫進憲法裡頭。他從一九六〇年代就極力鼓吹恆定的貨幣成長法則[10]，並在一九七〇及八〇年代擁有許多深具影響力的追隨者，其中最著名的是諾貝爾獎得主羅伯特・盧卡斯（Robert Lucas）。盧卡斯據此提出理論顯示，在某些假設條件下積極型貨幣政策會產生一些隨機噪音，讓消費者很難從整體通膨中釐清不同商品的相對價格變動。

從一九七〇年代末到八〇年代初，可能是傅利曼對貨幣政策直接影響最大的時候。他認為央行浮躁魯莽的作為，幾乎完全證實積極型貨幣政策往往弊大於利，當時以固定匯率為主的布雷頓森林體系崩潰，央行官員應變不及，造成國際商品價格大漲。應該要以美元作為國際金融體系基礎的美國，反而成為風暴中心。聯準會不維持穩定的貨幣供給和通膨率，反而在一九七二年總統大選前大量增加貨幣供給，部分原因就是為了刺激經濟成長，幫助現任的尼克森總統競選連任。（艾倫・梅爾澤（Allan Meltzer）在他的聯邦儲備體系史研究指出，我們從水門事件錄音帶就能聽到尼克森毫不掩飾地逼迫聯準會主席亞瑟・伯恩斯（Arthur Burns）刺激經濟成長。）[11]尼克森後來雖然獲得壓倒性的勝利，通貨膨脹也如脫韁野馬。接替伯恩斯擔任聯準會主席的威廉・米勒（William Miller）任期短暫，從一九七八年三月到一九七九年八月，讓狀況變得更糟糕。米勒犯了一個根本性錯誤，他只關注短期刺激，卻忽略了長期通膨預期的穩定。一直到保羅・沃克在一九七九年八月入主聯準會，通貨膨脹才開始穩定下來，並且在一段痛苦的經濟衰退之後，整個經濟才回復為較低的通膨壓力。

當時大家都認為，沃克就是實施了傅利曼政策才奏效；沃克主持的聯準會畢竟是運用貨幣供給目標，證實必須訴諸緊縮利率政策來壓低通膨，這是貨幣學派獨占鰲頭又一標誌。但奇怪的是，也就是在這個時候，傅利曼強調的貨幣供給與通膨之間的緊密關係開始消失。普林斯頓大學教授史蒂夫・高菲爾德（Steve Goldfeld）一九七六年的論文〈貨幣失蹤現象〉（The Case of the Missing Money）強調的這個問題並不難確定。[12]由於科技進步（信用卡成長）、金融自由化（特別是解除銀行支付利率的上限），以及開放管制，創造出貨幣市場基金等新工具，傅利曼主張的「貨幣」與通膨的關係開始大打折扣。有一段時間，聯準會想藉由更廣泛的「貨幣」措施來找到貨幣和物價之間的聯繫，例如除了支票和儲蓄帳戶之外，再加上貨幣市場基金，目的是想要找出貨幣與物價水準仍有穩定可靠的關係，但這樣的努力大都無濟於事。

---

10 參見 Friedman（1965, 1968, p. 193）。但公平地說，傅利曼提出這個建議時也強調：「我不是把這個提案當做是貨幣管理的全部和完結，說它是足以刻石勒碑、萬世不變的宗法。」（參見 Friedman 1968, ch. 6, pp. 193–94）。

11 Meltzer（2010）；亦可參見 Abrams（2006）。

12 Goldfeld（1976）。

在這種情況下，傅利曼強調的貨幣成長速度比通貨膨脹要慢得多，因為隨著經濟適應新科技發展，根本不需要有那麼多的舊式貨幣（或任何舊的支付媒介，例如支票）來完成同等規模的交易。高通膨也是一個因素，諷刺的是，傅利曼的固定貨幣供給法則可能導致他最想控制的那種通膨。要是固定貨幣成長真的像傅利曼所說寫進憲法裡頭，這個世界很可能已經領教過非常不穩定的通膨率變化。

剛好相反的是央行改變運作方式，更加注意長期的通膨預期。這件事之所以可能的個關鍵發展是，現今央行的運作普遍上變得更為超然獨立。這是受到學術研究的啟發，研究指出央行有能力抵抗政治壓力，裁減短期利率正是壓低長期利率的關鍵。現在世界各國央行很多都享有很大的獨立性，但三十年前並非如此。過去在一九八〇年代初期，主要工業國中實際上只有德國央行和美國聯準會才獲得較大的獨立性。

從威廉．米勒到保羅．沃克的銜接過渡，我自己就在聯準會近距離觀察，看到沃克不畏強權的成功和米勒屈服於政治力的失敗，大大影響了我之後的研究。這個經驗促使我在一九八〇年代初期發展出一套理論，強調央行的超然獨立對於整個社會極富意義，央行選擇的目標應該是有助於穩定長期通膨預期，不應該只是為了促進短期成長，於是從一九八〇年代末期開始，全球許多國家也致力維護央行的超然獨立，更加重視通膨的穩定。

到現在仍有許多國家還在拼命壓低通膨，努力穩定物價，例如巴西、俄羅斯、越南和土耳其等。不過這些國家在一九九〇年代還遭遇到超高通膨，因此維持長期物價穩定等議題都還在其次。

然而到現在還是有人堅守傅利曼傳統，認為最好不要採取積極貨幣政策，主張央行只要關注物價穩定，其他什麼都不必管。德州眾議員羅恩・保羅（Ron Paul）在他極具影響力的二〇〇九年暢銷書《終結聯準會》（*End the Fed*）中指出，金融危機揭露出美國央行的不民主，只會討好華爾街精英；宣稱聯準會透過量化寬鬆政策，正在大幅提高貨幣供給量（我們之前已討論過，這個指控在零利率下限時是個離奇的誤導），最後會讓美國遭受惡性通貨膨脹。保羅因此主張廢除聯準會，讓美國恢復為某種形式的金本位。保羅的暢銷書引發一波針對聯準會的惡毒攻擊，最後導致德州州長瑞克・佩里（Rick Perry）在二〇一二年共和黨總統初選中大肆抨擊聯準會主席柏南克：「置身於歷史上這個特殊時刻，還忙著印鈔票、玩政治，幾乎可說是叛國！」[13]

奧茲的巫師和貨幣政治

總統大選把貨幣體系拖進來打，這在美國歷史上也不是第一次。一八三二年七月，

13 Jeff Zeleny and Jackie Calmes. "Perry Links Federal Reserve Policies and Treason," *New York Times*, August 16, 2011。

當時的美國總統安德魯・傑克遜否決了美國第二銀行（Second Bank of the United States）的續約章程，說這是「有錢有勢者玩弄政府法案，以達自私自利的目的。」迫使第二銀行黯然關門。14此後的美國不再有什麼類似央行的專責機構，一直到國會在一九一三年創設聯邦準備系統。一八九六年，民粹派候選人威廉・詹尼斯・布萊恩（William Jennings Bryan）在民主黨大會上，表態支持「自由白銀」運動（Free Silver）這種貨幣擴張的主張。在那個時代大家擔心的是黃金供給短缺，無法跟上美國快速成長的速度，導致通貨緊縮帶來惡性循環，所以自由白銀派希望白銀也能作為法定貨幣的擔保，其與黃金的兌換率定為十六比一。這種變化會提升通貨膨脹，讓那些負債累累的農民獲得喘息空間，因為農產品價格雖然下跌，農民要償付的抵押貸款金額卻是固定不變。

關於法蘭克・鮑姆（Frank Baum）的精彩童話故事《綠野仙蹤》（*The Wonderful Wizard of Oz*）曾引發非常有趣的討論，說它是一則金本位的寓言故事。一九三九年茱蒂・葛蘭（Judy Garland）的同名電影，當然就是根據這個故事拍攝而成。首先解開寓意的是一位高中老師亨利・李特菲（Henry Littlefield）在一九六四年提出，後來又被一些作者引用，其中最著名的是經濟學家休・洛克夫（Haugh Rockoff）在一九九〇年的《政治經濟雜誌》（*Journal of Political Economy*）上發表文章。不管這個說法對不對，這個寓言故事常常被用來作為教材，介紹一些貨幣經濟學的概念，李特菲的解讀把書中主要角色和一八九〇年代民粹運動的重要人物連結起來，稻草人代表農民，錫人代表產業工人，膽小的獅子是威廉・詹尼斯・布萊恩。翡翠城的人民透過綠色眼鏡看任何東西（就是綠色的紙幣），黃磚路則是一條通向陷阱的窄道。重要的是，在原本的書裡頭，桃樂絲有一雙銀拖鞋，不是紅寶石做的，在故事的最後，桃樂絲知道只要把她的銀拖鞋排在一起，就能安全回到她家的農場，這正是代表「白銀運動」的簡單答案。

不管作者法蘭克・鮑姆本意為何，通貨緊縮在金本位時代毫無疑問是發生過，而這個問題反映出以商品作為貨幣的倒退現象。事實上，以為金本位可以創造出非凡穩定的想法，其實只是幻想和假象。金本位時代也曾經出現過幾次嚴重衰退（就某些方面來看，一八九三年的衰退可以比擬一九三〇年代的大蕭條），也曾發生銀行擠兌和長期陷於通貨緊縮；當政府迫切需要資金來打第一次世界大戰時，不管是什麼都擋不住政府拋棄金本位制度。當民眾了解金本位無法永遠持續下去時，也就證明了這個制度其實非常脆弱，我們實在沒有理由相信金本位擺在現代就會比較好。

儘管取得了一些進展，但是要設計出可以替代規則模式的貨幣體系已經證明難以達成。今天世界上幾乎每個央行都說正在進行某種形式的通膨目標設定，儘管詮釋解讀的方式廣泛而多樣，但實務上名稱雖不同，意思也是有限。有些央行對於通膨目標採取嚴

---

14 Andrew Jackson, Washington, DC, July 10, 1832. Source: Yale Law School Avalon Project (online repository in law, history, and diplomacy)。

格觀點（原則上，歐洲央行的章程規定它只要注意通膨就好）；另外一些國家，如美國聯準會，實施較有彈性的通膨目標設定，通常這表示通膨是央行決定利率的一個因素，但未必因此排除其他總體經濟變數，特別是經濟產出和就業。

在考慮多重因素的現代貨幣法則中，最著名的也許是泰勒法則（參見本書附錄的專文討論），這是假定央行設定政策利率應該根據經濟產出與完全就業的偏差、實際通膨與目標的偏差程度而定。泰勒法則有許多優點，與金本位或傅利曼法則相比當然也是大有進步，但就算是多年來早已證明非常有用的原始泰勒法則，也無法在央行僵化法規下切實遵行。事實上在二〇〇八年金融危機以後，各國央行利率設定為零的時間已遠遠超出泰勒法則所能解釋的範圍，但通膨水準仍然頑固地低迷。簡單規則也許能夠長時間運行良好，但是也需要有個機制供應經濟動力掙脫通縮泥沼，特別是碰上像二〇〇八年金融危機這種遠遠超出正常歷史範疇的災難事件。

我們要再次離題，長文探討目前規則模式貨幣體系的替代方法，為了解決有些人不完全信賴央行的問題。這些人懷疑央行不會守護貨幣價值，說不定也還在宣揚傅利曼──盧卡斯的觀點，認為積極型貨幣政策是弊大於利，因此要是想賦予央行設定負利率的權力，儘管是為了加強對抗景氣循環的能力，還是會讓他們心生疑慮。

我在一九八五年的研究論文（受到米勒與沃克對比的啟發）提出的觀點是，貨幣體系必須在靈活操作與信守承諾之間取得平衡，才得臻於理想，而這的確就是央行設計最關鍵的元素。一九八〇年代的經驗告訴我們，不遵守承諾壓低通膨會出什麼錯，而晚近的金融危機則是顯示太過僵化、不知變通又會犯什麼錯。是的，後來又有許多學者對此發表研究論文，論證完美世界中必定可以找到正確運作的體系，不必有所妥協。不幸的是，在一九九〇年代到二十一世紀初期，很多央行都採納這樣的觀點——他們可以找到某種理想法則，無需犧牲就能好處全收占盡便宜。

但就像很難設計出一套永遠正確的規則一樣，我們也很難設計出事後看來最理想的誘因機制或制度法規；因此儘管都會存在一些人為錯誤，最理想的狀況也許就是建立一套能夠在彈性運作和信守承諾之間取得平衡的體系。在我看來，現代央行在堅守承諾和彈性應變兩方面是過度強調前者而受到衝擊，央行官員太相信通膨目標設定和一些簡單法則，就以為能夠不做取捨，過去八年的經驗表明，這個觀點是錯誤的。雖然開放負利率，解除零利率下限有助於紓緩彈性的要求，但今後還是要為其他意外事件做好準備，這非常要緊。15

雖然還有明顯的改善空間，現今制度擁有超然獨立的中央銀行，由技術官僚負責運

15 我們不一定會在低收入的發展中國家推介負利率的選擇，其實也不是很需要。民眾不相信政府不會玩弄通膨的國家，零利率下限就不是什麼嚴重問題，這樣的市場會需要較高的風險溢價，甚至適應比較高的通膨預期。

作，已經比其他制度好太多了，當然也比金本位還好。在當今極富能力與超然獨立央行的背景下，引進負利率應該不是什麼大問題。如果負利率被看是構成通膨的風險，那麼正確藥方是要加強央行的獨立性，而不是搞破壞。以現在的狀況來說，負利率的出現應該被看作是技術性解決方案，而不是質疑央行獨立大原則的機會。

第二部分的結論

負利率是非常複雜的議題，涉及許多貨幣政策要面對的挑戰和問題，甚至之前在幾個歐洲國家和日本實施負利率期間，就引發激烈爭論。我們在這個第二部分已經討論這些例子，說明如何促進負利率的利用；我們也探討過一些可以減輕零利率限制的替代方式，包括其他不淘汰紙幣而能掃除障礙，實施無限制負利率政策的方法；我們也分析了一些反對意見，包括說負利率政策可能導致物價不穩、金融震盪以及偏離規則模式貨幣政策的看法。

簡單地說，雖然很多問題和反對意見亟待討論和解決，還是很可能正確設計出一套負利率政策。如果央行可以選擇無限制地設定負利率，它們就擁有比現在更大的能力推升經濟迅速擺脫通貨緊縮的惡性循環，在體系規模的金融危機之後對抗信用緊縮的不利影響。把利率調降至零以下可以暫時拉高總體需求，並強力鼓勵銀行放貸超額準備。可是要讓這些努力真正發揮效果，就要先徹底掃除負利率障礙。首先而且最重要的是，要先清除負利率時全部（或大部分）囤積現金的誘因，現在政策失效就是因為這些誘因。這也意味負利率施行的「管道」，包括法規、稅務和制度方面都要準備改變。我們還是要再次強調，現在這種負利率只是淺嚐即止，還不能把它們看做是掃除障礙之後的決定性考驗，因為到現在為止仍有許多問題尚未解決，尤其是要找到辦法防止資金逃向現金。

要是跟一九三〇年代淘汰金本位、七〇年代開放匯率自由浮動，還有一九八〇年代和九〇年代現代央行趨於超然獨立等等變革相比，實施真正的負利率政策會讓整個世界劇烈變化。就像這些變革時代一樣，在過渡期間都會有一些不確定因素，但過了一段時間以後，央行和金融市場參與者也都會適應新時代，覺得這一切都是理所當然。

最後，我們也要了解，負利率不是所有經濟弊病的靈丹妙藥。它不能代替教育和基礎建設投資，也不能代替一些對市場有利的改革，或取代合理的財政政策來對抗景氣循環；但是它可以恢復貨幣政策在零利率時的效用，並在政策辯論時掃除混亂思維。

PART 3

國際層面與數位貨幣

CHAPTER

13

淘汰紙幣的國際影響

在本書最後的短短篇幅中，我們要討論幾個到目前為止都先略過的重要問題——淘汰紙幣的國際影響與數位貨幣的含意。這裡頭有些好些議題都可以專書討論，而且至少就表面上看來，有好些是反對淘汰紙幣的意見。但是各位如果仔細檢視的話就會發現，我到目前為止所提出的論述和構想，都能化解它們提出的挑戰。

我們從重要的問題開始：淘汰紙幣是否需要國際協調，大家一起來？如果美國的罪犯不能使用百元美鈔，他們不會使用加拿大幣、日圓和歐元紙鈔來進行交易嗎？與此相關的是，一個地區（比方說美國或歐元區）片面放棄發行收益，雖然這是向國際罪犯提供紙幣才得到的，是不是也太蠢了？新興市場，也就是發展中國家是不是也要考慮淘汰紙幣？還有，要是有些先進國已成功解決零利率的限制，但其他國家還是卡在那裡，情況又會是怎樣呢？

外國紙幣會不會取代國內紙幣的角色？

我直截了當地說吧！美國淘汰紙幣以後，外國紙幣也不可能接收美國的地下經濟地盤。最重要的一點是，外幣很難在美國的合法經濟中洗白，而且攜帶大量外幣進出美國不但不容易，成本也很高。

英國的經驗是個好例子，就某種意義上來說，它現在正面臨這個問題。英國正是小鈔比較多的國家，而它的隔壁卻都是大鈔使用國。各位可以回想一下，英國最大額的鈔票只是五十英鎊（約合七十五美元），而它跟歐元區的五百歐元大鈔只隔著一道海峽（五百歐元約合五百七十美元）[1]，「英國脫歐」也不會改變這個事實。

早在二〇一〇年，英國的重大組織犯罪調查局（SOCA，以下簡稱「索卡局」）就曾指出五百歐元大鈔在英國地下經濟中肆虐橫行。[2]這個機構的名字聽起來像是從〇〇七電影裡頭蹦出來的，不過從二〇〇六年到二〇一三年期間索卡局確實存在。它的幾分年度報告對於洗錢和地下經濟的現金使用狀況極有掌握，任何認真關切這些問題的人都可據以了解。索卡局彙整多個司法機關的研究指出，英國對於五百歐元大鈔的需求有九成以上都是來自犯罪分子。索卡局與金融業和其他部門的專家合作，獲得的結論是：「五百歐元大鈔在英國的供給量，並沒有與之相符的合法使用，由於它極容易取得，讓罪犯得以轉移大量現金，因此成為犯罪活動的重要推動力。」[3]

因為索卡局協調英國財政部，說服民間金融業者不要提供五百歐元大鈔的兌換，才讓民間人士無法從銀行等地方輕易兌得大鈔。當然在英國持有五百歐元大鈔並不違法，但現在要是持有很多大鈔就難免使人起疑，未來在適當時機，英國可能也會對一百歐元和二百歐元大鈔採取類似行動，尤其現在歐洲央行也終於被說服逐步淘汰五百歐元大鈔。

就像英國必須處理歐元大鈔一樣，任何想要淘汰本國現金的國家都必須在國內金融體系設置大額外幣進出的障礙。不過這種障礙早就有啦，各種反制洗錢的規定就是。超過一萬美元的貨幣進出美國都要申報，歐盟的上限是一萬歐元，大多數國家也都有類似的規定。任何人儲存或提領大額外幣（或本國貨幣）都要書面申報，銀行也必須依法報告大額交易。這種控管以後還可以進一步降低金額。

如果本國紙幣（大多數）已經淘汰，而一般零售商又不接受歐元，想要洗白歐元紙幣就很不容易。的確，我們沒有法律禁止美國商店或餐館收受歐元（美元的法定地位只規定它是債務償付的媒介。）[4]，但是美國企業要是每個星期都會去銀行存一大筆歐元，就等於公告周知正在進行洗錢。當然防制賭場清洗大量歐元也是非常重要的事，不過這

---

1 五百歐元大鈔有時被稱為「賓拉登」：雖然大家都聽過，真的看過的人卻很少。

2 Serious Organised Crime Agency（2011）。

3 Serious Organised Crime Agency（2011, p. 15）。

也很容易做到。

萬一歐元大鈔只在地下經濟流竄，造成許多犯罪和交易，卻從來不進入合法經濟體系呢？比方說，可能出現歐元大鈔的黑市，包括一百、兩百及五百歐元大鈔在走私出境之前，可能在地下經濟中多次移轉。這個基本問題我曾在第五章和第七章都談過，這裡再重複一次，因為這牽涉到基本論點。任何只能在地下經濟中使用的鈔票，其價值都會大打折扣，因為它們的處理成本高而且又難用，對於逃稅的人甚至是罪犯來說，交易成本高、流動性又不足的鈔票，跟裸鑽一樣很難脫手——這些人拿著非法錢財，也跟其他人一樣想在零售店和網路上花用啊。最後一點但不能輕忽的是，有高昂價值的鈔票一旦停止防偽創新，偽鈔馬上橫行。

放棄貨幣的地下交易利得

接下來，我們要探究美國（或歐元區）提供全球地下經濟匿名交易媒介所帶來的利得。我們在第三章曾談過外國持有美元及歐元的估算值，當然是數額龐大，可能高達美元發行收益的一半。不過我也曾說過，從地下經濟取得的稅收增加，足以彌補發行利益的損失，而犯罪活動減少所帶來的莫大好處更是不用說。要是美國淘汰紙幣（也許除了小鈔和硬幣繼續流通，如第七章所述），歐元的額數大概會增加，雖然未必與美元減少的額度成比例。例如墨西哥、哥倫比亞和阿根廷等國，其地下經濟中流通美元遠遠多於歐元紙鈔，因為它們和美國有頻繁的貨物及人員往來。當然過去依靠美元的大毒梟和人蛇集團會轉用歐元，因此歐元區可能因此獲利。但他們很可能也不想做這種生意，尤其是歐洲領袖們要是開始了解現金在資助非法移民和恐怖活動的角色，更不用說它讓逃稅更方便。

是的，如果七大工業國、甚至那些發行大鈔的資金避風港（例如瑞士、新加坡和香港等）最後也都這麼做的話，就再理想不過了。國際協調一起行動的好處是，在政治上會更容易被接受，而這也會是解決全球犯罪問題最有效的手段。國際犯罪分子可能會改用其他貨幣，例如人民幣和盧布，但這些貨幣的流動性大為減低（中國還有資本管制），都不是全球主要貨幣的完美替代品。此外，中國最大額鈔票是一百元，相當於十六美元

---

4 根據美國財政部網站「法定貨幣地位」所述：

適用你的問題的相關法條是「一九六五年鑄幣法」，美國法典五一〇三，第三十一節，標題「法定貨幣」：「美國硬幣與貨幣（包括聯邦準備票券及和聯邦準備銀行與國內銀行流通鈔票）是所有債務、公部門徵收費用、納稅與規費的法定貨幣。」

該法規系指上述所有美國貨幣在債務人支付債權人時均為有效且合法。但是聯邦法令並未規定私人企業、個人或組織必須接受貨幣或硬幣作為支付財貨、勞務的費用。民營企業得以自行決定是否接受現金交易，除非州政府對此另有規定。例如，公共汽車得以拒絕收受一分錢硬幣或紙鈔。另外，電影院、便利商店和加油站得以拒絕收受大額鈔票（通常是指二十美元以上的鈔票）。

而已（但據說官方正考慮發行更大面額的鈔票）。[5]

不可否認地，有人認為美元大鈔對於像是俄羅斯這樣的國家永遠是非常有力的貨幣，讓普通小市民免受貪腐官員的騷擾。在莫斯科要是用一整箱百元美鈔買房子，房地產經紀人根本不會覺得有什麼好懷疑的。不幸的是，有許多美元或歐元紙鈔完成的交易，美國人也許以為都是正正當當，但有更多交易並非如此，例如販運俄羅斯和烏克蘭年輕女孩到法國和中東地區的人蛇交易。更靠近美國的地區，例如哥倫比亞和墨西哥毒梟販賣毒品到美國，收取了美元之後又用以購買武器，收買貪腐政客、警察和海關人員。綜合言之，就算是考慮到美元紙鈔可以幫助那些本國貨幣不受信賴的國家維持經濟活動（有幾個拉丁美洲國家都是如此）[6]，以外交政策為保留紙幣做辯護也是非常可疑。

到目前為止，我們的討論都以美元為中心。其他國家的貨幣呢？每個國家都有自己的法律、文化制度與習俗，但廣泛而言，都比美國更容易淘汰紙幣。

以日本來說，也不能從國際黑幫那兒獲得什麼發行收益，因為日圓在本國之外的使用並不多見。事實上，日本應該是第一個考慮大幅淘汰紙幣的大國，因為長期以來與超低通膨纏鬥不休，而且民眾對於日本央行維持長期通膨目標的信賴感比較薄弱。不管未來幾年還會發生什麼事，過去二十年來一再復發的那種通貨緊縮顯然還是很容易在日本出現。我們在第七章也曾經說過，有幾個較小的先進國家如瑞典和丹麥等，也都已經採取重大行動，大幅減少現金使用。

在英國則是有一些不同的憂慮，歐元進出英國特別容易，雖然規定旅客攜帶超過一萬歐元必須填具書面申報，但目前歐洲公民進出英國很方便，預料未來仍是如此。有些估算指出，倫敦的法國人竟有三四十萬人之多，所以二〇一三年時倫敦市長鮑里斯・強森（Boris Johnson）就曾打趣說自己是第六大法國城市的市長。[7] 對於英國來說，如果先跟歐陸取得協調，要淘汰紙幣一定比較容易（也很快就輪到塑膠貨幣）。不過像是索卡局和英國財政部已經實施的措施，也可以推展到其他大額的外國鈔票。

新興市場

先進國家如果率先淘汰紙幣，大多數新興市場也會因此蒙受極大利益，尤其是淘汰那些在貪腐政治和犯罪活動經常使用的大額鈔票。不過說到新興市場能否淘汰鈔票，則

---

5 俄國最大面額鈔票是五千盧布，約值七十七美元，但盧布匯率的波動非常大。渣打銀行前執行長曾強力主張，二十國集團應協調一致，一起廢止大額鈔票，參見 Peter Sands（2015）。（二十國集團是由二十個主要國家組成，由政府與央行首長舉行部長級會議和領袖高峰會議，是目前討論全球重大經濟問題最重要的論壇。）

6 研究估算指出，阿根廷在二〇〇二年破產危機之後的頭幾年，運用美元維持經濟活動的成效，約是提升國內生產總值增加〇・六%，參見 Colacelli and Blackburn（2009）。

7 Johnson（2013）。

大都是為時尚早。一方面是新興市場的利率大多數距離零利率還遠，有很多國家甚至是努力壓制通膨，希望可以壓到個位數的水準，而且大多數新興國家的債券都還要支付風險溢價，因此說是需要實施負利率，以利貨幣政策的操作順利云云，絕非迫切要事。此外，有些新興市場的手機銀行業務的推展雖然領先各國，但整體金融基礎設施卻遠遜於發達國家，沒有銀行帳戶的比例還是很高（例如哥倫比亞約達五〇％），因此要對這些民眾提供免費記帳卡的負擔，必定遠遠超過美國或德國等。特別是在中國，大多數人口還是住在發展較差的農村，儘管沿海城市可以不需要現金，要推展到全國各地仍是不可能。至於近來頗見發展的印度，目前經濟狀況仍是落後中國，要淘汰紙幣所面臨的挑戰也必定更大。

最重要的也許是，對於新興市場和發展中經濟體來說，降低現金使用來減少非正規經濟活動是否真的有好處，這一點還不是很明確。這些國家有許多非正規就業是使用人力資本較低的工人，這些工人未必能夠跨越門檻進入正規部門，在合法企業中找到工作，因此也就必須自行承擔與不良制度打交道的成本。

也就是說許多新興市場都有嚴重的貪腐問題，這正是不良制度拖累發展的主要原因。[8] 關於這一點，巴西最近的石油和營建業貪污醜聞就是個例子，涉案者收取的賄賂和回扣據報至今已超過三十億美元，總額還在增加，涉嫌貪污的官員也達到最高層級。[9] 當然像這種規模的貪污腐敗除了現金之外還有許多其他形式，但現金在很多狀況中都會出現。新興市場要全面淘汰紙幣雖然為時尚早，但還是可以考慮先淘汰大額鈔票。目前巴西里爾（Brazilian real）兌美元匯率很低，最大面額鈔票（一百里爾）僅僅數年前還接近六十美元的高檔，但現在只有三十美元。

負利率需要國際協調嗎？

到目前為止，這一章都在討論淘汰紙幣引發的國際問題，但是負政策利率的溢出效應又是如何呢？我們具體假設，聯準會是主要國家央行中第一個完全排除零利率障礙，而其他先進國家因為紙幣的關係只能在零利率下限淺嘗低酌。在正常狀況下，如果利率是正數，發達經濟體之間對貨幣政策的國際協調似乎沒多大必要。溢出效應的確可能發生，但也只是間接而次要[10]，各國只要管好自己的貨幣，整個體系就能運作完好。（這個廣泛說法有許多例子，尤其是主要國家如果面臨嚴重扭曲，當然可以透過積極型貨幣政策來加以緩和，不過我們無需在此深入。）[11]

---

8 La Porta and Shleifer（2014）。

9 David Segal, "Petrobras Scandal Leaves Brazilians Lamenting a Lost Dream," *New York Times*, August 7, 2015。

10 Obstfeld and Rogoff（2002）。

11 關於全球貿易中有一大部分係以美元計價的論證，參見 Gopinath（2015）。

但是過去對於協調貨幣政策的研究文獻，大致上都沒考慮過零利率下限的狀況，而且都假設每個國家可以自由調動利率，以平衡通膨及經濟產出的偏差，一直到最近，才有經濟學家認真研究零利率下限對於平常結果的影響。有些新研究顯示，大國央行要是陷入流動性陷阱的流沙之中，可能把許多國家也一起拖進困境，而幾個國家同時受困時，可能互相展開匯率貶值戰，作為貨幣政策的最後手段。12

原則上這樣的分析研究可以進一步擴大，來處理主要國家的政策利率都慘跌到零的狀況，但是各國實施零利率的能力強弱不一，比方說假設全球經濟衰退，主要國家央行的政策利率都跌到零，但美國已經淘汰紙幣，而其他央行還沒有；那麼聯準會可以盡情施展負利率，但其他國家還是會卡在零利率下限。美國利率降低，對全球需求自然是大有好處，但是伴隨而來的美元匯率貶值，也會把全球需求帶向美國。從最低限度來說，美國會得到極大的好處，但其他國家原則上就不太好，比美國跟其他國家一樣卡在零利率下限時更糟。這個狀況的研究至今仍無定論，但我們不難想像，這種片面負利率政策的溢出效應對其他國家可能是直接的衝擊，會帶來很大的緊張。

從某些方面來看，這種不對稱的狀況其實已經發生了。在二〇〇八年金融危機之前十年間，日本央行就一直卡在零利率下限，但其他央行都沒有。日本在那十年裡頭過得不太順利，但我們也很難確定，單論國際貨幣政策缺乏協調的影響到什麼程度。

到目前為止，我們聚焦於發達經濟體的貨幣政策合作，其溢出效應可能不是很大。

新興市場受到美國貨幣政策的影響極深，美國利率的衝擊對其股票和債券市場有很明顯的影響。倫敦經濟學院教授海倫・雷伊（Hélène Rey）認為，全球資本市場這個弱點似乎會影響新興市場，不論它們是固定匯率還是浮動匯率。13 從表面上看，美國如果可以實施負利率的話，利率循環的擴大似乎也會讓這個問題更嚴重。但是如果負利率讓美國可以很快地擺脫流動性陷阱，那麼溢出效應大概也會減輕。

就目前情況來說，聯準會在決定政策時並不會特別注意其他國家有利與否；他們會考慮的只是萬一有什麼不利影響，會不會反彈回美國。這對於全球協調治理，當然不盡理想，但這不是我們這裡要處理的問題。

12 參見 Caballero, Farhi, and Gourinchas（2015）。

13 Rey（2013）。

CHAPTER

14

數位貨幣與黃金

每當我跟別人談起淘汰紙幣會有好處時，大家都以為我要鼓吹像比特幣那種加密貨幣，等發現不是這麼一回事的時候就感到有點失望。[1] 注意到分散式分類帳技術的人，對於它在金融服務業和資料保存方面的應用，無疑都會感到興奮，不過在可預見的未來中，最好的制度還是由政府發行、作為記帳單位的貨幣，當然它最後會演變成完全電子化。

我知道有很多提倡支付替代技術的人，都認為透過網路交易技術，可以讓大家擺脫官方貨幣和政府監管的暴政。他們深深相信，要是利用像比特幣這樣的加密數位貨幣，

1 關於加密貨幣的廣泛討論，參見 Vigna and Casey（2015）。

有一天我們就不必再依靠什麼銀行啦。對那些加密貨幣的信徒來說，像我們這本書這樣尋找方法改善現行制度，只是在浪費時間而已，我們最好是趕快邁向那個美麗新世界，政府不再控制記帳單位，在交易和支付中也不必再有官方的影子。

公共分類帳技術和巧妙運算法，讓某些新「貨幣」的安全性大為提升，雖然是相當讓人矚目，但要是以為比特幣或任何其他加密貨幣很快就能取代現行美元，也實在是太天真。那些發明新貨幣的人在過去一千年來也都已經知道，在這場遊戲裡頭想要一直贏過政府是很難的，因為它們可以改變遊戲規則啊。民間部門也許可以拿出更好的辦法，但政府最後也會採用並加以管理，最後還是它們贏。就算加密貨幣的技術確實擋不住（這只是為了討論所做的假設），贏家（比方說，比特幣三・〇）最後也會變成政府控制的「班傑明幣」（Bencoin，這名字是襲用班傑明・富蘭克林，現在百元美鈔的頭像）。

這並不是因為現代政府很擔心貨幣的發行收益，至少這不會是它們的關切重點。真正重點在於有能力實施貨幣政策以一、穩定民間經濟；二、應對金融危機發放信用（作為最後的放款人）；以及三、在緊急時能夠提高物價水準，以削減部分政府債務（就實質價值計算）。為了有效實現這些目標，政府就必須控制記帳單位和大多數民間契約計價的貨幣。

如果是以民間部門的貨幣作為標準貨幣，萬一銀行出現擠兌的時候，誰又能出面搶救呢？是的，從過去歷史可以看到民間部門有幾次組成救援行動，例如紐約銀行家摩根

（J. P. Morgan）就曾經安撫了一九〇七年的金融恐慌而名聞遐邇，這是發生在聯準會於一九一三年成立之前的事。當時摩根承諾提供大量自有資金，並說服其他紐約銀行家一起伸手支援，才讓一些銀行免於滅頂。但是這樣舉動對今天的全球化世界不會奏效，當然也無法應付一場極為嚴重的體系危機。這時候就要靠政府介入，如果挽救不了金融市場，就要負責讓它安全地破產。

萬一發生戰爭、流行疫病或其他危機，在短期內亟需金援，政府就必須能夠調集大量流動資金。要維持「財政空間」需要靠一些手段，包括小心謹慎地管理債務，但控制記帳單位更是非常重要的安全閥。國家債務以自己的貨幣來計價就特別有用，因為政府可以透過通貨膨脹來擺脫部分債務，除了要處理緊急災難之外，國家如果不能控制自己的貨幣，也就無法操作現代的貨幣穩定政策。

記帳單位是可以多種並存，我們也可以發現到有許多小型經濟體同時接受本國貨幣和美元（或歐元），但是一般來說，一個具備完整法律及財政制度、運作良好的政府都必定合法地獨家控制記帳單位。如果美國政府決定監管「班傑明幣」，它可以利用發行收益來支付成本以維持這套制度，並且利用稅收來確保這個體系不會破產。這些都是民間貨幣難以競爭的優勢；更重要的是，政府可以運用法律、規章和徹底的強制力，至少從長遠來看，在維持貨幣霸權上政府是不會輸的。別的交易媒介也許還是可能蓬勃發展，但官方貨幣仍將扮演核心角色。

不管第一代加密貨幣在未來十年能否倖存下去，它們所開創的公共分類帳加密技術都可以幫助更多金融交易發展出更安全的方法。簡單來說，它的基本概念是建立一套系統，讓不同的民間部門個人（或實體）願意維持交易樹（transaction tree；或稱「區塊鏈」）的獨立分類帳，新交易的第三方驗收除非超過臨界值否則無法清算。完善的加密技術，例如在比特幣方面，也允許個人使用化名和密碼來保護自己的帳號，他人也很難鎖定交易者的身分。各種不同的系統都有許多很棒的技術支援，我們可以從中找到很多優秀的應用。[2]

現在世界各國政府都已開始更積極地管理加密貨幣：在美國，比特幣錢包（Bitcoin wallet）現在也要遵守洗錢防治法規，國稅局也開始就比特幣盈利的課稅做出裁定；歐盟對此也正在加緊管理。政府的最大優勢，在於可以規定金融機構對加密貨幣的處置方式。以中國來說，個人之間的加密貨幣交易雖屬合法，但禁止金融機構買賣這些貨幣及其衍生商品，或提供任何保險服務。先進國家雖然暫時都採取不多干涉的立場，這種做法不會一直持續下去。藉由控制進入金融體系與合法經濟的途徑門戶，政府就擁有很大權力可以破壞那些替代貨幣的價值與流動性，雖然它們都希望永遠不受官方控管。

這個經常出現的主題和第七章的討論類似，當時我曾問說，要是合法經濟停用百元美鈔，卻在地下經濟繼續流通又會是怎樣。不能在零售店合法地買東西或在銀行裡頭換錢的加密貨幣，其壽命也許會比遭到淘汰的百元美鈔還久，但是它的覆蓋面、重要性和用途都將大為受限。

就算數位貨幣受到政府監管之後，整個交易生態系統中的許多目標，在理論上也可能被數位貨幣所超越。例如信用卡機構、電匯服務和其他現有電子交易技術都要收取巨額費用，都讓這些媒介無力抵抗深具破壞力的創新技術。現在數位貨幣在國際移轉方面已經比電匯便宜許多，後者的收費往往高達移轉金額的一〇％至一五％之巨。而且分散式分類帳技術的一些應用，也可以讓比方說兩家銀行間的交易免除中間商的仲介，這樣就能大幅降低成本，尤其是在國際交易方面，這個方法也可以用來節省契約的法律費用。比特幣的一些競爭對手，特別是較新的以太幣平台則是為幾乎任何類型的交易提供安全交換的可能。

有時候有人會問說，加密的比特幣到底是不是貨幣（假設政府不干預的話）？答案當然是肯定的，不管有沒有政府的規範，比特幣（還有它目前和未來的競爭者）都可以履行許多貨幣的基本功能，包括記帳單位和交易媒介。[3] 事實上，數位貨幣比傳統紙幣更適用於複雜的交易和契約，因為它能承載更多資訊，包括交易的歷史資料。目前金融市場正在試探它的這些能力，例如以太幣的許多實務應用。[4]

---

2 關於比特幣的絕佳入門介紹，參見 Vigna and Casey（2015）；Lo and Wang（2014）。

3 參見 Per Jevons（1875）；關於現代貨幣理論參見 Kiyotaki and Wright（1989）。

圖14-1：比特幣的市場價格（以美元計價）

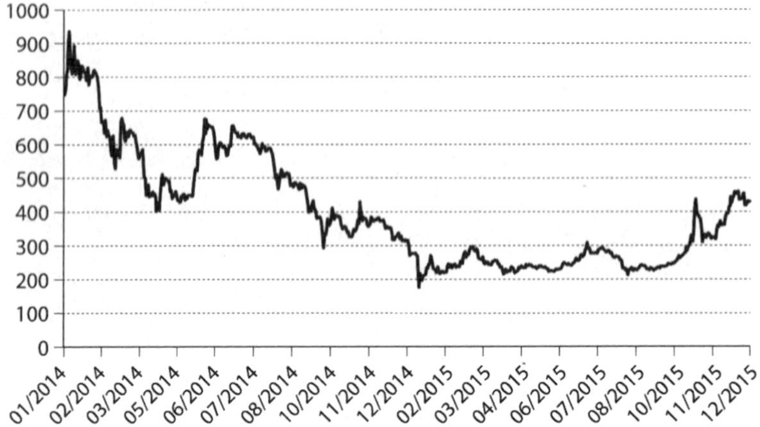

資料來源：Blockchain.info.

圖14-2：實質金價（以美元計價）

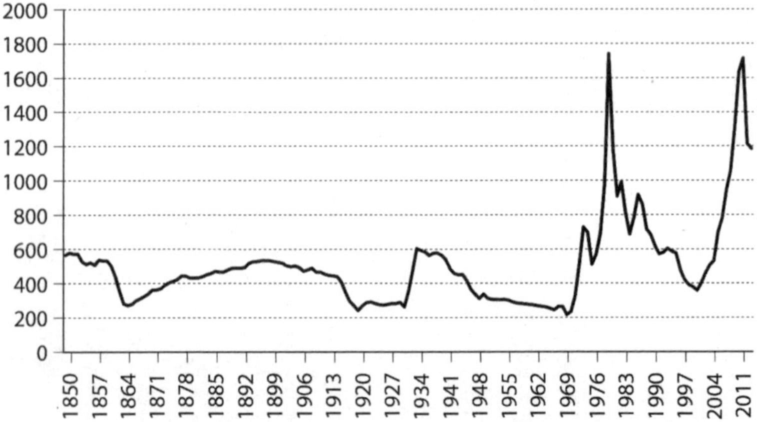

資料來源：1850–1920, National Mining Association;
1921–2015, Bloomberg.

理論上來說，這種分散式分類帳技術，有一天可能創造出更優越的貨幣，但這並不表示實際上已經存在。現在的問題是，比特幣一‧〇的價值波動非常大（圖 14-1），因此幾乎無法發揮穩定的價值儲存功能。原則上如果有更多人接受它是一種貨幣的話，可能就會變得更穩定。圖 14-2 顯示，即使是從實質價值（購買力）來看，以美元計價的黃金在金本位底下仍是比較穩定。要是沒有政府介入來穩定價格，比特幣一‧〇能否有此表現，到目前為止頂多也只能猜想而已。

對於比特幣（或任何數位貨幣）成為標準貨幣的另一個重要憂慮，是會不會造成通貨膨脹。目前設定的比特幣供給量是二千一百萬個，這個額度預計會在二十二世紀的某個時候達成。有人就擔心，這個上限最後就是通貨緊縮，因為全球經濟會持續成長，但是比特幣的供給卻是固定的，但其實他們應擔心的是通貨膨脹，不是通貨緊縮。為什麼呢？因為比特幣並沒有獨占它的基礎技術，模仿者會繼續出現，現在也確實已經有了。隨著時間推移，第一代比特幣搶占先機的優勢可能會慢慢褪色，特別是第二代或第三代比特幣如果可以提供更好的功能（例如，維護成本更低、更安全的匿名性）。如果是這樣的話，問題會是通貨膨脹而非通貨緊縮。

4 研究指出，貨幣是社會記憶的原始形式，但理論上更好的媒介也可以承載交易的歷史資料。當然貨幣中嵌入的交易資料到某個程度後，就會失去一部分的匿名特性。

政府真的可以複製新技術，為自己的電子貨幣創造出優越的清算機制嗎？聖路易聯邦準備銀行副總裁兼研究部總監大衛．安東費陀（David Andolfatto）指出，事實上聯邦準備銀行現有的貨幣體系和比特幣的類似，比大家所知道的還要明顯，首先一開始兩者都是電腦程式嘛。他認為聯準會未來也可能在會計運算上，採用類似的區塊鏈公共分類帳技術。[5]目前看來，還有太多不確定因素，但要是時間夠長的話，我們也不難想像這個構想成真，或者新一代的數位貨幣方法，會讓大家都能接受官方版的數位貨幣。

要是真有政府監督的數位貨幣，比方說班傑明幣，對金融體系可能帶來劇烈衝擊，大幅影響民間銀行轉換流動性的能力。在此條件下，個人就可以有效地控制帳戶進行交易，不必再依靠民間中介機構。就某種意義而言，這就像個人可以繞過銀行，直接在聯準會開戶。在極端情況下，班傑明幣對銀行放款能力的計量影響也可能跟芝加哥計畫（詳見第六章）一樣劇烈，等於強迫民間的替代貨幣百分之百由政府債券擔保。然而這其中有許多關鍵都要依靠監管，包括可以提供哪些替代方案來取代民間金融機構。

加密貨幣與和隱私保障

各位可能會懷疑，我對加密貨幣的討論是針對它的安全協議（security protocol），而不是它的隱私功能。事實上，比特幣早期的宣傳，大都針對一些比較奇怪的零售業務或地下黑市，例如「絲路」（Silk Road），不過這狀況到現在仍在不停地改變之中。例如，多年來，大家都認為比特幣是一種政府永遠搞不清楚內容的匿名交易方式，也部分正是因為這個原因，它才會成為網路加密黑市最受歡迎的付款方式，雖然這個從來就不是比特幣的主要用途。但是公共分類帳（即區塊鏈）會包含所有交易的記錄，雖然上頭都是一些假名，政府也可以利用這些交易資訊，從中解讀以確認身分。事實上，在不少的例子中政府很可能已經這麼做。第一代和第二代「絲路」被破壞並不只是個事實而已，這裡頭總是可以找到弱點，包括人為與非人為。這是一個科技提供保護，讓政府無法偵探的好例子，但是科技也無法做到完美的境界，未必可以持續到永遠。

而且說到底，政府對於保護罪犯和恐怖分子的匿名金融交易，也不會稍有容忍（除非是使用它發行的鈔票吧，好像啦）。逃避政府追查來源的金融交易新方法如果發展到那個程度，可能就要碰上強力對手，不過如果是設計出一套監管制度，允許比較小額的加密貨幣匿名交易，可能是個不錯的做法。但就目前來說，這個問題仍無定論。

---

5 Andolfatto（2014）。

黃金

本書提出淘汰紙幣、保留硬幣這種「回到未來」的主張，依循此一精神再深入討論黃金在未來的貨幣中可以扮演什麼角色，應該也是很有幫助，可能會加速紙幣的消失。由於黃金過去被當做是貨幣性資產，因此其價值肯定是被過度高估了，可能有人會說，金價這麼高，本身就是個巨大的泡沫。[6]這當然是一種解讀方式，不過從貨幣史的角度也可以有另一種說法：黃金之所以珍貴，是因為社會需要一種貨幣，而黃金長久以來已經被證實是一種大家都喜歡的選擇。黃金的貨幣價值，也不是歷史上的偶發意外，或者是某種文化上的奇特因素造成，過去在造幣上的技術空白，的確就是由黃金來填補，它具備傑文斯（十九世紀的貨幣學家，首先在第二章提過）列舉的所有貨幣特質，包括方便攜帶、同質性（以硬幣或官定條塊形式）和耐用性，而且因為供給較少而顯得珍貴，但也不致於非常稀有。[7]當然黃金作為貨幣資產也有其缺點：不適合小額交易時使用。不管那些保守派政客如何鼓吹金本位復辟，黃金終究是不如紙幣和電子貨幣，但是因為也沒有什麼完美的替代品，黃金到現在還算是二級或三級的貨幣性資產，至少它的匿名性質就不錯。

黃金在許多地方被人覺得珍貴的理由，跟百元美鈔受到重視的原因也都是完全一樣。黃金可能只是被當做備用貨幣，但在某些地方就很需要這種備用貨幣，例如像印度這樣的國家，黃金飾品一直被當作人民隱匿資產不為政府獲知的少數方式之一，其他金融管制嚴格的經濟體（例如中國）也是如此。事實上，現在每年開採的黃金大約三千噸，其中一半以上的需求都是來自黃金飾品，而條塊和金幣約占三〇%。[8]

紙幣淘汰之後，金價可能會上漲，但這種黃金又被當做貨幣使用的情況，預料無損於降低逃稅、減少犯罪的整體目標。就跟國外大鈔一樣，要在一般的流通市場中使用黃金很困難，而且黃金進出海關也適用大額申報。附帶一提的是，中央銀行現在應該更積極利用黃金作為儲備，特別是有些人認為欠缺「安全資產」可能造成全球貨幣體系陷入困境。

在本章的最後，必須讓各位明白的是，我們絕不能認為現行貨幣體系可以或者應該永遠持續不變。我不曉得再來會變成怎樣，但大概可以猜到電子貨幣（政府經營的！）的時代會陪伴我們很長一段時間，不過誰知道呢？長期以來，大多數科幻小說作家（但

---

6 Buiter (2014)。

7 令人覺得好奇的是，傑文斯列舉的優良貨幣特質竟不包括匿名性，現代的貨幣使用者應該都會把它列在前面吧。而關於貨幣基礎的學術文獻，大致上似乎也忽略了這個問題，參見 Kahn, McAndrews, and Roberds (2005)。

8 截至二〇一四年底，全球已開採出來的黃金總量是十八萬三千六百噸，大約等於二十一立方公尺。電子業、牙科和科技方面的微量使用，只占總需求的一小部分。事實上，過去一些黃金的用途，現在已不斷被一些優秀替代品所取代，例如牙科使用的複合材料，參見 World Gold Council (2015)。

不是全部）都認為，未來會使用某種電子貨幣信用來作為支付工具，不過也有例外。在電視影集《銀河飛龍》（*Star Trek: The Next Generation*）中，擅長經商的佛瑞吉人（Ferengi）是以「拉蒂錠」（latinum）來支付，這是一種揮發性極高的液體，所以必須用比較沒價值的黃金裝起來才能維持穩定。[9]

第三部分的結論

國際因素很重要，而且對於任何準備淘汰紙幣的計畫都可能大有影響，精心設計國際協調，一起淘汰大額鈔票正是絕佳的開始。而在可以實施負利率政策時，關於國際貨幣政策的諸多議題也需要重新考量，但大致上來說，國際問題也不會改變整體盤算，即使是對美國來說，國內收益也可能足以抵消這些成本。

數位貨幣的出現也不會改變這個結論，數位貨幣對於金融技術的發展的確具有重要意義，但它們對於金融監管也將引發重要的問題和挑戰。不過在談到淘汰紙幣時，它們還不是問題的核心。

9 佛瑞吉人使用黃金拉蒂錠作為貨幣的情節，最早是出現在《銀河飛龍》第七季第四集〈交易〉（The Gambit，二分四十九秒處）。拉蒂錠和佛瑞吉人的設定在《銀河前哨》（*Star Trek: Deep Space Nine*）系列中也有出現。

AFTERWORD

平裝本新增結語

現金在社會中的作用需要徹底分析，這件事如果有人懷疑的話，那麼過去這一年來發生的事情，尤其是印度突然廢除舊鈔、換發新鈔的激烈實驗，應該已經回答這個問題了吧。在這篇新增結語中，我要介紹印度的經驗，還有本書在二〇一六年五月上市之後才發生的一些重要發展；特別是新當選美國總統的川普，向選民保證要找到更好辦法來管制邊界，防止非法移民進入美國，但是還是沒什麼人注意到，這整個問題的核心其實是因為僱主可以利用現金偷偷付錢給那些非法勞工。

網路上有些人把減少現金當做是政府要走向極權專制的先兆，因此發了不少廢文，卻連「現金較少」（本書主張）和完全沒有現金（本書不主張）的根本差別都分不清楚。我們對於大額鈔票助長逃稅、犯罪和貪污腐敗以及金融危機發生時癱瘓貨幣政策等狀況的嚴肅討論，不應該被那些毫無內容的空泛誇大之詞所淹沒。

我這裡一開始要討論的，是把解決犯罪和逃稅大量使用現金的方案，當做是剝奪平民大眾使用現金的論點實在是荒謬至極。然後，我要接著討論印度、川普和其他一些最近的發展，再次強調一些關於負利率的重點，特別是聯準會主席葉倫，在二〇一六年八月對於有效實施負利率政策的分析。在最後一節裡頭，我會簡要地更新本書提過的一些重要數據。

減少現金使用並非完全沒有現金

我在書裡已經向讀者完整介紹，過去、現在和未來可能的現金使用狀況，也說明現金目前雖然從許多目的來看仍是非常好用，但就目前金融體系而言已經非常不合時宜。在一般大眾像以前那樣繼續使用現金的同時，我們也一樣可以減少現金，讓那些大規模逃稅和犯罪不像過去那麼方便。最簡單的方法，就是先逐步減少大額鈔票，因為它們在合法經濟中的使用頻率很低，主要需求都是來自地下經濟。當然這有許多方式可以推展，例如限制非常大額的零售現金交易，提升數位安全的交易方式和金融普惠，最終都會是最有效的辦法。

大多數讀者以及讀過本書的評論家，要分辨現金較少的社會和完全沒有現金的本質差別都不會有太大困難；然而有些評論家堅持創造出一個「沒有現金」的稻草人來挑撥是非，擔心本書主張的計畫要是真的實現，大家也許就不能花錢買春或非法藥品。還有人說，這樣做的話，就無法施捨給無家可歸的人。這些荒謬的說法是認真的嗎？壓倒性的證據表明，大多數人其實對大鈔的需求很低，甚至是那些非常依賴現金的人也是如此。

有個微妙論點是說，淘汰大鈔只是個開始，一旦淘汰大鈔之後，政府難道不會很快又要淘汰小鈔嗎？這種說法有點像是鼓吹容許槍支販售的論點——如果我們允許政府禁止半自動武器，日後獵槍一定也會遭到禁止。事實上，還真的有人把淘汰現金和槍支管制這兩個議題相提並論。二〇一六年九月號的《美國思想家》（*American Thinker*）有篇文章就說：「華府最後陰謀——先拿走你的槍，再搶光你的錢。」[1] 對於這種憂慮，我只能說我不是很同情。

最近有位麻省理工學院的教授告訴我，她曾經在某個制度欠佳的新興市場買了一間三萬美元的房子，全部用百元美鈔支付。假使她是用十美元鈔票的話，三萬美元也不過就是七磅重，一樣可以裝在平常的包包帶著走，但有多少人會做這麼大額的現金交易呢？當然我也收到許多人來信說，他們經常使用現金來進行一萬美元到五萬美元的交

1 Dan Joppich, "Washington's Endgame: First Your Guns, Then Your Cash," *American Thinker*, September 18, 2016.

易，要是沒有百元美鈔的話，他們一定會非常想念。我比較好奇的是，這些人好像從來不會說出自己到底從事哪種買賣。也有些人宣稱樂於施捨百元美鈔給無家可歸的人，我相信他們要是施捨五張二十元美鈔或十張十元美鈔，一定會更受歡迎。當然有些億萬富豪喜歡使用百元美鈔，只因為他們花得起嘛。真的啊，至少川普在當選美國總統之前，很喜歡拿百元美鈔當小費。[2] 我們當然不會反對這樣的慷慨給予，不過億萬富豪使用更多的小鈔或科技新方式，也可以表現出自己的慷慨。

另一極端的直接反應則是來自善意的自由主義者：「那些依靠現金的窮人怎麼辦？沒有現金的話，他們不會遭受很大的痛苦嗎？」我要再次強調，在可預見的未來，本書都不會主張完全沒有現金。況且窮人也不會常常有大額鈔票可以花用；事實上，大鈔助長犯罪，反而是窮人受害程度比較高。而且不管怎樣，我們在第七章提出淘汰計畫時也談過非常簡單且成本低廉的方法，促進金融普惠措施的普及。的確，有些窮人和低收入者利用現金來隱藏真實收入，才能通過家戶財務調查，獲得比較多的政府補貼，可是要做到這樣也未必需要大鈔。我還記得大概是八歲時，我祖母在她的布魯克林小公寓裡頭對我說，她在附近的百貨公司當櫃員，很高興公司是支付現金，不然要是讓政府發現的話，就會削減她的社會保障福利。對於領取補貼者短報收入的狀況，我其實已經是輕描淡寫，不過度強調，但不管各位對此感覺如何，淘汰大鈔對此似乎也不會有太大的影響，而且要做到完全不使用現金，成本仍是太高。

有人認為，就算我們淘汰百元美鈔，罪犯和逃稅者也會找到別的辦法來做匿名交易。的確，根據凱因斯的看法（在第十章引用過），現金只是流動資產的一種而已；但要是說到流動性和接受的普遍程度，現金還是比其他任何替代品都來得高。使用金幣的話還要稱重和檢測純度，而且大概不能拿去買香菸吧。事實上隨著貴金屬價格上漲，偽造金幣層出不窮，像是用鎢製成再鍍金的假金幣（通常是中國製），就需要相當專業的檢驗才能分辨真偽。未切割原鑽的流動性就更低了。比特幣雖然可以使用假名（但在許多狀況下也可以追蹤到使用者），但政府要是繼續對金融機構施以各種課稅法規和管制，就注定了它難以替代現金。對於大規模違反稅務法規的行為，政府絕對不能坐視旁觀而不採取行動。如果是因有新技術正在發展，政府暫不處理，靜觀其變，尚且情有可原；但要是放任不理，任由統治能力遭到掏空，則是另一回事囉。正如第二章所示，從現金的悠久發展史來看，交易的新技術就算是由民間部門開發出來，最後也一定會受到政府的管理甚至是獨占使用。

雖然本書強調一套可以處理當前現金制度問題的藍圖，但也針對許多課題進行討論，並且鼓勵讀者不要被拘束在任何一種計畫裡頭。淘汰大鈔可能是容易進行的辦法，

---

2 Jason Horowitz, "A King in His Castle: How Donald Trump Lives, From His Long-Time Butler," *The New York Times*, March 15, 2016。

看起來也似乎是正確的起步，但基本上還可以有許多別的方法來加以補充，包括：許多歐洲國家都已採行的禁止大額現金交易（表5-1）；在收銀機中裝設防止篡改的記錄器；以及修改法規，讓銀行分行不必都要準備現金（專題7-1）等。

這些步驟每一個都有其作用，例如限制現金交易雖然不能阻止非法大額支付，但確實可以降低資金的流動性，讓那些最後還是要把非法所得用掉的人，覺得那些錢並不是那麼好用。我認識一對事業成功的好萊塢夫婦曾對我說，他們曾以八百萬美元賣掉比佛利山莊的房子，但帳面上的成交價格只有六百萬美元。因為雙方簽署的正式文件顯示交易價格遠低於實際，所以全部金額必須以百元美鈔支付。我的朋友當然接受這個支付方式，而且像這樣的交易在洛杉磯、邁阿密、紐約和世界各地的大都市都經常發生。限制零售交易的金額也許看起來很粗糙，但在歐洲國家似乎已經發揮了一些效果。沒錯，現在還有美國人用現金購買一萬兩千美元的二手車，但也已經有很多替代方式可以達成即時清算，而且這些新技術都在快速演變和改善。

這其中還有促進新技術發展和提供金融普惠的好處。基本上來說，本書的目的是要確定問題，而不是主張有什麼可以解決各種問題的方案。根據我們在第七章提出的藍圖，我猜測在很遙遠的未來之中，我們可能都還需要某種形式的實體貨幣。至於界線到底要畫在哪裡？（比方說，未來幾十年內最大面額的鈔票應該設定為多少比較好？）當然都應該開放來進行公開討論，而且這條界線也可能會隨著技術發展而有改變。

總之，雖然較少使用現金和完全不使用現金實際上是有明顯的差別，還是有那麼多作家（和編輯）認為本書主張徹底廢除現金，實在是很讓人嘆息。然後這些作家又會接著談到完全沒有現金的歐威爾集權社會，堅持不聽別人的解釋。講出這麼極端的話，也許是可以創造出更搶眼的新聞標題，在網路上獲得更多點擊，吸引更多推特的追隨者吧。就像某位記者跟我說的一樣：「無現金社會」這個標題比「現金較少的社會」好多啦。那些抱持如此想法，對於淘汰百元美鈔很生氣的人，怎麼不乾脆回復千元美鈔呢？那好吧，接下來我們就來談談千元美鈔。

詹姆斯．亨利的開創主張與激進突襲的案例

說到千元美鈔，就我們所知，美國確實曾經發行過五百美元、一千美元的大額鈔票，還有五千美元、一萬美元甚至是十萬美元的鈔票都有。都是在電子轉帳的時代之前，主要是供給金融業者之間的同業交易，也有的是在大額房地產交易中使用。

超級大鈔在某些狀況下確曾偶爾出現，最著名的也許是作家戴蒙．魯尼恩（Damon Runyon）所寫的百老匯生活的經典短篇故事。在他一九三〇年創作〈血壓〉（Blood Pressure）中，有幾個大賭徒隨身攜帶「G鈔」（一千美元或千元大鈔的俗稱）。[3] 那篇小說後來被改編成音樂名劇《紅男綠女》（*Guys and Dolls*）於一九五〇年在百老匯首演，又

在一九五五年由約瑟夫・孟威茲（Joseph Mankiewicz）拍成同名電影，由馬龍・白蘭度（Marlon Brando）和法蘭克・辛納屈（Frank Sinatra）擔綱演出。[4] 仔細算一下的話，一九三〇年的一千美元約值現在的一萬四千美元至三萬美元間，甚至在一九五〇年時也等於現在的九千美元至一萬五千美元。[5] 當然這樣的比較其實還是忽略了整個大環境跟今天很不一樣，一九三〇年的平均所得和人均財富遠遠比不上今日，所以魯尼恩筆下的賭徒可說是真正的大戶啊。

在超級大鈔停止發行後的幾十年中，銀行持續回收這些鈔票。到了一九六九年，當時的美國總統尼克森決定積極召回這些鈔票，等它們流回銀行體系即送去銷毀，因為他認為這些五百美元及千元美鈔都在毒品交易中大量使用。（這些大額鈔票其實很稀少，也沒什麼重要性。）但是根據尼克森總統的命令，這些大額鈔票還是法定貨幣，這跟我們在第七章提出的藍圖相反，我們的主張是在若干年後宣布大鈔無效，不能再使用。[6]

在一九七〇年代時，麥肯錫公司首席經濟學家詹姆斯・亨利（James Henry）在一篇開創性的短文中率先提出本書的一些核心概念，其見識和主張和尼克森所為相比可說是看得更遠也更快〔參見（Henry, 1976）〕。亨利認為美國可以在短時間內回收所有五十元及百元美鈔，強迫民眾換成小鈔[7]，類似於印度總理莫迪在二〇一六年的做法，亨利主張由稅務機構和法律部門嚴密審查任何攜入大額現金的人，讓那些「黑錢」持有者自己選一條路走，看是要冒著入監獄和罰款的莫大風險，或是直接放棄那些現金。

亨利指出，像這樣的計畫早在一九四八年的西德和一九五九年的法國都有先例，另外美國在一九七〇年代的越戰期間也曾突然回收戰地鈔票；不過在承平時期，通膨壓力也維持溫和的情況下召回貨幣，畢竟是跟戰後的高通膨條件完全不同。我認為比較好的辦法，正如在第七章所說的那樣，是採取一種非常緩慢的方式，原因有五個。首先，美國所有紙幣大約有四〇%至五〇%是國外持有，因此若是突然宣布大鈔作廢，必定讓大家感到岌岌可危，對外國持有者來說就等於美國突然跳票破產一樣。第二，和地下經濟比起來，合法納稅經濟所持有的百元美鈔雖然相對較少，但對那些持有人而言還是很重要，我想也沒人想要懲罰一個囤積百元美鈔，又消息不太靈光的老先生或老太太吧。

第三，要祕密印發新鈔，可是說得容易做來難，現在印度已經學到教訓囉，光是

---

3 Damon Runyon, "Blood Pressure," Saturday Evening Post, April 3, 1930.

4 See annotations by Daniel Schwarz in Runyon (2008).

5 這裡估算的生活成本資料是來自「Measuringworth.com」（由羅倫斯．歐非瑟（Lawrence Officer）和薩繆爾．威廉森（Samuel H. Williamson）於二〇〇六年創立）。這個估算值當然是非常粗糙，因為在消費物品採樣大幅變動的情況下，進行跨時代的比較實在是非常困難。此外，幾十年前的平均實質所得及人均財富都比現在低得多。

6 值得注意的是，和現在的百元美鈔相比，超級大鈔在一九六九年的美元貨幣供給中就顯得相對不重要。

7 參見 Per Henry（1980）：「隨便找個星期天，聯準會就能宣布將現有的『大鈔』，即五十及一百美元鈔票作廢，不再是法定貨幣，而且必須在短時間內自行到銀行交換新鈔。等到那些逃稅的人、黑手黨和幫派角頭跑去銀行交換新鈔時，守在那兒的國稅局就可以向那些帶著巨額現金的人提問一些讓他們尷尬的問題。」

印刷製作新貨幣就需要六個月到一年的時間，而且涉及的實體鈔票生產規模，更是現在的數倍之巨。[8]（每一張百元美鈔，政府都必須印製五張二十元美鈔來替換。而且政府要替換的鈔票金額更是超過一兆美元以上，跟平常每年的貨幣印製相比可是多了一個位數。）。第四，認為稅務及法律機關有足夠人力應付貨幣突然大規模回收，完全是個幻想。政府一定要花好幾年的時間進行培訓，等到人員到位時已經嚇不倒任何人啦。當然跟一九七〇年代中期相比，我們現在就有更嚴格的洗錢防制規定，現金存款超過一萬美元都必須通報國稅局。不過銀行光是要應付大額存款的通報也夠忙了，要它們處理貨幣突然大規模轉換，在法律和機構能力方面可能也都嫌不足。最後一點是，像美國這樣的國家要進行一場激烈的貨幣改革，通常要先召開研究委員會和公聽會，等到這些程序都走完也一樣不會再有人感到驚訝了。

雖然能很快逮到那些利用現金非法謀利的罪犯必定大快人心，但只是讓運送、囤積和隱藏非法交易的成本大幅增加的穩當做法似乎更好。印度突然召回舊鈔的突襲行動，就碰上許多原先難以預料的困難。

印度

二〇一六年十一月八日，就在川普當選美國總統那一天，印度總理莫迪在電視上向全國宣布驚人大事：在午夜過後，印度現有兩種最大面額的五百盧比和一千盧比鈔票（約合七．五〇美元及十五美元）就不再是法定貨幣；民眾必須在五十天內把舊鈔存入銀行，或者拿去換新鈔。這兩種鈔票總共占印度貨幣供給量的八六％，而印度國內的交易將近九成都以現金完成。從許多方面來看，這個幣制改革影響人口高達十三億且經濟快速成長的印度，可說是一九九〇年代初期國際貨幣基金推動改革以來，最為激烈且影響深遠的總體經濟大事。

為了防止消息外洩，總理甚至先要求內閣官員交出手機才宣布這件事，大概是想要向民眾保證，他手底下的官員絕不會因此從中獲利。莫迪的目標是打擊「黑錢」，也就是那些用於逃稅、犯罪、恐怖活動和貪污腐敗的現金。這個大膽無畏的行動是想要徹底翻轉整個經濟體逃稅、舞弊的惡習，依法納稅的民眾只有二％，官員更是貪瀆成性。[9] 值得強調的是，印度總理舉出許多現金問題，基本上跟本書所言差不了多少，只是他在實

8 希臘政府聽從幾位有名的美國左派經濟學家和專欄作家的建議，在二〇一五年七月突然威脅說要退出歐元區時，就碰上印發新鈔的障礙。這個決定當然要解決許多問題，不過直到最後一刻似乎都沒人理解一個最簡單的道理：要在一夜之間創造出一種新的實體貨幣幾乎就是不可能嘛。據說當時希臘考慮過各種激烈手段，包括召回國內所有歐元鈔票另外蓋章等等，但最後還是懸崖勒馬打消原議。

9 PTI, "Data Shows Only 1% of Population Pays Income Tax, Over 5000 Pay More Than 1 Crore," *Indian Express*, May 1, 2016.

行上的安排和策略與本書大不相同。

我這本書強調新興市場對於減少現金必須更加謹慎，部分是因為它們缺乏必要的金融基礎設施（第十三章）；此外還有許多理由必須刻意地放慢步調：「漸進推展有助於避免過度滋擾，讓各機構和個人有時間適應。若是過程中產生一些新問題或出現新選擇時，也能讓當局有時間進行調整和處理。」（第七章）

另一個不同是，就國際標準來看，印度最大面額的鈔票其實金額並不高，一千盧比的紙幣當時甚至連十五美元都不到。突然禁止普遍使用的五百盧比紙鈔尤其讓民眾感到不方便，這就好像美國突然禁止二十元美鈔一樣。事實上換發的新鈔還包括新的二千盧比紙鈔，這在未來的黑市經濟中反而會比舊鈔更好用。印度的幣制改革顯然只是想逮到那些已經存在的黑錢而已，但實際上這非常困難，我們之前已經討論過了。設法提高逃稅、貪污和犯罪活動的交易成本，才是更為務實的做法。

但是這些反對意見沒有一個看到印度真正面臨的最大挑戰，就是政府根本沒有準備足夠的新鈔來替換遭到廢止的舊鈔。顯然政府是擔心民眾要是發現官方大肆印製新鈔，那些為非作歹的人就有太多時間清洗他們的非法所得。就算是在最好的條件下，這麼迅速召回貨幣都會帶來後勤上的莫大負擔，光是要把新鈔分配到各個需要的地區就會造成嚴重混亂，尤其是幾乎完全仰賴現金的農業和農村部門。雖然官方數據顯示這個干擾並不像一些人最初擔心的那樣嚴重（官方國內生產總值仍然成長六・五％，比貨幣改制前只減少約一%），但這個數字顯然是低報了。即使正規部門的產出確實只減少一%，對於非正規部門——在某些先進經濟體中可高占國內生產總值的二〇%至二五%（第五章）——的影響恐怕是要多一位數。

諷刺的是，正因為貿然廢止舊鈔的做法造成太大的附帶損失，印度當局反而沒有足夠的時間和能力逮住那些黑錢；相反地，政府和銀行都被迫集中精力，要趕快恢復民生經濟的穩定。雖然政府要求發現可疑的大額存款必須通報，但已經快忙死的銀行根本無力嚴格執行。印度當局聲稱在貨幣改制之後，會再嚴密檢查銀行存款記錄，因此還有機會找出非法所得。這個辦法是否真的可以發揮效果，還有待觀察。

印度廢止舊鈔是否會產生長期利益？答案當然取決於政府其他打擊黑錢與腐敗的政策執行成效，以及它是否能加快推展金融普惠。比方說，印度最近新實施的躉售銷售稅可能會讓稅收執行更容易一點，印度政府也一直在跟其他國家商討訂定金融資訊分享協定，讓國外洗錢更加困難。但各位也不要誤會，以為印度這些新措施毫無作用；有幾項促進金融普惠及邁向現金較少的政策的確已經頗有成果。我們之前在正文中也曾談過，莫迪政府在證照許可方面，改採線上申請付費，取代過去的現金收費方式。銀行提供的免費帳戶（或者是由政府高額補貼的帳戶）甚至可以採用生物特徵辨識，讓不識字的民眾也能享受金融普惠的好處。更棒的是，生物特徵辨識系統也會讓營私舞弊的銀行人員和政府官員更難利用假帳戶中飽私囊，因為要偽造生物資訊簽名檔可不太容易。**10**

也許令人驚訝的是，不管經濟學界有多少批評，印度的幣制改革還是受到民眾的歡迎，因為印度人民早就因為遍地的貪污腐化而深感沮喪，因此很是讚賞政府這種大規模的打擊行動；而印度政府也可望藉此推展整套政策，有助於降低貪腐、防制犯罪。當然，幣改行動也大大加快了金融普惠的推展，讓數億印度民眾可以享有大額補貼的基本帳戶，而這方面工作在過去一直進展遲緩。毫無疑問地，針對印度這次幣制改革會有許多研究論文進行討論，它對各個方面的影響可能需要好幾年才能解析清楚，和心理學及經濟學的研究都很有關係。

其他地區的貨幣發展

過去一年來其他地方的貨幣發展跟印度相比，當然是沒那麼戲劇化，但也足以強調出各國政府對於現金問題已經越來越感興趣。本書首版曾簡短提到歐盟準備停止發行五百歐元大鈔，歐洲央銀行果然在二〇一六年五月四日正式宣布「大約在二〇一八年年底時」停止發行五百元大鈔，這個宣布時間正好是本書首版正要發行的時候。11 歐洲央行總裁德拉吉在二〇一六年二月曾在歐洲議會的聽證中表示，五百歐元大鈔如今已淪為犯罪工具，「全球公議都逐漸認為」它幾乎只用於犯罪活動。12 尤其是二〇一五年十一月十三日巴黎遭受恐怖攻擊，據說五百歐元大鈔也在其中發揮作用，更讓現金涉及恐怖活動的狀況引發大眾關切。不過歐洲央行在這方面的進展還是非常緩慢，仍然宣布說五百歐元大鈔「永遠保有價值」，而且「可以在歐元區國家央行無限期進行交易」。所以現在還不知道歐洲央行到底什麼時候才會要求各銀行交回它們收到的五百歐元大鈔，像尼克森總統當年那樣直接送去銷毀。如果沒有那樣的規定，銀行也不會有任何理由從流通貨幣中移除五百歐元大鈔，因為它們最後說不定還能溢價交易。我認為歐洲央行在這方面還要加把勁才行，否則高占歐元總供給達三〇%的五百元大鈔，在未來幾十年內還會繼續製造問題。

澳洲政府在二〇一六年十二月宣布成立工作小組，研究現金涉入地下經濟的狀況，引發各方爭議。[13]這個工作小組要考察許多問題，其中之一是淘汰一百澳元（最後可能

---

10 針對印度安得拉邦一千九百萬民眾的大規模調查，發現採用生物認證的智慧晶片卡以後，在就業補貼和退休金計畫的舞弊現象大幅減少，政府及民眾雙方受益。參見 Muralidharan, Niehaus, and Sukhtankar（2016）。

11 關於歐洲央行五百歐元大鈔的正式公告（第五章所述），請參見 "ECB Ends Production and Issuance of €500 Banknote," European Central Bank, May 4, 2016。

12 Jim Brunsden and James Shotter, "Criminals' 'Currency of Choice' for Chop," Financial Times, February 15, 2016。

13 Joanna Mather, "Crackdown on Cash Economy Targets $100 bills and Billions for Budget," *The Australian Financial Review*, December 13, 2016。

是五十澳元鈔票也要淘汰），以及其他主要防制現金涉及逃稅與犯罪的限制及管理法規。

正如我們在第三章所看到的，澳元的貨幣供給主要都是大面額鈔票；五十澳元及一百澳元大鈔總共占了所有貨幣總值的九三%，約等於國內生產總值的四%，平均下來每人（大約）可分得十四張百元鈔、二十七張五十元鈔。跟大多數先進經濟體一樣，澳洲的小額交易也是以現金為主，根據澳洲國家審計署（Australian National Audit Office）二〇一六年四月的報告顯示，二十澳元以下的交易有七〇%係以現金完成。14 但是金額較大的交易，現金的重要性就急劇降低，大多數的大額鈔票其實也都不曉得流向何處。除了犯罪和逃稅之外，部分官方機構指出，有些領取老人年金者會囤積大鈔以逃避家戶財務調查，鑽養老補貼的漏洞。15 該工作小組預定在二〇一七年底，發布調查研究報告。

北歐國家繼續邁向淘汰現金的目標，他們採取了許多方法（參見第七章專題欄位）。瑞典現在雖然又發行新設計的一千克朗大鈔，但在整個貨幣供給中仍然只占一小部分，一部分原因是許多銀行都沒有這種新鈔，況且瑞典央行也不鼓勵大家使用。反洗錢法規也讓那些藏錢大戶比較難以囤積現金。總的來說，北歐國家的經驗很重要，讓我們知道邁向現金較少的社會，其實是有許多方法可以進行的。

瑞典央行已公開表示正在考慮發行數位貨幣，包括中國、南非和英國等幾個國家也有此議。事實上還有更多國家的央行正在考慮類似想法，雖然目前它們還不願公開詳細狀況。關於央行數位貨幣的長期發展，我們在第十四章已經談過，一些關鍵問題也曾有討論。值得強調的重點是，即使央行可以發行零售使用的數位貨幣（這可能是幾十年以後的事），整個社會還是希望保有一種標準化的實體貨幣，以保護隱私及防備嚴重停電。

世界各地的進步政治家一向都把丹麥、瑞典和其他北歐國家的經驗看做是管理貨幣的優秀典範；至於委內瑞拉狀況就比較不好，在貨幣管理上也有大動作。委內瑞拉總統馬杜拉（Nicolás Maduro）在二〇一六年十二月突然宣布禁止面額最大的委幣百元鈔流通，該鈔占委國貨幣供給的七五％之巨。總統下這道禁令主要是為了打擊哥倫比亞邊界的走私集團趁亂牟取暴利。[16]但是委內瑞拉早就陷入惡性通貨膨脹，委幣百元鈔在國營商店以外的各地區只價值兩美分而已，民眾根本不想拿到這種鈔票，因此這道禁令實在有點好笑；而且委內瑞拉也跟印度一樣，並沒有準備充足的新鈔備用，不過這對政府大概也還不算是什麼災難啦，因為委內瑞拉的內政和總體經濟早就崩潰了。

美國雖然不是委內瑞拉，但川普當選總統以後顯然會有許多跟過去很不一樣的政

---

14 *Strategies and Activities to Address the Cash and Hidden Economy*, Australian National Audit Office, April 26, 2016, (Canberra, The Australian Treasury)。

15 Peter Martin, "Hoarding $100s to Ensure a Pension," *The Sunday Morning Herald*, September 25, 2012。

16 Matthew Weaver and agencies, "Venezuela Pulls 100 Bolivar Note from Circulation to 'Beat Mafia,'" *The Guardian*, December 12, 2016。

策，接下來我們就來談談美國。

川普提議築牆與非法移民

在上任後的最初幾個月，川普政府對於紙幣管理或零利率下限的貨幣政策都未顯示出任何興趣。原則上來說，政府對於可以減少犯罪和逃稅的點子應該會有興趣才是，因為它既可以創造更安全的生活環境，也能為減稅爭取到更大的財政空間；不過總有些遊說團體反對淘汰現金，那當然就是一些逃稅能力高強，維持現狀可以獲利的人，還有一些人是之前提過，一樣反對槍支管制的人。但美國民眾持有的百元美鈔其實沒有槍支多啊！擁有槍支的美國人，可是每三個人裡頭就超過一個。[17]承認自己擁有一張百元美鈔的美國人只有少少的百分之幾，更不必說是擁有三十五張百元美鈔。[18]所以不要以為有很多人支持大鈔流通，這種看法可能錯得離譜。

不過川普政府卻堅持，要在美國和墨西哥邊界設立圍牆來阻止非法移民。如果真的建起來，對於某些種類的非法移民也許會有重大影響，但非法移民其實是個複雜且多層次的問題，光靠一種簡單的辦法是無法解決的。正當我撰寫這篇「結語」時，川普政府和舊金山、洛杉磯、芝加哥、紐約和華盛頓等「庇護城市」（sanctuary cities）正鬧得不可開交，這些城市的領導人都認為聯邦移民法規顯然不公正，因此拒絕執行。但重要的是，要知道非法移民的主要驅動力，來自私人雇主提供的工作，他們通常以現金付款來規避勞動法規，也不會被人發現。看不到這一點，也就難以掌握問題的根源。

不幸的是，雖然有不少證據顯示非法移民時有接受百元美鈔作為工資的情況，尤其是在營建業部門，但這個問題就算淘汰大鈔也是效果有限。更直接的方法是設定更嚴格的洗錢防制法規，並且強力執法。現行法規已經要求銀行接獲個人及企業的大額存提款時，必須通報身分（目前兩者都以每日一萬美元為限）。原則上，這些資訊可以讓執法機關用來調查大規模僱用非法勞工的報告。當然蓄意規避管制的雇主，還是有其他偷偷付錢的方法（比方說利用銀行預付卡，或者是亞馬遜書店的禮品卡）。但正如我們之前說過的，這些東西都不能取代現金，特別是想要長期大規模地使用並不容易。

除了管理現金以外，還有其他直接方法來處理非法移民問題，例如實施更嚴厲政策迫使雇主核實社會安全號碼。但是這些方法也都會引起隱私與公眾利益如何達於平衡的憂慮，例如我們之前也說過，印度政府現在已經收集到十多億人口的生物特徵識別數據。現在比較麻煩的問題當然是如何以符合人道的方式來處置現有的非法移民，但要是

17 Christopher Ingraham, "American Gun Ownership Drops to its Lowest Level in Nearly 40 years," *Washington Post Wonkblog*, June 29, 2016。

18 研究指出，百元美鈔的持有非常集中，因此它在政治上會比較弱勢，參見 Henry（1976）。

民眾了解政府其實有一整套辦法來防止非法移民問題繼續擴大和惡化，他們應該就會同意比較寬大的赦免政策；而處理雇主現金支付的問題，應該就是此類計畫之中的一環。

負利率

另一個激出許多情緒廢文的主題，是關於負利率。在這方面的困惑和混亂，是因為很多人不了解負利率在金融危機或嚴重衰退時的效果，如果在那兩種情況下可以實施負利率的話（而現金的存在正是實施負利率的主要障礙），利率反而就不需要長期處於低迷。最近一次的金融危機之後，隔夜利率陷於零水準附近長達六年；與此相較，要是能夠有效實施負利率的話，不但央行可以更快地提振經濟，利率水準也能很快回復到零水準以上。事實上，央行只要針對極短期利率在短期內實施幅度較大的負利率，整個經濟對於正常成長和通膨的預期就能迅速恢復，長期利率甚至可能因此走高。19

對何時及如何實施負利率政策的誤解，也導致類似的無理批評，以為負利率必定對儲蓄者不利。針對小額存款帳戶，我們在第七章就主張給予豁免；負利率政策的目的，是在經濟陷於極端束縛下幫助通膨目標設定，並且穩定總體經濟，並不是政府要趁這個機會賺錢。政府如果想要搞錢的話，直接針對存款戶實施「金融抑制」反而更為有效，根本不需要拐彎抹角利用負利率。事實上採行有效的負利率政策來對抗金融危機，不但能夠提振長期利率，也會帶動房地產和證券價格上漲。雖然貨幣政策不是靈丹妙藥，果斷地把利率壓到零水準以下，反而才能更迅速地發揮功效，所以認為負利率只是剝削存款戶的說法，完全是鬼扯。正如我們第八章和第九章所言，當下一次金融危機發生時，要靠現行工具處理零利率下限的問題是完全不夠的，而其他解決零利率下限的辦法也都很可疑（例如訴諸貿易保護主義、進行結構改革、直升機撒錢法、強力實施對抗景氣循環的財政政策），或者效果遠遠比不上有效的負利率政策（例如央行把通膨目標提高到四%）。

對於零利率下限，央行當然不想承認自己無能為力。聯諸會主席葉倫在二〇一六年八月於懷俄明州傑克森霍爾年會向全球央行主管展示，如果（毫無保留的）所有法律、制度和稅務等負利率障礙都已排除，包括現金囤積問題也都解決（可能是淘汰大鈔，如有必要的話針對大額再存款收取費用，或者是輔以我們在第十章討論的雙重貨幣制），貨幣政策可以如何有效運作。她的模擬分析是假設美國再度碰上嚴重的衰退衝擊，雖然不像二〇〇八年聯準會面對的金融危機那麼嚴重，她使用聯準會計量模型所建構的模擬中，最佳貨幣政策（不受零利率下限所束縛），是慢慢地把隔夜利率壓到負六%，那麼

19 但貨幣政策也不是萬靈丹，就算是能夠實施有效的負利率政策，也要配合財政政策、債務重整和銀行體系的資本重整，才能讓整個經濟體很快回升。

政策利率反而能比較迅速回升到零水準以上，而且十年期利率也能更快回升到基準線之上。葉倫也採用計量模擬，顯示聯準會讓利率停留在零水準，而採用量化寬鬆和前瞻指引來代替負利率又是什麼狀況。雖然她說量化寬鬆和前瞻指引也能跟大幅度負利率發揮同樣效果，這個看法並不完全令人信服。我們希望在下一個嚴重的金融危機爆發之前，已經準備好可以採行幅度較大的負利率政策。

整個負利率概念，金融業的遊說團體都強力反對，主要的金融媒體常常刊出金融業支持者的文章，宣稱負利率將會阻礙政府進行結構性改革。長期而言，銀行不應該會因為負利率而虧錢。它們畢竟就是靠著存放款利差來賺錢，只要做好準備，就不應該有理由抱怨才對。事實上，如果整個銀行體系都能因此受到更有效的保護，免於系統性危機的影響，金融業者都將因此受益。當然銀行業遊說團體並不像本書這樣，把眼光放在長遠的政策上，只是著眼於非常短期的政策，只看到早期歐洲和日本的微幅負利率的實驗結果。負利率政策必須在相關條件調整完備的情況下才能發揮效果，但不幸的是，那些貨幣政策都是在調整完備之前就已實施。事實上，因為在法律、制度和稅務方面缺乏完備調整，更不用說在紙幣改革方面也進展極微，這些早期的負利率實驗根本看不出多少意義。它們完全無法展現不受束縛的負利率政策可以發揮什麼效果，只是採行微幅的負利率，就像是吃下劑量非常不足的藥一樣，副作用是產生了，可是完全不能治病。

還有一群反對負利率、狂熱支持黃金的人，以為美元再次跟黃金掛勾就會萬事太平，對於這種極端天真又毫不了解真相的看法，我們在第十二章裡頭已經很詳細地說明了。事實上金本位時代並不像幻想的那麼好，也出現過嚴重的金融危機，況且從美國大部分時間都呈現強勁成長的事實，並無法看出現在如果實施金本位會有什麼效果，這跟我們從中國經濟快速成長也無法看出他們嚴重金融抑制的制度會有什麼效果一樣。

最後，本書的讀者都要知道，淘汰大鈔和實施負利率這兩個主題是有關係，但並不是同一件事。採用忽必烈汗—艾斯勒—鮑伊特—金伯爾的雙重貨幣模式，在現金制度保持不變的情況下（甚至發行更大額的鈔票），也照樣可以實施幅度很深的負利率。淘汰大鈔讓央行可以實施更低的負利率（因為囤積現金的成本增加），也許下一次金融危機爆發時就有足夠能力實施必要程度的負利率，而且我們知道這個負利率的時間，可能相當短暫即可見效。如果必要的話，央行也可以實施大量現金重新存入銀行要收費的規定，也可以採用艾斯勒的計畫，為時間更長、幅度更大的負利率清理路徑（假設其他障礙都已排除）。

最後，如果全球實質利率在未來十年都持續低迷，不管我們高不高興，大多數經濟發達國家要是碰上經濟衰退時，很可能偶爾就會出現負利率，而本書的第二部分就是在解釋怎麼讓負利率政策更好也更有效。我認為未來十年內，全球就會有許多國家了解該如何實施有效的負利率，在下一次金融體系危機爆發時緊急派上用場。現在的經濟學家都已經知道，當年凱因斯認為棘手的問題該如何解決。如果政府要為下一個必定到來的金融危機提早做準備，零利率下限就不該被視為不可逾越的障礙。各位讀者都可以有自己的判斷，但一定要更加深入地了解，為這個新世界做好準備，而不是跟隨媒體名嘴及鍵盤評論家起舞，排斥現代的央行操作，反而支持無知的金本位幻想。

重要資訊更新

本書引用的資訊，包括所有的圖表，都發布在我哈佛大學的網頁和作者網頁上。首版的讀者可以上網查看圖表的更新。以下是其中幾個比較重要的資訊：

在二〇一六年的年底，美國的人均流通貨幣已經從二〇一五年的四千二百美元再增加為四千四百美元；貨幣占國內生產總值的比率也從二〇一五年的七・四％增加為七・九％。

在二〇一六年的年底，美元流通貨幣中百元美鈔高占八一％（原本為八〇％）；貨幣總額中有八七％是五十元及百元美鈔，原本占比為八四％。[20]

在二〇一六年的年底，美國流通的百元鈔數量（一・一五兆）幾乎跟一元鈔（一・一七兆）差不多，平均每人可分得三十五張百元美鈔。

歐元方面，平均每人由二〇一五年的三千二百歐元，增加為三千三百歐元。歐洲央行在二〇一六年五月宣布停發的五百歐元大鈔分額略見降低。歐元紙幣占歐元區國內生產總值約一〇・六%。

在日本方面，貨幣占國內生產總值的比例從原來的一九・二%上升為二一・二%；以二〇一六年底匯率換算，日圓發行總額平均每人達七千三百美元。

瑞典克朗在二〇一六年的平均流通總額為六百五十億，低於二〇一五年的七百七十億，約等於國內生產總值的一・五%；在二〇一七年中，克朗的需求持續快速下滑。一千克朗新鈔的發行（取代回收的舊版千元鈔）占貨幣供給仍不及六%，部分是因為有很多銀行並未準備新鈔提供兌換。貨幣需求降低大部分來自五百克朗持有減少；五百克朗在二〇一六年十月發行新鈔，舊鈔將在二〇一七年六月三十日以後失效。北歐經驗再次顯示，有許多方法可以降低現金使用，包括設置匿名大額交易障礙和支付替代機制的創新都是最有效的辦法。

雖然在現金處置方面北歐國家較為領先，但大多數發達經濟體和發展中國家，合法交易的現金使用也繼續在降低。美國最近發布的二〇一五年「消費者支付選擇日記」調查顯示，現金占總交易額的比例從二〇一二年的一四%降低為二〇一五年的九%；交易次數占比從四〇%降低為三二%。如果這個趨勢持續下去，我們可以期待合法納稅交易

20 "Money Stock Measures," publication H.6, and "Currency in Circulation: Volume," Board of Governors of the Federal Reserve System, February, 2017。

的現金支付會在五年內降低到現在北歐國家的水準。

毫無疑問地，未來十年的現金使用，也會以預期得到和意想不到的方式繼續發展；儘管如此，我希望本書的分析能夠說服讀者，現在已經是時候，開始更具體地思考現金對現代總體經濟政策的影響。紙幣不應再被視為經濟學界可有可無的瑣碎議題，更不是貨幣經濟學界不必多加關注的餘興節目，這樣的輕忽一向都是不對的，而現在的狀況又比過去更加嚴重。

FINAL THOUGHTS

最後的想法

淘汰現金當然也不是免費的午餐，政府必須放棄收益極為豐厚的紙幣壟斷。以美國為例，近年來的平均收益每年可達國內生產總值的〇．四％。如果美國政府還要發行債券買回所有美元紙幣，其國債大概還會再增加約國內生產總值的七％。就歐元區來說，紙幣發行收益大概是國內生產總值的〇．五五％，而回收所有紙幣的成本約略是國內生產總值的一〇．一％。此外，紙幣的某些特殊功能目前還沒有其他交易媒介可以完全複製：它幾乎可以保障完全的隱私，交易也幾乎可以在瞬間完成清算，不怕停電，而且當然是已經深刻滲透到社會意識和文化之中。

但如果看得深入一點，紙幣這些優點顯然也為許多惡習打開大門。高占全球主要貨幣供給量八〇％至九〇％的大額鈔票，大多數是在地下經濟流通，助長逃稅、犯罪和貪污腐敗。整個美國的逃稅金額大概超過國內生產總值的三％，而在大多數歐洲國家的逃稅狀況可能更嚴重。沒人喜歡繳稅，但政府要是可以從逃稅者那裡收回更多稅金，其他人就可以少繳一點。

雖然要提出量化數字證據很困難，但犯罪活動的直接和間接社會成本；很可能又比逃稅更為龐大。要是減少紙幣可以讓犯罪活動降低一點點，可能都是非常龐大的利益。當然在非法交易中，也可能會有其他媒介來代替現金，但現在大家都喜愛使用現金是有其理由的，而且現在就是找不到其他媒介可以完全替代現金。就算真的出現替代媒介，政府也有辦法將之邊緣化，正如本書先前的強調，限制現金的使用雖然不能終結犯罪和恐怖活動，但一定會對它們造成重大打擊。此外減少使用現金也可能是讓僱主難以規避最低工資限制和鼓勵社會安全保障申報最有效的方法，更不用說那些僱用非法移民的問題。除了這些實際考量之外，大幅度減少現金也涉及我處理過的一些理論和實務上的問題。

我提出這些淘汰紙幣的主張與論證，基本上都跟加密貨幣無關。我寫這本書也不是為了說明數位貨幣，更別說是鼓吹。二十年前我第一次以這個主題展開研究、撰寫論文時，淘汰紙幣的議題就已經具備極大意義。沒錯，現在的數位貨幣為未來提出許多重要問題，但它其實是其他金融工具和制度的競爭對手，而不只是針對紙幣。事實上所有證據都表明，除非政府積極淘汰紙幣，否則全世界像山一樣龐大高聳的現金，不可能很快消失。最簡單的方法就是政府停止印發大額新鈔，各國財政部和央行大都可以直接採取行動，但這只是邁向這條路的第一步，正如我所說，最後目標就是淘汰大多數的紙幣。

對於減少現金這件事，常常會看到許多人反對，但他們提出的理由往往也不夠嚴謹。我在書中提出的淘汰計畫，主張小鈔可以無限期流通（但最後要換為硬幣），低收入戶則是發給免費或高額補貼的簽帳卡，這些措施就足以回答轉換過程中出現的大多數反對和疑慮。

淘汰（大部分）紙幣的第二個明確論據是，當通膨太過低迷或是經濟陷入嚴重衰退，必須給予強烈刺激時，中央銀行比較容易實施負利率政策。為不受約束且能全面發揮效果的負利率政策鋪平道路，應被視為淘汰紙幣的主要附帶利益。這肯定會讓國家更有餘裕來面對下一次金融危機，要是在低利率環境中碰上一般的景氣衰退，也能讓貨幣政策不受零利率下限的拘束，這是非常有幫助的事情。我已經說明過，要配合實際需要實施任何程度的負利率，無須完全淘汰紙幣也能找到足夠空間，如果出現問題的話，我也已經介紹過一些方法，可以消除負利率可能引發資金竄逃轉為現金的疑慮，例如央行可以對銀行提領現金時收取費用。

就像有些人認為淘汰紙幣可能帶來未知的混亂，有些人也以為負利率政策可能會破壞文明。我在某個程度上，已經針對一些主張保留現金的合理論述提出說明，比方說，擔心對金融穩定有影響就是個合理關切，但公平地說，大多數央行和財政官員寧可在正規化之後忍受一小段時間的負利率，總比長期陷在零利率下限進退無路來得好吧。當然為了讓負利率政策能夠充分發揮作用，還需要克服許多制度和法規障礙，這些我們都已討論過該如何解決。

關於國際層面的問題，由先進國先協調一致再淘汰紙幣，當然是最有效的政策，但就算只看國內利益，也足以證實淘汰大部分紙幣確實大有好處，甚至是美國及歐洲地區也是如此。規模較小的先進經濟體，例如日本的貨幣在國際流通不多，更加合適率先淘汰紙幣。

紙幣議題似乎平凡無奇，長久以來也只是在貨幣經濟學陰暗角落進行討論，但實際上，這個主題非常重要，影響極大。大多數經濟學家和政策制定者似乎都認為，讓紙幣繼續流通，在未來一百多年裡平靜走向結束就好，因為這個體系運作良好，而且這個問題並不重要，他們的看法實在是錯到不能再錯。現在大量流通的現金，尤其是大額鈔票，已經成為巨大的公共政策問題，迫切需要討論，不能再當作是不可改變的事實。

附帶一提：在本書快出版時，歐洲央行宣布準備停止印發五百歐元大鈔，但已發行者仍作為法定貨幣，無限期流通。這雖然只是開始的小小一步，對於我們這種長期鼓吹淘汰大鈔的人來說，仍是極感振奮的好消息，因為發行大鈔實在是好處很少、為害甚大。

致謝

這本書是多年研究計畫的成果，因此我要在此感謝許多幫忙的人。事實上，我這趟研究歷程，是從二十年前經濟政策研究中心（Centre for Economic Policy Research）在西班牙開會開始的。我聽到歐元區準備發行五百歐元大鈔而觸發靈感，開始研究大額鈔票扮演的可疑角色，後來在西班牙會議上提出我對此一主題的第一篇研究報告。我的論文題目是〈祝福或詛咒？國外與地下經濟對歐元鈔票的需求〉（Blessing or Curse? Foreign and Underground Demand for Euro Notes），這篇論文後來刊登在《經濟政策》（*Economic Policy*）期刊。我這篇早年的研究成果，很幸運獲得與會學者的好評，而且我也等於是提早注意過本書所談廣泛主題的一部分。剛進入二〇〇〇年以後我在國際貨幣基金擔任首席經濟學家，也再次開始相關主題的研究。我的同事提供許多見解，特別是發展中國家使用國外貨幣的狀況，令人獲益匪淺。

歷經許多波折與轉向之後，這本書再次跨出重要一步是在二〇一三年，哥倫比亞大學教授麥可・伍福德和普林斯頓大學教授強納森・帕克（Jonathan Parker）邀請我去國家經濟研究局（NBER）的總體經濟年會演講，那裡聚集了許多總體經濟學界的優秀年輕研究人員，還有幾位仍然非常活躍的資深學者。那時候大家已經開始談到央行的零利率下限問題，我趁這個機會端出過去研究，指出淘汰紙幣讓央行在經濟嚴重衰退時，能夠實施更為積極的貨幣政策。這次會議的討論，也提供了非常大的幫助，我的講稿後來在二〇一四年寫成論文發表，其中就談到許多這本書中的想法，同時也讓我意識到，要條理清晰地徹底解決這個問題，必須以一本專著的篇幅才能說清楚講明白。二〇一四年我到慕尼黑大學演講之後，關於一些持續進行的技術性探討也獲得許多有益評論，特別是零利率下限方面。後來我在其他幾次會議上也談過一些這本書討論的想法，包括二〇一五年五月英格蘭銀行的首席經濟學家研討會，由英格蘭銀行的安迪・哈爾丹（Andy Haldane）主持了我的講座。同樣那個五月我在倫敦還有另一個演講，是由經濟政策研究中心、倫敦帝國學院的布列文霍華德金融分析中心（Brevan Howard Center for Financial Analysis at Imperial College）和瑞士國家銀行（Swiss National Bank）共同主辦。最後，我在二〇一五年六月的三十國集團里約熱內盧會議上演說，與學界同儕進行深入討論，也獲得了寶貴回饋。

除了這些讓我收獲非常豐富的講座和研討會意見之外，我在撰寫期間也得到許多人的幫忙和評論。Diana Zhu（二〇一四年國家經濟研究局的演講稿她也有幫忙）和 Scarlet Hu 是我的研究助理，對初期草稿都提供了很有用的意見。Leandro Gomes、Beatriz Zahran Rache de Almeida 和 Le Kang 也提供我很棒的協助。我很幸運獲得我在哈佛大學研究生的回饋意見，包括Stephanie Lo、Chenzi Xu 和 Max Harris 諸位都看過初期草稿（Max 甚至詳細閱讀了兩個不同的版本）。這麼多年來，還有很多我數都數不清的人告訴我一些藏私房錢逃稅的故事，我也很感謝 Mehreen Malik，他對經濟快速成長的中國面對紙幣挑戰提出寶貴見解。

Nicole Tateosian 為本書早期版本進行有用修訂，我的傑出助理 Jane Trahan 在本書撰寫期間也給我非常重要的幫助。

我除了在二〇一五年五月倫敦的首席經濟學家研討會上收到很多意見和建議之外，各國央行的研究人員也提供我許多有用的建議和資料，包括：David Zhang和 Scott Schuh（波士頓聯邦準備銀行）；Ksenia Yudaeva（俄羅斯中央銀行副總裁）；Edward Robinson（新加坡金融管理局）；Susanna Grufman、Jesper Lindé 和 Björn Segendorff（瑞典央行）；Ilan Steiner（以色列央行）；Pablo García Silva（智利央行）和 José de Gregorio（智利央行前理事）；以及 Ruth Judson（聯準會理事），她在這方面也有傑出論文。

我要感謝紐約大學教授 Mark Gertler 與我進行有益討論，並謝謝我的哈佛同事

Emmanuel Farhi 提供重要的回饋。普林斯頓大學的三位匿名編審給我極富建設性的意見，密西根大學教授麥爾斯・金伯爾具名回應，對我特別有幫助。羅格斯大學的俄羅斯文學及比較文學教授 Edyta Bojanowska 在杜斯妥也夫斯基關於「現金」引文的解讀，對我指導良多。我曾經說接近零利率和接近黑洞很類似（當然大部分是開玩笑的），對此我的哈佛同事，物理學家 Lisa Randall 給我許多指教。（不過要是引喻失義的話，責任完全在我！）

我很高興能和普林斯頓大學出版部團隊一起努力，包括我的編輯 Seth Ditchik 在早期階段提供有力指導，出版部主任 Peter Dougherty 也給我極大的支持與鼓勵。事實上，我的編輯後來離職另有高就，出版部主任甚至自己跳下來接編輯工作。這本書的文案都由 Cyd Westmoreland 負責，他真的很棒。我這本書的經紀人是 Andrew Wylie，我很高興能夠與他合作，也非常感謝 Niall Ferguson 的介紹。

如果不是家人力挺，包括我太太 Natasha L. Rogoff 和孩子 Gabriel、Juliana，這樣的一本書是不可能完成的。事實上這本書封面的顏色，就是我太太告訴我英國樂團「Pink Floyd」的單曲唱片「Money」封套給我的啟發。而這本書的書名，則是女兒陪我散步時帶來的靈感。最後，我要感謝這麼多年來遇到這麼多的人，時間可以回溯到我還是職業棋手的日子，大家都教會我一兩件金錢在現實世界中如何運作的事情。

APPENDIX

附錄

本附錄收錄之前章節討論中，一些重要但也不會太過艱深的技術性材料。

貨幣體系電子化可能暴露的弱點

在無紙化的世界中，官方法定貨幣是否會因為沒有明確特徵，使得近乎完美的替代品有機會破壞央行穩定物價的能力呢？這個問題看起來好像很抽象，但如果欠缺如此預想，不找出解決之道，就會是個錯誤。

華萊士的法定貨幣矛盾

我們現在要考慮的是，要是紙幣完全消失，央行在維持物價穩定方面會不會有什麼問題？之前在第七章的最後曾提過，一九八〇年代初期貨幣學家尼爾．華萊士曾指出，政府發行法定貨幣可以不必付利息的原因只有一個：就是讓附息公債很難作為交易媒介來使用。首先，附息公債和大額鈔票都是政府發行的，要是三個月期的國庫券依市場利率支付利息，且比方說面值是一百美元的話，很可能就會被當作鈔票來用。（美國在一八一二年戰爭期間就曾發生類似的事情，當時的小額附息國庫券有時候會被當作貨幣使用。）[1] 其次，就算政府只發行大額的國庫券和公債，也要小心提防民間金融業者偷偷發行以政府公債百分之百做擔保的附息紙幣替代品，要是沒有第二個限制，政府雖然壟斷貨幣發行，民間中介業者也可以分割大額債券，來作為紙幣使用兼出售牟利。大家都知道，金融業最會要這種花招。

華萊士認為，要是沒有這些限制，債券就會跟貨幣競爭作為交易媒介，那麼政府發行的任何法定貨幣，要是欠缺實質價值，就注定會失敗。要是沒有法規和限制的話，只有由商品做成貨幣才能維持穩定，例如黃金或白銀。

華萊士寫這些東西，擔心幣制不穩的時候，似乎顯得杞人憂天，以當時的狀況實在很難想像。首先，紙幣與其他交易媒介完全不同，因為它是匿名的。而持有附息公債和國庫券都必須登記身分，賣掉之後轉移給新買家，也需要登記。現在這些債權商品很多都電子化了，未來要是貨幣也完全電子化，即喪失獨特的匿名特質，也就難以和附息電子債券區分開來。在極端狀況下，債券可能會破壞貨幣，使政府難以控制物價水準，主要就是因為有太多類似貨幣的工具存在。

但是到目前為止，似乎還沒有出現什麼問題。央行因為壟斷貨幣發行，還是很有能力穩定物價，就算現在已經出現很多交易替代方式，包括信用卡、簽帳卡和蘋果支付等等，央行還是繼續保有這分能力。

那麼，這個問題有答案了嗎？標準的貨幣理論認為，只要央行可以控制銀行間的隔夜利率，「現金」是不是跟其他債務混在一起就不是個問題。不過這個說法其實包含了物價黏滯性的微妙假設，是這個黏滯性讓政府即使不控制貨幣，也還是可以控制通貨膨脹。[2]這個問題的答案只有完全淘汰所有貨幣（包括紙幣和硬幣）才會知道，不過我們在第七章的提議是保留小鈔和硬幣無限期流通，因此可能可以避開這個問題——假如這真是個問題的話。

與華萊士猜想極為類似的概念，是十年後由李伯（Leeper）、西蒙斯（Sims）和伍福

---

1 參見 Kagin（1984）。

2 Woodford（2003）。

德（Woodford）提出的「物價水準的財政理論」（fiscal theory of the price level）。[3] 它也假設物價水準是由所有政府發行的名目資產（債券、票券和貨幣）所決定，並進一步指出，今天的物價水準也取決於政府未來的融資需求。簡單地說，有鑑於未來的歲支與稅收計畫，物價水準必須對應政府在預算上的限制增加而做出調整（相對於古典貨幣理論則認為，物價水準等於實質貨幣餘額的供需關係）。

對於物價水準的財政理論，有許多反對意見。一方面是這個理論排除了重要的違約可能，而且似乎有許多實證證據顯示，物價和匯率對貨幣供給額特別敏感，而不是政府債務的總體供給。但是在貨幣完全電子化的世界中，電子貨幣與長期電子政府債務，在流動性和交易方面的區別將會開始消失，因此也會變得更有關係。

我們直覺可能以為，轉換為電子貨幣是很順利的過程，但我們也絕對不能排除它可能擾亂社會習俗和期待，甚至出現跟原先計畫完全不同的結果。當政府要進行轉型時，這種「已知的未知」都必須先做好準備，而我們這本書如果不談這個問題就太疏忽了。

泰勒法則、信賴感和零利率下限

零利率下限對傳統貨幣政策到底造成多大阻礙，學術界已有許多論文進行討論，這一節就是為那些對此辯論細節感興趣的讀者而準備的。正如我們在之前已經強調過，現在最重要的問題是貨幣當局能否對通膨預期作出足夠的承諾，即使貨幣當局無法壓低名目利率，要是它們可以調高通膨預期，也就能夠操縱實質利率，有效地影響實體經濟。

我們現在先從簡單基本法則的政策處方開始，而不是完整的總體經濟計量模型，可能比較有幫助。這樣雖然會省略掉許多重要成分，但可以說明複雜模型中會出現的一些挑戰。

我們就從史丹佛大學教授約翰·泰勒極具影響力的公式開始，這個可以設定政策利率的簡單「泰勒法則」，可以充分描述「大緩和」時代許多國家央行的作為。泰勒在一九九三年提出的公式，假設穩定通膨和產出具有相同的比重，據此計算通膨率與二%目標的偏差值，而產出偏差值則是根據潛在產出來測量（概略地說，產出率會和充分就業一致）。[4] 當泰勒在一九九〇年代初完成法則時，似乎正常的聯準會隔夜政策利率應該以四%為假設才合理。這是假設正常的實質利率為二%，通膨目標也是二%。原始的泰勒法則指出利率是據此進行調整：

3 參見 Leeper（1991）、Sims（1994）及 Woodford（1996）。

4 參見 Taylor（1993）。另有學者幾乎在同時也提出這個概念，參見 Dale Henderson and Warwick McKibbin（1993）。

$$i = 4 + 0.5(\pi - 2) + 0.5y,$$ （原始的泰勒公式）

其中「y」是產出與完全就業水準的偏差值，「π」是預期的通膨率，即使這麼簡單的公式，也有相當大的解讀空間。例如央行必須確定通膨率的目標，決定經濟抵達充分就業的條件為何，以及如何衡量通膨預期等等[5]，這裡頭也可以根據產出延遲差距來做出不同的變化。

基本的泰勒公式在二〇〇八年金融危機時（可能初期最嚴重的時候除外）也不一定會得出負利率結果，一部分是因為基準利率仍高（四%），另一部分則是產出差距要非常大才能把利率拉到零以下；也就是說，產出差距高達八%，再乘以〇．五，也只能從政策利率減去四個百分點。要是通膨在目標區（從沒降到那麼低），就很難得到負數結果。但是，如果大家認為：一、實質利率均衡明顯低於二%；二、產出穩定的加權值應該是通膨穩定的兩倍，那很容易就能得到更低的負利率。這正是聯準會現任主席珍娜．葉倫在二〇一二年的觀點。她的公式會是：

$$i = x + 0.5(\pi - 2) + y,$$ （葉倫觀點的公式）

其中「x」是實質利率均衡水準。[6] 由於二〇〇八年危機期間經濟產出大崩潰，葉倫的算法很容易就能算出明顯的負利率，特別是我們如果再考慮到金融危機期間實質利率均衡水準一樣慘跌，投資人對於安全資產都會要求高額溢價。

關於零利率下限的學術與政策辯論，泰勒法則只是探索的起點而已，隨著經濟模式越來越複雜，其中的參數選擇和模型形式也越來越多樣，而且現在關於模型的選擇簡直令人暈頭轉向。現代總體經濟學提供許多複雜的方法，從大型總體經濟模型（例如聯準會使用的長期「FRB/US」模型）到規模比較小的隨機動態普遍均衡與新凱因斯學派模型等等，為了達到更大的統一連貫和內部一致，不免犧牲掉一些現實狀況的反映。[7] 如果沒有具體反映經濟運作的結構模型，仔細釐清貨幣政策的最終目標（理想上是福利衡

5 除了本文討論的選擇（通膨指數、潛在產出測量和兩者的相對比重）之外，泰勒法則還有許多其他變數，例如允許政策利率逐步調整到目標區。在平靜的時期，例如「大緩和」時代的一九八〇年代末到二〇〇〇年代中期，泰勒法則這些不同變數大致都能提供類似訊息。但是當通膨及／或產出偏離目標時，尤其是二〇〇八年金融危機期間的產出狀況，這些次要的差異似乎就變得非常重要，此時法則中的確切選擇也開始變得很重要。當經濟嚴重衰退的時候，產出遠遠低於充分就業趨勢水準，葉倫對泰勒法則的解讀是需要更大幅地降低利率。

6 Yellen（2012）。

7 有許多研究文獻都在問，簡單的泰勒法則是否也能獲得近似最佳複雜法則的結果。但我們至少發現，大致說來，在「大緩和」期間，簡單法則也表現甚佳。

量），就不可能理路一致地回答，如果二〇〇八年可以實施明顯負利率的話會有多大好處；而且不用說，要做到那樣必定有一大堆技術問題和模型選擇。

有個具代表性的發現是來自羅貝多．比利（Roberto Billi），他探討央行在零利率下限時無法提供承諾時的福利損失（利用泰勒法則中的通膨和產出偏差），發現是平常狀況下的三倍。各位讀者對此結果應該也不會太驚訝，因為我們早就討論過：如果央行在經濟達到充分就業後可以承諾維持高於目標的通膨率（也就是在不需要加速時還保證繼續踩油門），那就可以降低實質利率來刺激需求。8 問題是，這要怎麼做才能實現？

高帝．艾格森（Gauti Eggertsson）和麥可．伍福德曾提出一個解決承諾問題的有趣方法。他們運用標準的新凱因斯學派總體經濟模型，表明央行的長期通膨平均水準如果以零為目標，就可以透過一種物價水準目標設定方式來達成最佳貨幣政策。這個構想其實很簡單：如果大家相信央行的承諾，通膨率一旦跌到目標以下也會再拉回來原本的趨勢，那麼在通膨跌到正常水準以下的期間，大家對於未來通膨的預期也會自動上升。這如果發生在金融危機期間，當經濟陷於通貨緊縮的時候，通膨預期也會自動升高而使得實質利率下降，因而刺激總體需求。至少理論上來說是這樣，而且設定物價水準目標也是簡單且容易被大眾理解的規則，不需要太大的制度改革就能讓民眾信任。物價水準目標設定並不能完全排除零利率下限的問題，但理論上來說，可以緩和許多。9

另一個基本要點是，大家要明白貨幣政策在經濟中要解決的基本摩擦是什麼。貨幣政策用來抵消名目工資及物價僵固影響時效果最好；但金融僵固如果是主要問題，特別是因為一大堆不良貸款使銀行體系陷入困境時，傳統貨幣政策（運用利率而非資產負債表）的效果就可能比較差，這時也許就需要其他政策，例如要求銀行資本重整。[10]

關於零利率下限成本的文獻正在快速發展，就正常的研究過程來說，相關辯論很可能還要進行幾十年，出現許多轉折，尤其是在實務經驗越來越多之後。

超然獨立的中央銀行與通膨目標設定：是否太過？

後布雷頓森林體系偉大的制度改革之一，就是現代央行邁向超然獨立，讓政策回

---

8 參見Billi（2011）。其他研究零利率下限的論文，包括：Williams（2000）；Adam and Billi (2007)；Williams（2009）；Chung et al.（2012）；Schmidt（2013）；Christiano, Eichenbaum, and Trabandt（2014）。

9 參見Eggertsson and Woodford（2003）。如果只知信守承諾，可能會產生一種通膨偏誤，對此信賴與承諾優劣消長的分析，參見Rogoff（1985）。也有學者認為關鍵在於通膨預期或物價預期是否黏滯，在此情況下零利率下限的成本明顯較低，參見Wolman（1998）。

10 Christiano, Eichenbaum, and Trabandt（2014）研究結論指出，就二〇〇八年經濟衰退的深度和時間長度而言，金融摩擦顯然是最重要的原因，因此零利率下限的影響並不大。另有研究結論與此一致，不管是否碰上零利率下限，金融危機的後果都相當痛苦，可能是因為金融部門的部分癱瘓。參見Reinhart and Rogoff’s（2009）。

歸貨幣專業，隔絕短期政治壓力要求膨脹物價；但不幸的是，很多央行執行政策的方式太過僵化，缺乏彈性。我曾在一九八五年發表論文，指出超然獨立央行可以解決通膨目標信賴的問題，這過去是由凱德蘭（Kydland）和普雷斯考特（Prescott）最早進行相關研究。[11]我在一九八五年論文提出的關鍵問題是，央行在彈性應變和信守承諾之間要維持平衡；體系上更靈活，才能對衝擊做出更好的回應。但如此一來，在承平時期央行也更有使詐空間，它可能更容易設定太低的利率，減輕政府的融資成本並增加就業。然而民眾也會把這種誘惑看在眼裡，對應地升高通膨預期，並進而影響所有的利率、物價和工資約定。在另一個極端下，堅定承諾會壓低通膨預期，也會讓央行欠缺衝擊應變的空間。就現實的假設而言，設定通膨或產出的權值為零，也是走極端，也都不會是最佳策略。〔蘇珊・羅曼（Susanne Lohmann, 1992）曾提出折衷辦法，在承平時期遵循嚴格法規，但保留極端狀況下的應變條款。〕

後來卡爾・華許（Carl Walsh）的研究指出，只要正確設定央行動機，就能消除這種正反消長的困境，有效消除偏好通膨的傾向，也不會影響央行對於衝擊的應變能力。[12]雖然這個辦法後來證實效果非常薄弱[13]，但約翰・泰勒、拉斯・史文森（Lars Svennson）及其他學者的研究指出，只要央行政策夠清楚也夠透明，仍然可以消除通膨偏誤，透過能夠維持平均通膨目標的規則來說明偏差，就不會造成偏誤。不過這些研究文獻所使用的模型很多都不含括金融市場缺陷，也不考慮所謂「奈特氏不確定性」（Knightian uncertainty），亦即「未知的未知」的情況，這都是固定規則會衍生的問題。

在一九九〇年代到二〇〇〇年代期間，全球幾十家央行都採取某種形式的通膨目標設定。[14]如今，設定通膨目標已經成為央行的標準作業，當然這是在經濟發達國家，而新興市場與發展中國家也能做到某個程度。[15]美國聯準會儘管長期抗拒此一趨勢，最後也在柏南克任內設定了通膨目標，他過去在學術界時即與湯瑪斯・羅貝克（Thomas Laubach）、菲特列・米希金（Frederic Mishkin）和亞當・波森（Adam Posen）合作，在二〇〇一年對此議題出版重要著作。[16]我們在先前也談過一個核心問題，是央行對於通膨目標會不會宣傳過度，過去原本以為已經解決這個問題，但現在也必須再重新思考彈性應變和信守承諾之間該如何平衡。如果允許完整實施負利率政策的話，恢復平衡這檔事就能獲得很大進展，但即使是如此，央行也許還是需要更多靈活施展的空間。

11 Rogoff（1985）；Kydland and Prescott（1977）。
12 Walsh（1995）
13 相關討論參見 Obstfeld and Rogoff（1996, ch. 9）。
14 詳見 Walsh（2011）。
15 雖然 Rogoff（2004, 2007）研究指出，通膨目標設定早期運作良好，但那是在「大緩和」時代，波動低而產量高的成長時期，因此它從未真正遭遇過壓力測試。
16 參見 Bernanke et al.（2001）

REFERENCES

參考書目

Abrams, Burton A. 2006. "How Richard Nixon Pressured Arthur Burns: Evidence from the Nixon Tapes." *Journal of Economic Perspectives* 20 (Fall): 177–88.

Acemoglu, Daron, and James Robinson. 2013. *Why Nations Fail: The Origins of Power, Prosperity and Poverty*. New York: Crown Business.

Adam, Klaus, and Roberto M. Billi. 2007. "Discretionary Monetary Policy and the Zero Lower Bound on Nominal Interest Rates." *Journal of Monetary Economics* 54 (3): 728–52.

Admati, Anat, and Martin Hellwig. 2013. *The Bankers' New Clothes: What's Wrong with Banking and What to Do About It?* Princeton, NJ: Princeton University Press.

Agarwal, Ruchir, and Miles Kimball. 2015. "Breaking Through the Zero Lower Bound." International Monetary Fund Working Paper WP 15/224, October.

Ahamed, Liaquat. 2009. *Lords of Finance: The Bankers Who Broke the World*. New York: Penguin.

Akerlof, George A., William T. Dickens, and George L. Perry. 1996. "The Macroeconomics of Low Inflation." *Brookings Papers on Economic Activity* 1: 1–59.

Alsterlind, Jan, Hanna Armelius, David Forsman, Björn Jönsson, and Anna- Lena Wretman. 2015. "How Far Can the Repo Rate Be Cut?" *Sveriges Riksbank Economic Commentaries* 11. Stockholm: Sveriges Riksbank.

Amromin, Gene, and Sujit Chakravorti. 2009. "Whither Loose Change? The Diminishing Demand for Small-Denomination Currency." *Journal of Money, Credit and Banking* 41 (2– 3): 315–35.

Andolfatto, David. 2014. "Bitcoin and Beyond: The Possibilities and Pitfalls of Virtual Currencies." Federal Reserve Bank of St Louis, *Central Banker* (Fall). Slides available at http://www.stlouisfed.org/dialogue-with-the-fed/the-possibilities-and-the-pitfalls-of-virtual-currencies.

Antràs, Pol, and C. Fritz Foley. 2015. "Poultry in Motion: A Study of International Trade Finance Practices." *Journal of Political Economy* 123 (4): 809–52.

Ascaria, Guido, and Argia M. Sbordone. 2014. "The Macroeconomics of Trend Inflation." *Journal of Economic Literature* 52 (3): 679–739.

Ashworth, Jonathan, and Charles Goodhart. 2015. "Measuring Public Panic in the Great Financial Crisis." VoxEU.org, April.

Australian National Audit Office. 2016. *Strategies and Activities to Address the Cash and Hidden Economy* (April 26) (Canberra, The Australian Treasury).

Bagehot, Walter. 1873. *Lombard Street: A Description of the Money Market.* Reprint by Wiley in 1999. New York: Wiley.

Bagnall, John, David Bounie, Kim Huynh, Anneke Kosse, Tobias Schmidt, Scott Schuh, and Helmut Stix. 2014. "Consumer Cash Usage: A Cross- Country Comparison with Payment Diary Survey Data." European Central Bank Working Paper Series 1685. Frankfurt: European Central Bank.

Ball, Lawrence. 2014. "The Case for a Long- Run Inflation Target of Four Percent." International Monetary Fund Working Paper WP 14/92 (June). Washington, DC: International Monetary Fund.

Ball, Lawrence. 2013. "The Case for 4% Inflation." VoxEU.org, May.

Barro, Robert J. 1974. "Are Bonds Net Wealth?" *Journal of Political Economy* 82 (6): 1095–1177.

Bartzsch, Nikolaus, Gerhard Rösl, and Franz Seitz. 2011. "Foreign Demand for Euro Banknotes Issued in Germany." Deutsche Bundesbank Monthly Report (January). Frankfurt: Deutsche Bundesbank.

Benes, Jaromir, and Michael Kumhoff. 2012. "The Chicago Plan Revisited." International Monetary Fund Working Paper WP 12/202. Washington, DC: International Monetary Fund.

Bennett, Barbara, Douglas Conover, Shaun O' Brien, and Ross Advincula. 2014. "Cash Continues to Play a Key Role in Consumer Spending: Evidence from the Diary on Consumer Payment Choice" (April). FEDS Notes, Federal Reserve Bank of San Francisco.

Bennett, Paul, and Stavros Peristiani. 2002. "Are US Reserve Requirements Still Binding?" Federal Reserve Bank of New York, *Economic Policy Review* 8: (1).

Beretta, Edouardo. 2014. "The Irreplaceability of Cash and Recent Limitations on Its Use: Why Europe Is Off the Track." In *The Usage, Costs and Benefits of Cash— Revisited*. Proceedings of the International Cash Conference, September. Frankfurt: Deutsche Bundesbank.

Berkes, Enrico, and Samuel H. Williamson. 2015. "Vintage Does Matter: The Impact and Interpretation in the Official Estimates of Post War GDP for the United Kingdom." Northwestern University (February), Evanston, IL.

Bernanke, Ben S. 2005. "The Global Savings Glut and the U.S. Current Account Deficit." Paper presented at the

Sandridge Lecture, Virginia Association of Economists, Richmond, March 10.

Bernanke, Ben S., and Mark Gertler. 1999. "Monetary Policy and Asset Price Volatility." In *Federal Reserve Bank of Kansas City Symposium on New Challenges for Monetary Policy*, Jackson Hole, WY, August 26– 28. Federal Reserve Bank of Kansas City.

———. 2001. "Should Central Banks Respond to Asset Prices?" *American Economic Review* 91: 253–57.

Bernanke, Ben S., Thomas Laubach, Frederic S. Mishkin, and Adam S. Posen. 2001. *Inflation Targeting: Lessons from the International Experience*. Princeton, NJ: Princeton University Press.

Bernanke, Ben S., Vincent Reinhart, and Brian Sack. 2004. "Monetary Alternatives at the Zero Bound: An Empirical Assessment." *Brookings Papers on Economic Activity* 2: 1–100.

Billi, R. 2011. "Optimal Inflation for the US Economy." *American Economic Journal: Macroeconomics* 3 (3): 29–52.

Birch, David. 2014. I*dentity Is the New Money*. London: London Publishing Partnership.

Black, Fischer. 1995. "Interest Rates as Options." *Journal of Finance 50* (December): 1371–76.

Blanchard, Olivier, Giovanni Dell' Ariccia, and Paolo Mauro. 2010. "Rethinking Macroeconomic Policy." International Monetary Fund Position Note SPN/10/03. Washington, DC (February).

Bodenstein, Martin, Luca Guerrieri, and Christopher J. Gust. 2013. "Oil Shocks and the Zero Bound on Nominal Interest Rates." *Journal of International Money and Finance* 32(1): 941–967.

Boeschoten, W. C., and G. E. Hebbink. 1996. "Electronic Money, Currency Demand and Seigniorage Loss in the G10 Countries." De Nederlandsche Bank Staff Reports 1. Amsterdam.

Bordo, Michael D. 2008. "The History of Monetary Policy." In *New Palgrave Dictionary of Economics*, 2nd ed. London:

Palgrave Macmillan.

Brown, Robert E., and Mark J. Mazur. 2003. "IRS' s Comprehensive Approach to Compliance Measurement." Expansion of a paper presented at the May 2003 National Tax Symposium. Available at https://www.irs.gov/pub/irs-soi/mazur .pdf. See also *National Tax Journal* 56 (3): 689–700.

Buiter, Willem H. 2003. "Helicopter Money, Irredeemable Fiat Money and the Liquidity Trap." NBER Working Paper 10163 (December). Cambridge, MA: National Bureau of Economic Research.

———. 2005. "Overcoming the Zero Bound: Gesell vs. Eisler." Mimeo, European Bank for Reconstruction and Development, London.

———. 2007. "Is Numerairology the Future of Monetary Economics: Unbundling the Numeraire and Medium of Exchange through a Virtual Currency and a Shadow Exchange Rate." NBER Working Paper 12839 (January). Cambridge, MA: National Bureau of Economic Research.

———. 2009. "Negative Nominal Interest Rates: Three Ways to Overcome the Zero Lower Bound." NBER Working Paper 15118 (June). Cambridge, MA: National Bureau of Economic Research.

———. 2014. "Gold: A Six Thousand Year Bubble Revisited." Citi Economics Research Paper (November). Available at http://willembuiter.com/gold2.pdf.

Buiter, Willem H., and Nikolaos Panigirtzoglou. 2003. "Overcoming the Zero Bound on Nominal Interest Rates with Negative Interest on Currency: Gesell' s Solution." *Economic Journal* 113 (490): 723–46.

Caballero, Ricardo J., and Emmanuel Farhi. 2016 "The Safety Trap" (March). Mimeo, Harvard University, Cambridge MA. Forthcoming in *Review of Economic Studies*.

Caballero, Ricardo J., Emmanuel Farhi, and Pierre- Olivier Gourinchas. 2015. "Global Imbalances and Currency Wars at the ZLB." NBER Working Paper 21670 (October). Cambridge, MA: National Bureau of Economic Research.

Cameron, Samuel. 2014. "Killing for Money and the Economic Theory of Crime." *Review of Social Economy* 72 (1): 28–41.

Canzoneri, Matthew, Dale Henderson, and Kenneth Rogoff. 1983. "The Information Content of the Interest Rate and Optimal Monetary Policy." *Quarterly Journal of Economics* 98 (November): 545–66.

Capie, Forest H., ed. 1991. *Major Inflations in History*. Aldershot, England: Elgar Publishing.

Cebula, Richard J., and Edgar L. Feige 2012. "America' s Unreported Economy: Measuring the Size, Growth and Determinants of Income Tax Evasion in the U.S." *Crime, Law and Social Change* 57 (3): 265–85.

Champ, Bruce. 2008. "Stamp Scrip: Money People Paid to Use." Federal Reserve Bank of Cleveland, *Economic Commentary* (April).

Christiano, Lawrence J., Martin S. Eichenbaum, and Sergio Rebelo. 2011. "When Is the Government Spending Multiplier Large?" *Journal of Political Economy* 119 (1): 78–121.

Christiano, Lawrence J., Martin S. Eichenbaum, and Mathias Trabandt. 2014. "Understanding the Great Recession." NBER Working Paper 20040 (April). Cambridge, MA: National Bureau of Economic Research.

Chung, Hess, Jean- Philippe Laforte, David Reifschneider, and John C. Williams. 2012. "Have We Underestimated the Likelihood and Severity of Zero Lower Bound Events?" *Journal of Money, Credit and Banking* 44 (1): 47–82.

Clapham, John Harold. 1966. *The Bank of England: A History*. Cambridge: Cambridge University Press.

Coibion, Olivier, Yuriy Gorodnichenko, and Johannes Wieland. 2012. "The Optimal Inflation Rate in New Keynesian

Models: Should Central Banks Raise Their Inflation Targets in Light of the Zero Lower Bound?" *Review of Economic Studies* 79 (4): 1371–1406.

Colacelli, Mariana, and David Blackburn. 2009. "Secondary Currency: An Empirical Analysis." *Journal of Monetary Economics* 56: 295–306.

Correia, Isabelle, Emmanuel Farhi, Juan Pablo Nicolini, and Pedro Teles. 2013. "Unconventional Fiscal Policy at the Zero Bound." *American Economic Review* 103 (4): 1172–1211.

Davies, Glyn. 2002. *A History of Money from Ancient Times to the Present Day*, 3rd ed. Cardiff: University of Wales Press.

Davies, Stephen. 2004. "Comment on Buiter and Panigirtzoglou." Mimeo, Research Institute for Economics and Business Administration, Kobe, Japan.

Deaton, Angus. 2013. *The Great Escape: Health, Wealth and the Origins of Inequality*. Princeton, NJ: Princeton University Press.

Delong, Bradford, and Lawrence Summers. 2012. "Fiscal Policy in a Repressed Economy." *Brookings Papers on Economic Activity* 1: 233–97.

Dostoyevsky, Fyodor. 1862. *The House of the Dead*. Unabridged replication of English translation originally published in 1851. Mineola, NY: Dover.

Doyle, Brian M. 2001. " 'Here, Dollars, Dollars . . .' — Estimating Currency Demand and Worldwide Currency Substitution." Board of Governors of the Federal Reserve System, International Finance Discussion Papers, No. 657. Washington, DC.

Dunbar, Geoffrey R., and Chunling Fu. 2015. "Sheltered Income: Estimating Income Under- Reporting in Canada,

1998 and 2004." Bank of Canada Working Paper 2015–22. Toronto.

Dustman, Christian, and Tommaso Frattini. 2012. "Immigration: The European Experience." Norface Migration Discussion Paper 2012– 01. London.

Eggertsson, Gauti. 2010. "The Paradox of Toil." New York Federal Reserve Staff Report 433 (February).

Eggertsson, Gauti, and Paul Krugman. 2012. "Debt, Deleveraging and the Liquidity Trap: A Fisher-Minsky-Koo Approach." *Quarterly Journal of Economics* 127 (3): 1469–1513.

Eggertsson, Gauti, and Michael Woodford. 2003. "The Zero Bound on Interest Rates and Optimal Monetary Policy." *Brookings Papers on Economic Activity* (1): 139–233.

Eggertsson, Gauti, Andrea Ferraro, and Andrea Raffo. 2014. "Can Structural Reforms Help Europe?" *Journal of Monetary Economics* 61 (C): 2–22.

Eichengreen, Barry. 1996. *Golden Fetters: The Gold Standard and the Great Depression, 1919–1939*. London: Oxford University Press.

Einzig, Paul. 1966. *Primitive Money in Its Ethnological, Historical and Economic Aspects*, 2nd ed. Oxford: Pergamon Press.

Eisler, Robert. 1933. *Stable Money: The Remedy for the Economic World Crisis. A Programme of Financial Reconstruction for the International Conference 1933: With a Preface by Vincent C. Vickers*. London: Search Publishing.

European Central Bank (ECB). 2011. "The Use of Euro Banknotes— Results of Two Surveys among Households and Firms." *European Central Bank Monthly Bulletin* (April): 79–90.

Evans, Charles. 2010. "Monetary Policy in a Low- Inflation Environment: Developing a State- Contingent Price- Level Target." Remarks before the Federal Reserve Bank of Boston' s 55th Economic Conference, Boston, October 16.

Farhi, Emmanuel, Gita Gopinath, and Oleg Itskhoki. 2013. "Fiscal Devaluations." *Review of Economic Studies* 81 (2): 725–60.

Farhi, Emmanuel, and Ivan Werning. 2016. "A Theory of Macroprudential Policies in the Presence of Nominal Rigidities" (May). Mimeo, Harvard University, Cambridge, MA. Forthcoming in *Econometrica.*

Federal Deposit Insurance Corporation. 2014. "2013 FDIC National Survey of Unbanked and Underbanked Households." Washington, DC. Available at https://www.fdic.gov/householdsurvey/.

Federal Reserve Bank of Boston. 2012. "Diary of Consumer Payment Choice." Boston.

———. 2013. "Survey of Consumer Payment Choice." Boston.

Federal Reserve Bank of San Francisco. 2004. "How Much Currency Is Circulating in the Economy, and How Much of It Is Counterfeit?" (April). Available at http://www.frbsf.org/education/publications/doctor-econ/2004/april/money-supply-currency-counterfeit.

Federal Reserve Board. 2014. Annual Report. Washington, DC.

Federal Reserve System of the United States. 2015. *Strategies for Improving the U.S. Payments System* (January). Washington, DC.

Feige, Edgar L. 1989. "Currency Velocity and Cash Payments in the U.S. Economy: The Currency Enigma." Munich Personal RePEc Archive (MPRA) Paper 13807, University Library of Munich.

———. 2012a. "The Myth of the 'Cashless Society' : How Much of America' s Currency Is Overseas?" Munich Personal RePEc Archive (MPRA) Paper 42169, University Library of Munich.

———. 2012b. "New Estimates of U.S. Currency Abroad, the Domestic Money Supply and the Unreported Economy."

Crime, Law and Social Change 57 (3): 239–63.

Feldstein, Martin. 1999. "The Costs and Benefits of Going from Low Inflation to Price Stability." In *The Costs and Benefits of Price Stability*, ed. Martin Feldstein. Chicago: National Bureau of Economic Research and the University of Chicago Press.

Feldstein, Martin. 2002. "The Role for Discretionary Fiscal Policy in a Low Interest Rate Environment." NBER Working Paper Series 9203 (September). Cambridge, MA: National Bureau of Economic Research.

Ferguson, Niall. 2008. *The Ascent of Money*. New York: Penguin.

Feroli, Michael, David Greenlaw, Peter Hooper, Frederic S. Mishkin, and Amir Sufi. 2016. "Language after Liftoff: Fed Communication away from the Zero Lower Bound." Paper presented at the US Monetary Policy Forum, Chicago (February 26).

Fertik, Michael, and David C. Thompson. 2015. *The Reputation Economy: How to Optimize Your Digital Footprint in a World Where Your Reputation Is Your Most Valuable Asset*. New York: Crown Business.

Filardo, Andrew, and Boris Hofmann. 2014. "Forward Guidance at the Zero Lower Bound." Bank for International Settlements, BIS *Quarterly Review* (March).

Financial Action Task Force. 2015. *Financing of the Terrorist Organisation Islamic State in Iraq and the Levant (ISIL)*. FATF Report, Paris (February). Available at http://www.fatf-gafi.org.

Financial Action Tax Force and Groupe d'action Financière. 2011. *Money Laundering Risks Arising from Trafficking in Human Beings and Smuggling of Migrants*. FATF Report (July), Paris. Available at http://www.fatf-gafi.org.

Fischer, Bjorn, Petra Köhler, and Franz Seitz. 2004. "The Demand for Euro Currencies, Past, Present and Future."

European Central Bank Working Paper Series 330 (April). Frankfurt.

Fischer, Stanley. 1996. "Why Are Central Banks Pursuing Long- Run Price Stability?" In *Achieving Price Stability: A Symposium Sponsored by the Federal Reserve Bank of Kansas City*, pp. 7– 34. Jackson Hole, WY, August 29– 31. Federal Reserve Bank of Kansas City.

Fischer, Stanley, Ratna Sahay, and Carlos A. Végh. 2002. "Modern Hyper- and High Inflations." *Journal of Economic Literature* 40 (3): 837–80.

Fisher, Irving. 1933. *Stamp Scrip*. New York: Adelphi. Available at http:// userpage .fu-berlin.de/roehrigw/fisher/.

Franklin, Benjamin. 1729. "A Modest Enquiry into the Nature and Necessity of a Paper Currency." Printed and Sold by Benjamin Franklin. Philadelphia.

———. 1786. "The Morals of Chess." Reprinted in *The Columbian Magazine* I (December 1786), 159–61.

Friedman, Milton. 1965. "A Program for Monetary Stability." In *Readings in Financial Institutions*, ed. Marshall D. Ketchum and Leon T. Kendall. Boston: Houghton Mifflin.

———. 1968. *Dollars and Deficits*. Upper Saddle River, NJ: Prentice-Hall.

Friedman, Milton, and Anna Jacobson Schwartz. 1963. *A Monetary History of the United States, 1867– 1960*. Princeton, NJ: Princeton University Press.

Fuhrer, Jeffrey, and Brian Madigan. 1997. "Monetary Policy When Interest Rates Are Bounded at Zero." *Review of Economics and Statistics* 79 (December): 573–85. Earlier version published as Federal Reserve Bank of San Francisco Working Paper in Applied Economic Theory 94-06 (1994).

Galí, Jordi. 2014. "The Effects of a Money-Financed Fiscal Stimulus," CEPR Discussion Paper 10165, September.

Gatch, Loren. 2009. "The Professor and a Paper Panacea: Irving Fisher and the Stamp Scrip Movement of 1932–34." *Paper Money* 260 (March–April): 125–42.

Gavin, William T., Benjamin Keen, Alexander W. Richter, and Nathaniel A. Throckmorton. 2015. "The Zero Lower Bound, the Dual Mandate, and Unconventional Dynamics." Federal Reserve Bank of St. Louis Working Paper 2013-007F (revised May 2015).

Gesell, Silvio. 1916. *Die Natuerliche Wirtschaftsordnung*. Rudolf Zitzmann Verlag. Available in English as *The Natural Economic Order* (1958). London: Peter Owen.

Gleick, James. 1996. "The End of Cash," *New York Times Magazine*, June 16.

Goldfeld, Stephen. 1976. "The Case of the Missing Money." *Brookings Papers on Economic Activity* 3: 683–739.

Goodfriend, Marvin. 2000. "Overcoming the Zero Bound on Interest Rate Policy." *Journal of Money, Credit and Banking* 32 (4): 1007– 35.

Gopinath, Gita. 2015. "The International Price System." In *Proceedings of the Kansas City Federal Reserve Bank Symposium on Inflation Dynamics and Monetary Policy*, Jackson Hole, WY, August 27–29. Federal Reserve Bank of Kansas City.

Gordon, Robert J. 2016. *The Rise and Fall of American Growth*. Princeton, NJ: Princeton University Press.

Greene, Claire, and Scott Schuh. 2014. "US Consumers' Holdings and Use of $100 Bills." Federal Reserve Bank of Boston Research Data Report 14-3·(November 25).

Grubb, Farley. 2006. "Benjamin Franklin: And the Birth of a Paper Money Economy." Paper based on a lecture presented to the Federal Reserve Bank of Philadelphia, March 30. Available at https://www.philadelphiafed.org/publications /economic-education/ben-franklin-and-paper-money-economy.pdf.

Hall, Robert E. 2013. "The Routes into and out of the Zero Lower Bound." In *Proceedings of the Kansas City Federal Reserve Bank Symposium on Global Dimensions of Unconventional Monetary Policy*, Jackson Hole, WY, August 22– 24. Federal Reserve Bank of Kansas City.

Hamilton, James, and Jing Cynthia Wu. 2011. "The Effectiveness of Alternative Zero Bound Tools in a Zero Lower Bound Environment." *Journal of Money, Credit and Banking* 44, suppl. (1): 3– 46.

Hellerstein, Rebecca, and William Ryan. 2011. "Cash Dollars Abroad." Federal Reserve Bank of New York, Staff Report 400.

Henderson, Dale, and Warwick McKibbin. 1993. "A Comparison of Some Basic Monetary Policy Regimes for Open Economies: Implications of Different Degrees of Instrument Adjustment and Wage Persistence." *Carnegie- Rochester Conference Series on Public Policy* 39: 221– 318.

Henry, James. 1976. "Calling in the Big Bills." *The Washington Monthly* (May): 26–33.

———. 1980. "How to Make the Mob Miserable: The Cash Connection." *Washington Monthly* 12(4): 54–61.

Hicks, John R. 1969. *A Theory of Economic History*. Oxford: Clarendon Press.

HM Revenue and Customs. 2015. *Measuring Tax Gaps, 2015 Edition: Tax Gap Estimates for 2013–14*. London: Her Majesty' s Revenue and Customs.

Huang, Miantang. 2008. *Summary of Historical Price in China* (in Chinese). Jinan, Shandong Province: QiLu Press.

Ilgmann, Cordelius, and Martin Menner. 2011. "Negative Nominal Interest Rates: History and Proposals." *International Economics and Economic Policy* 8 (4): 383–405.

Internal Revenue Service. 2012a. "IRS Releases 2006 Tax Gap Estimates." FS-2012-6: January. Available at http://www.

irs.gov/uac/IRS-Releases-2006-Tax-Gap-Estimates.

———. 2012b. "IRS Releases New Tax Gap Estimates; Compliance Rates Remain Statistically Unchanged from Previous Study." IR-2012-4: January 6. Available at http://www.irs.gov/uac/IRS-Releases-New-Tax-Gap-Estimates;-Compliance-Rates-Remain-Statistically-Unchanged-From-Previous-Study.

International Labor Organization. 2012. *ILO Global Estimate of Forced Labor Results and Methodology*. Geneva.

———. 2014. Profits and Poverty: *The Economics of Forced Labor*. Geneva.

International Monetary Fund. 2013. *World Economic Outlook*. April. Washington, DC.

———. 2015. *Fiscal Monitor*. October. Washington, DC.

———. 2016. *Global Financial Stability Report*. April. Washington, DC.

———. n.d. *International Financial Statistics*, various issues.

Irwin, Neil. 2013. *Three Central Bankers and a World on Fire*. New York: Penguin.

James, Harold. 2012. "Germany Should Re- read Goethe's Faust Part II." *Financial News*, October 15.

Jevons, William S. 1875. *Money and the Mechanism of Exchange*. New York: D. Appleton and Co.

Jochnick, Kerstin. 2015. "Does the Riksbank Have to Make a Profit? Challenges for the Funding of the Riksbank." Speech presented to the Swedish House of Finance, January 23. Available at http://www.riksbank.se/Documents/Tal/Jochnick/2015/tal_af_jochnick_150123_eng.pdf.

Johnson, Boris. 2013. *2020 Vision: The Greatest City on Earth: Ambitions for London* (June). City Hall, London: London Greater Authority.

Johnson, Patrick B. 2014. "Countering ISIL's Financing." The RAND Corporation Testimony Series. Testimony presented before the House Financial Services Committee on November 13. Santa Monica, CA: RAND Corporation.

Jost, Patrick M., and Harjit Singh Sandbu. 2000. "Hawala: The Hawala Alternative Remittance System and Its Role in Money Laundering." Prepared by the Financial Crimes Enforcement Network of the United States Department of Treasury in cooperation with INTERPOL/FOPAC.

Judson, Ruth. 2012. "Crisis and Calm: Demand for U.S. Currency at Home and Abroad from the Fall of the Berlin Wall to 2011." Board of Governors of the Federal Reserve, International Finance Discussion Paper 2012-1058 (November). Washington, DC.

Judson, Ruth, and Richard Porter. 2012. "Estimating the Volume of Counterfeit U.S. Currency in Circulation Worldwide: Data and Extrapolation." *Journal of Art Crime* 2012 (8): 13–29.

Kagin, Donald H. 1984. "Monetary Aspects of the Treasury Notes of the War of 1812." *Journal of Economic History* 44 (1): 69– 88.

Kahn, Charles M., James J. McAndrews, and William Roberds. 2005. "Money Is Privacy." *International Economic Review* 46: 377–99.

Keynes, John Maynard. 1936. *The General Theory of Employment, Interest and Money*. London: Macmillan and Co.

Kilmer, Beau, Susan S. Everingham, Jonathan P. Caulkins, Gregory Midgette, Rosalie Liccardo Pacula, Peter H. Reuter, Rachel M. Burns, Bing Han, and Russell Lundberg. 2014. "How Big Is the U.S. Market for Illegal Drugs?" Santa Monica, CA: RAND Corporation. Available at http://www.rand.org/pubs /research_briefs/RB9770.

Kiyotaki, Nobuhiro, and Randall Wright. 1989. "On Money as a Medium of Exchange." *Journal of Political Economy* 87 (4): 927–54.

Klee, Elizabeth. 2008. "How People Pay: Evidence from Grocery Store Data." *Journal of Monetary Economics* 55 (3): 526–41.

Kocherlakota, Narayana R. 1998. "Money Is Memory." *Journal of Economic Theory* 81 (2): 232–51.

Kotlikoff, Lawrence. 2011. *Jimmy Stewart Is Dead: Ending the World's Ongoing Financial Plague with Limited Purpose Banking*. New York: John Wiley.

Krishnamurthy, Arvind, and Annette Vissing- Jorgensen. 2011. "The Effects of Quantitative Easing on Interest Rates: Channels and Implications for Policy." *Brookings Papers on Economic Activity* Fall: 215–265.

———. 2013. "The Ins and Outs of LSAPs." In *Proceedings of the Kansas City Federal Reserve Bank Symposium on Global Dimensions of Unconventional Monetary Policy*, Jackson Hole, WY, August 22–24. Federal Reserve Bank of Kansas City.

Krugman, Paul R. 1998. "It' s Baaack: Japan' s Slump and the Return of the Liquidity Trap." *Brookings Papers on Economic Activity* 2: 137– 205.

———. 2014. "Inflation Targets Reconsidered." In *ECB Forum on Central Banking Conference Proceedings 2014: Monetary Policy in a Changing Financial Landscape*. Frankfurt: European Central Bank.

Kuroda, Haruhiko. 2005. *Zaisei-Kinyu Seisaku no Seiko* [Success and Failure in Fiscal and Monetary Policies] (in Japanese). Tokyo: Nippon- Hyoron- Sha.

Kydland, Finn, and Edward C. Prescott. 1977. "Rules Rather Than Discretion: The Inconsistency of Optimal Plans." *Journal of Political Economy* 85 (3): 473–92.

Landefeld, Steven J., Eugene F. Seskin, and Barbara M. Fraumeni. 2008. "Taking the Pulse of the Economy: Measuring

GDP." *Journal of Political Economy* 22 (2): 193–216.

Landes, David. 1999. *The Wealth and Poverty of Nations: Why Some Are So Rich and Some Are So Poor.* New York: W. W. Norton and Co.

La Porta, Rafael, and Andrei Shleifer. 2014. "Informality and Development." *Journal of Economic Perspectives* 28 (3): 109–26.

Lebow, David E. 1993. "Monetary Policy at Near Zero Interest Rates." Federal Reserve Board, Division of Research and Statistics Working Paper 136 (July). Washington, DC.

Leeper, Eric. 1991. "Equilibria under Active and Passive Monetary and Fiscal Policies." *Journal of Monetary Economics* 27: 129–47.

Levenson, Thomas. 2011. *Newton and the Counterfeiter.* London: Faber and Faber.

Littlefield, Henry M. 1964. "The Wizard of Oz: Parable on Populism." *American Quarterly* 16 (Spring 1964): 47–58. Reprinted in *The American Culture: Approaches to the Study of the United States*, edited by Hennig Cohen. Boston: Houghton Mifflin, 1968.

Lo, Stephanie, and J. Christina Wang. 2014. "Bitcoin as Money." Federal Reserve Bank of Boston Current Policy Perspectives 14-4 (September). Available at http://www.bostonfed.org/economic/current-policy-perspectives/2014 / cpp1404.pdf.

Lohmann, Susanne. 1992. "Optimal Commitment in Monetary Policy: Credibility versus Flexibility." *American Economic Review* 82: 273–86.

Mankiw, N. Gregory. 2009. "It May Be Time for the Fed to Go Negative." *New York Times,* April 18.

Marimon, Ramon, Juan Nicollini, and Pedro Teles. 1997. "Electronic Money: The End of Inflation?" Federal Reserve Bank of Minneapolis Discussion Paper 122 (August).

Maron, Dina Fine. 2017. "Dirty Money: The Public Health Case for a Cashless Society," *Scientific American* (January 3).

Mauro, Paolo. 1995. "Corruption and Growth." *Quarterly Journal of Economics* 110 (3): 681–712.

McAndrews, Jamie. 2015. "Negative Interest Rates: Where Is the Lower Bound?" Remarks by New York Federal Reserve executive vice president and director of research at the University of Wisconsin, Madison (May 8).

Meade, James. 1978. "The Meaning of Internal Balance." *Economic Journal* 88: 423–35.

Melitz, Jacques. 2015. "A Formal Analysis of the Beginnings of Coinage in Antiquity." Centre for Economic Policy Research (CEPR) Discussion Paper 10795 (August). London.

Meltzer, Allan H. 2010. *A History of the Federal Reserve*, vol. 2, book 2, 1970– 1986. Chicago: University of Chicago Press.

Mishkin, Frederic S. 2007. "Housing and the Monetary Transmission Mechanism." In *Proceedings of Federal Reserve Bank of Kansas City Symposium on Housing, Housing Finance, and Monetary Policy*, pp. 359–413. Jackson Hole, WY, August 20–September 1.

Missale, Alessandro, and Olivier Jean Blanchard. 1994. "The Debt Burden and Debt Maturity." *American Economic Review* 84 (1): 309–19.

Morse, H. B. 1906. *Currency in China*. Shanghai: Kelley and Walsh.

Morse, Susan Cleary, Steven Karlinksy, and Joseph Bankman. 2009. "Cash Businesses and Tax Evasion." *Stanford Policy and Law Review* 20 (1): 37–68.

Nakamura, Emi, Jon Steinsson, Patrick Sun, and Daniel Villar. 2015. "The Elusive Costs of Inflation: Price Dispersion during the U.S. Great Inflation" (December). Columbia University, New York.

Naritomi, Joana. 2015. "Consumers as Tax Auditors" (April). Mimeo, London School of Economics.

Neumann, Manfred J. M. 1992. "Seigniorage in the United States: How Much Does the U.S. Government Make from Money Production?" *Federal Reserve Bank of St Louis Review* 74 (2): 29–42.

Obstfeld, Maurice, and Kenneth Rogoff. 1996. *Foundations of International Macroeconomics.* Cambridge, MA: MIT Press.

———. 2002. "Global Implications of Self- Oriented National Monetary Rules." *Quarterly Journal of Economics* 117: 503–36.

Okamura, Tadoa. 1993. "The Japanese Tax System—Due Process and the Taxpayer." *Berkeley Journal of International Law* 11: 125–58.

Orji, N., E. Esiaka, L. Anyaegbunam, R. Obi, and D. Ezeagwuna. 2012. "Parasite Contamination of Nigerian Currency (Paper and Polymer Notes) in the Ihiala Local Government Area of Anamber State, Nigeria." *Internet Journal of Infectious Diseases* 10 (1).

Otani, Akira, and Takashi Suzuki. 2008. "Background to the High Level of Banknotes in Circulation and Demand Deposits." *Bank of Japan Review* (September).

Peng, Wensheng, and Joanna Y. L. Shi. 2003. "Offshore Use of Currency: Hong Kong' s Experience." In *China's Capital Account Liberalisation: International Perspectives*, BIS Papers 15, part 20. Basle: Bank for International Settlements.

Peng, Xinwei. 1994. *A Monetary History of China* (in two volumes). Translated by Edward H. Kaplan. Bellingham, Washington: Western Washington University.

Pew Research Center. 2014. "As Growth Stalls, Unauthorized Immigrant Population Becomes More Settled" (September). Washington, DC: Pew Foundation.

Philippon, Thomas. 2015. "Has the US Finance Industry Become Less Efficient? On the Theory and Measurement of Financial Intermediation." *American Economic Review* 105 (4): 1408–38.

Pissarides, Christopher A., and Guglielmo Weber. 1989. "An Expenditure-Based Estimate of Britain' s Black Economy." *Journal of Public Economics* 39 (1): 17–32.

Porter, Richard D. 1993. "Estimates of Foreign Holdings of U.S. Currency—An Approach Based on Relative Cross-Country Seasonal Variations." In *Nominal Income Targeting with the Monetary Base as Instrument: An Evaluation of McCallum's Rule*. Finance and Economics Discussion Series Working Study 1 (March). Board of Governors of the Federal Reserve, Washington, DC.

Porter, Richard D., and Ruth A. Judson. 1996. "The Location of US Currency: How Much Is Abroad?" Federal Reserve Bulletin, October. Washington, DC.

Reifschneider, David L., and John C. Williams. 2000. "Three Lessons for Monetary Policy in a Low- Inflation Era." *Journal of Money, Credit and Banking* 32 (4): 936–66.

Reinhart, Carmen M., Vincent Reinhart, and Kenneth S. Rogoff. 2015. "Dealing with Debt." *Journal of International Economics* 96, suppl. 1 (July): S43–S55.

Reinhart, Carmen M., and Kenneth S. Rogoff. 2002. "The Modern History of Exchange Rate Arrangements: A Reinterpretation." NBER Working Paper 8963 (June). Cambridge, MA: National Bureau of Economic Research.

———. 2004. "The Modern History of Exchange Rate Arrangements: A Reinterpretation." *Quarterly Journal of*

Economics 119 (1): 1–48.

———. 2009. *This Time Is Different: Eight Centuries of Financial Folly*. Princeton, NJ: Princeton University Press.

———. 2010. "Debt and Growth Revisited," VoxEU.org, August 11, 2010.

———. 2013. "Shifting Mandates: The Federal Reserve' s First Centennial." *American Economic Review* 103 (3): 48–54.

———. 2014. "Recovery from Financial Crises: Evidence from 100 Episodes." *American Economic Review* 104 (5): 50–55.

Reinhart, Carmen M., and M. Belen Sbrancia. 2015. "The Liquidation of Government Debt." *Economic Policy* 30 (82): 291–333.

Rey, Hélène. 2013. "Dilemma not Trilemma: The Global Financial Cycle and Monetary Policy Independence." In *Proceedings of the Kansas City Federal Reserve Bank Symposium on Global Dimensions of Unconventional Monetary Policy*, Jackson Hole, WY, August 21–23. Kansas City Federal Reserve Bank.

Rognlie, Matthew. 2016. "What Lower Bound? Monetary Policy with Negative Interest Rates." Cambridge, MA: Massachusetts Institute of Technology.

Rogoff, Kenneth S. 1985. "The Optimal Degree of Commitment to an Intermediate Monetary Target." *Quarterly Journal of Economics* 100 (4): 1169–89.

———. 1998a. "Foreign and Underground Demand for Euro Notes: Blessing or Curse?" *Economic Policy* 26 (April): 263–303.

———. 1998b. "Comment on Paul Krugman, 'It' s Baaack: Japan' s Slump and the Return of the Liquidity Trap.' "

Brookings Papers on Economic Activity 2: 194–99.

———. 2002. "The Surprising Popularity of Paper Currency." *Finance & Development* 39 (1).

———. 2003. "The Case for Inflation Transparency." *Financial Times*, April 23.

———. 2004. "Globalization and Global Disinflation." In *Proceedings of the Kansas City Federal Reserve Bank Symposium on Monetary Policy and Uncertainty: Adapting to a Changing Economy,* Jackson Hole, WY, August 28–30, 2003. Kansas City Federal Reserve Bank.

———. 2007. "Impact of Globalization on Monetary Policy." In *Proceedings of the Kansas City Federal Reserve Bank Symposium on the New Economic Geography: Effects and Policy Implications*, Jackson Hole, WY, August 2006. Kansas City Federal Reserve Bank.

———. 2008. "Inflation Is Now the Lesser Evil." Project Syndicate, December. Available at http://www.project-syndicate.org/commentary/inflation-is-now -the-lesser-evil.

———. 2014. "Costs and Benefits to Phasing Out Paper Currency." In *NBER Macroeconomics Annual*, ed. Jonathan Parker and Michael Woodford. Chicago: University of Chicago Press.

———. 2016. "Debt Supercycle, Not Secular Stagnation." In *Progress and Confusion: The State of Macroeconomic Policy*, edited by Olivier Blanchard, Raghuram Rajan, Kenneth Rogoff, and Lawrence H. Summers. Cambridge: MIT Press, pp. 19–28.

Rolnick, Arthur J. 2004. "Interview with Ben S. Bernanke." Minneapolis Federal Reserve, *Region Magazine* (June).

Rolnick, Arthur J., François R. Velde, and Warren E. Weber. 1996. "The Debasement Puzzle: An Essay on Medieval Monetary History." *Journal of Economic History* 56 (4): 789–808.

Rothbard, Murray N. 2002. *A History of Money and Banking in the United States*. Washington, DC: Ludwig von Mises Institute.

Runyon, Damon. 1930. "Blood Pressure." *Saturday Evening Post* 202 (April 5).

———. 2008. *Guys and Dolls and Other Writings*. New York: Penguin Classics.

Sands, Peter. 2015. "Making It Harder for the Bad Guys: The Case for Eliminating High Denomination Notes." Mossavar-Rahmani Center for Business and Government Working Paper 52 (February). Cambridge, MA.

Sargent, Thomas J., and François R. Velde, 2003. *The Big Problem of Small Change*. Princeton, NJ: Princeton University Press.

Schmidt, Sebastian. 2013. "Optimal Monetary and Fiscal Policy with a Zero Bound on Nominal Interest Rates." *Journal of Money, Credit and Banking* 45 (7): 1135–1350.

Schmitt- Grohe, Stephanie, and Martin Uribe. 1999. "Dollarization and Seignorage: How Much Is at Stake?" Working Paper, University of Pennsylvania, Philadelphia (July).

Schneider, Friedrich. 2013. "The Financial Flows of Transnational Crime and Tax Fraud in OECD Countries: What Do We (Not) Know?" *Public Finance Review* 41 (3): 677–707.

———. 2015. "The Financial Flows of Transnational Crime and Tax Fraud: How Much Cash Is Used and What We Do (Not) Know." Talk presented at Johannes Kepler Universität Linz, November. Slides available at www.libinst.ch / presentationen/LI-FSchneider-Bargeldtrial.pdf.

———. 2016. "Size and Development of the Shadow Economy of 31 European and 5 Other OECD Countries" (January). Mimeo, Department of Economics, Johannes Kepler University Linz, Austria.

Schneider, Friedrich, and Andreas Buehn. 2012. "Size and Development of Tax Evasion in 38 OECD Countries: What Do We (Not) Know?" CESifo Working Paper 4004 (November). University of Munich, Germany.

Schneider, Friedrich, Andreas Buehn, and Claudio E. Montenegro. 2010. "New Estimates for the Shadow Economies All Over the World." *International Economic Journal* 24 (December): 443–61.

Schneider, Friedrich, and Alexandra Rudolph. 2013. "International Human Trafficking: Measuring Clandestinity by the Structural Equation Approach." Working Paper 1325 (December). Department of Economics, Johannes Kepler University Linz, Austria.

Schneider, Friedrich, and Colin Williams. 2013. *The Shadow Economy*. London: Profile Books and Institute for International Affairs.

Schuh, Scott, and Joanna Stavins. 2015. "The 2013 Survey of Consumer Payment Choice: Summary Results." Federal Reserve Bank of Boston Research Data Report 15-4 (July 27).

Seitz, Franz. 1995. "The Circulation of the Deutschmark Abroad." Deutsche Bank Discussion Paper 1/95. Deutsche Bundesbank, Frankfurt.

Serious Organised Crime Agency. 2011. Annual Report and Accounts, 2010/2011. London: Controller of Her Majesty' s Stationery Office.

Sims, Christopher. 1994. "A Simple Model for the Determination of the Price Level and the Interaction of Monetary and Fiscal Policy." *Economic Theory* 4: 381–99.

Slemrod, Joel. 2007. "Cheating Ourselves: The Economics of Tax Evasion." *Journal of Economic Perspectives* 21 (1): 25–48.

———. 2016. "Tax Compliance and Enforcement: New Research and Its Policy Implications." University of Michigan,

Ross School of Business Working Paper No. 1302 (January), Ann Arbor.

Speiser, Stuart M. 1975. "Abolish Paper Money and Eliminate Most Crime." *American Bar Association Journal* 61 (1): 47–49.

Sprenkle, Case M. 1993. "The Case of the Missing Currency." *Journal of Economic Perspectives* 7 (3): 175–84.

Summers, Lawrence. 1991. "How Should Long- Term Monetary Policy Be Determined?" *Journal of Money, Credit and Banking* 23 (part 2/August): 625–31.

Sumner, Scott. 1990. "The Transactions and Hoarding Demand for Currency." *Quarterly Review of Economics and Business* 30 (1): 75–89.

Svensson, Lars E. O. 2010. "Inflation Targeting." In *The Handbook of Monetary Economics*, vol 3b. Edited by Benjamin Friedman and Michael Woodford. Amsterdam: Elsevier.

Svensson, Roger, and Andreas Westermark. 2015. "Renovatio Monetae: Gesell Taxes in Practice" (September). Research Institute of Industrial Economics Working Paper 1083, Stockholm.

Tax Policy Center. 2012. "The Numbers: What Is the Breakdown of Revenues among Federal, State, and Local Governments?" Available at http://www. taxpolicycenter .org/briefing-book/background/numbers/revenue-breakdown.cfm.

Taylor, John B. 1993. "Discretion versus Policy Rules in Practice." *Carnegie-Rochester Conference Series on Public Policy* 39: 195– 214.

Transparency International. 2004. *Global Corruption Report*. London and Sterling, VA: Pluto Press. Available at http://www.transparency.org/whatwedo /publication/global_corruption_report_2004_political_corruption.

Treasury Inspector General for Tax Administration. 2013. "The Internal Revenue Service Needs to Improve the Comprehensiveness, Accuracy, Reliability, and Timeliness of the Tax Gap Estimate." Reference Number: 2013- IE-R008, August 21. Washington, DC: Department of the Treasury.

Tullock, Gordon. 1957. "Paper Money—A Cycle in Cathay." *Economic History Review* 9 (3): 393–407.

Turner, Adair. 2015. *Between Debt and the Devil. Princeton*, NJ: Princeton University Press.

United Nations Office on Drugs and Crime. 2005. *World Drug Report 2005*. Geneva.

———. 2011. *World Drug Report 2011*. Geneva.

———. 2014. *Global Report on Trafficking in Persons*. Geneva: United Nations. United States Department of State. 2015. *Trafficking in Persons Report, 2015*. Washington, DC: Government Printing Office.

United States Mint. 2014. *Biennial Report to Congress*. Washington, DC: U.S. Department of the Treasury.

United States Treasury. 2006. "The Use and Counterfeiting of United States Currency Abroad, Part 3." Final Report to Congress by the Secretary of the Treasury (written in cooperation with the Board of Governors of the Federal Reserve System and the United States Secret Service). Available at http://www .federalreserve.gov/boarddocs/rptcongress/counterfeit/default.htm.

Vigna, Paul, and Michael Casey. 2015. *The Age of Cryptocurrency: How Bitcoin and Digital Money Are Challenging the Global Economy*. New York: St. Martin's Press.

Von Glahn, Richard. 1996. *Fountain of Fortune: Money and Monetary Policy in China, 1000–1700*. Berkeley: University of California Press.

Wallace, Neil. 1981. "A Modigliani Miller Theorem for Open Market Operations." *American Economic Review* 71 (3):

267–75.

Walsh, Carl. 1995. "Optimal Contracts for Central Bankers." *American Economic Review* 85 (1): 150– 67.

———. 2011. "The Future of Inflation Targeting." *Economic Record* 87: 23–36.

Wang, Zhu, and Alexander L. Wolman. 2014. "Payment Choice and the Future of Currency: Insights from Two Billion Retail Transactions." Federal Reserve Bank of Richmond Working Paper 14- 09 (April), Richmond, VA.

Warwick, David. 2015. *The Abolition of Cash: America's $660 Billion Problem*. Santa Rosa, CA: David Warwick.

Werning, Ivan. 2011. "Managing a Liquidity Trap: Monetary and Fiscal Policy." NBER Working Paper 17344 (August). Cambridge, MA: National Bureau of Economic Research.

Williams, John C. 2009. "Heeding Daedalus: Optimal Inflation and the Zero Lower Bound." *Brookings Papers on Economic Activity* Fall: 1–37.

———. 2013. "Lessons from the Financial Crisis for Unconventional Monetary Policy." Panel Discussion at NBER conference, October 18. Available at http: //www.frbsf.org/our-district/press/presidents-speeches/williams-speeches /2013/october/research-unconventional-monetary-policy-financial-crisis/.

Wolman, Alexander. 1998. "Staggered Price Setting and the Zero Bound on Nominal Rates." Federal Reserve Bank of Richmond. *Economic Quarterly* 84 (4): 1–24.

Wolman, David. 2012. *The End of Money: Counterfeiters, Preachers, Techies, Dreamers—and the Coming Cashless Society.* Philadelphia: Da Capo Press.

Woodford, Michael. 1996. "Control of the Public Debt: A Requirement for Price Level Stability?" NBER Working Paper 5684 (July). Cambridge, MA: National Bureau of Economic Research.

———. 2003. *Interest and Prices: Foundations of a Theory of Monetary Policy*. Princeton, NJ: Princeton University Press.

———. 2012. "Methods of Monetary Accommodation at the Zero Bound." In *Proceedings of the Federal Reserve Bank of Kansas City Symposium on Economic Policy*, Jackson Hole, WY, August 30–September 1. Federal Reserve Bank of Kansas City.

World Bank. 2016. "Six Questions on the Cost of Corruption with World Bank Institute Global Governance Director Daniel Kaufmann." Available online at http://web.worldbank.org/.

World Gold Council. 2015. "Gold Demand Trends: Second Quarter 2015." London: World Gold Council. Available online at http://www.gold.org/ supply-and-demand/gold-demand-trends.

Wright, Richard, Erdal Tekin, Volkan Topalli, Chandler McClellan, Timothy Dickinson, and Richard Rosenfeld. 2014. "Less Cash, Less Crime: Evidence from the Electronic Benefit Transfer Program." NBER Working Paper 19996 (March). Cambridge, MA: National Bureau of Economic Research.

Wu, Jing Cynthia, and Fan Dora Xia. 2016. "Measuring the Macroeconomic Impact of Monetary Policy at the Zero Lower Bound." *Journal of Money, Credit, and Banking* 48 (2–3): 253–91.

Yehoue, Etienne B. 2012. "On Price Stability and Welfare." International Monetary Fund Working Paper 12/189. Washington, DC.

Yellen, Janet. 2012. "Perspectives on Monetary Policy." Remarks at the Boston Economic Club Dinner, Federal Reserve Bank of Boston, June 6. Available at http://www.federalreserve.gov/newsevents/speech/yellen20120606a.htm.

Zucman, Gabriel. 2015. *The Hidden Wealth of Nations: The Scourge of Tax Havens*. Chicago: University of Chicago Press.

Zuo, Yuegang, Kai Zhang, Jingpin Wuo, Christopher Rego, and John Fritz. 2008. "An Accurate and Nondestructive GC Method for Determination of Cocaine on US Paper Currency." *Journal of Separation Science* 31 (13): 2444–50.

現金的詛咒——為什麼行動支付時代，央行鈔票還是越印越多？ / 肯尼斯 ・ 羅格夫（Kenneth S. Rogoff）著；陳重亨譯 -- 初版 .-- 台北市：時報文化 , 2018.4；　面；　公分
（NEXT 叢書 ; 244）譯自：The Curse of Cash
ISBN 978-957-13-7335-5（平裝）

1. 金融　2. 貨幣政策

561.18　　107002170

The Curse of Cash

ISBN 978-957-13-7335-5
Printed in Taiwan

NEXT 叢書 244

現金的詛咒—為什麼行動支付時代，央行鈔票還是越印越多？

The Curse of Cash

作者　肯尼斯 ・ 羅格夫 Kenneth S. Rogoff｜**譯者**　陳重亨｜**主編**　陳盈華｜**編輯**　林貞嫻｜**美術設計**　陳文德｜**執行企劃**　黃筱涵｜**發行人**　趙政岷｜**出版者**　時報文化出版企業股份有限公司　10803 台北市和平西路三段 240 號 3 樓　**發行專線**—(02)2306-6842　**讀者服務專線**—0800-231-705・(02)2304-7103　**讀者服務傳真**—(02)2304-6858　**郵撥**—19344724 時報文化出版公司　**信箱**—台北郵政 79-99 信箱　**時報悅讀網**—http://www.readingtimes.com.tw｜**法律顧問**　理律法律事務所　陳長文律師、李念祖律師｜**印刷**　勁達印刷有限公司｜**初版一刷**　2018 年 4 月 20 日｜**定價**　新台幣 450 元｜

時報文化出版公司成立於一九七五年，並於一九九九年股票上櫃公開發行，於二〇〇八年脫離中時集團非屬旺中，以「尊重智慧與創意的文化事業」為信念。